AF340703

GUERRE FRANCO-ALLEMANDE

DE 1870-71

WISSEMBOURG

FRŒSCHWILLER

RETRAITE SUR CHALONS

PAR

Adhémar De CHALUS

CHEF D'ESCADRON D'ARTILLERIE

BESANÇON	PARIS
LIBRAIRIE MARION, MOREL ET Cⁱᵉ	LIBRAIRIE MILITAIRE DUMAINE
Place Saint-Pierre, 2 et 4.	L. BAUDOIN et Cⁱᵉ, successeurs.

1882

ERRATA

Page 15, ligne 1. Au lieu de « conçu par lui », lire : « qu'il avait conçu et communiqué au général Frossard ».

Page 16, note 1. Au lieu de « M. de Chalot », lire : « M. de Chabot ».

Page 26, ligne 12. Au lieu de « Spontanément », lire : « momentanément ».

Page 56, ligne 28. Au lieu de « et échelonnées », lire : « De tous côtés, on apercevait des troupes ennemies échelonnées ».

Page 77. Au lieu de « Frossart », lire : « Frossard ».

Page 91, ligne 15. Au lieu de « 43 », lire : « 45 ».

Page 108, ligne 16. Au lieu de « 3ᵉ bataillon », lire : « 1ᵉʳ bataillon ».

Page 121, ligne 3. Au lieu de « capitaine Hervère », lire : « capitaine Hervé ».

Page 142, ligne 17. Au lieu de « de la frontière et », lire : « de la lisière. »

Page 157, ligne 19. Au lieu de « Vᵉ », lire : « 5ᵉ ».

Page 190, ligne 21. Au lieu de « 4ᵉ », lire : « IVᵉ ».

NOTE DE L'AUTEUR.

———

J'ai composé ce livre au moyen de renseignements obtenus en consultant les historiques des régiments et surtout en m'adressant aux témoins des événements. Plus de deux cent cinquante officiers, qui étaient, à l'époque de Frœschwiller, capitaines, officiers supérieurs, généraux de brigade et de division, m'ont fourni des documents d'une sérieuse valeur, formant un recueil de 3,000 pages. Qu'ils reçoivent ici l'hommage de ma plus sincère et de ma plus vive reconnaissance [1].

Je m'abstiens d'appréciations sur les hommes et sur les choses. Je m'efforce d'exposer les faits avec toute l'exactitude et la lucidité possibles, en laissant au lecteur le soin de tirer les conséquences et de répartir les responsabilités encourues.

Les récits publiés en France sur Wissembourg et sur Frœschwiller ne sont que des coupures faites dans l'histoire

———

[1] Je tiens aussi à remercier ici M. Pingaud, professeur d'histoire à la Faculté de Besançon, du soin qu'il a mis à lire mon manuscrit et des conseils qu'il m'a donnés pour en arrêter la rédaction définitive.

de la guerre de 1870-71 par le grand état-major prussien. Cette relation, exacte pour le côté des Allemands, est souvent inexacte en ce qui nous concerne. On voit que ses auteurs ont manqué de renseignements de source française.

Aucune armée ne s'est mieux battue que celle du maréchal de Mac-Mahon en Alsace. Je serai heureux, si j'ai pu contribuer à établir les titres que les glorieux vaincus de Frœschwiller possèdent à la reconnaissance de la patrie.

DE CHALUS.

WISSEMBOURG

Le 15 juillet 1870 est le jour néfaste où le gouvernement impérial fit annoncer aux Chambres et au pays que la guerre avec la Prusse était définitivement résolue [1].

Dès la veille, on avait rappelé les réserves. On prit sans perdre un instant les mesures que nécessitait la formation de l'armée du Rhin.

L'empereur Napoléon III, choisissant le maréchal Lebœuf pour major-général, se réservait le commandement suprême de cette armée.

Le maréchal était remplacé au ministère de la guerre par le général Dejean.

L'armée du Rhin comprenait toutes les forces disponibles.

On en forma huit corps d'armée, trois divisions de cavalerie de réserve et une réserve générale d'artillerie.

Ces grandes unités stratégiques étaient commandées par des maréchaux ou des généraux, ainsi qu'il suit :

Composition générale de l'armée du Rhin.

---

(1) Discours de M. Emile Ollivier au Corps législatif, séance du 15 juillet 1870.

1er corps d'armée, par le maréchal de Mac-Mahon, duc de Magenta ;

2e corps d'armée, par le général Frossard ;

3e corps d'armée, par le maréchal Bazaine ;

4e corps d'armée, par le général de Ladmirault ;

5e corps d'armée, par le général de Failly ;

6e corps d'armée, par le maréchal Canrobert ;

7e corps d'armée, par le général Douay (Félix) ;

La garde impériale, par le général Bourbaki ;

1re division de cavalerie de réserve, par le général du Barrail ;

2e division de cavalerie de réserve, par le général vicomte de Bonnemains ;

3e division de cavalerie de réserve, par le général marquis de Forton ;

Réserve générale d'artillerie, par le général Canu.

Points de formation. Deux corps d'armée seulement se formèrent en Alsace, les autres en Lorraine.

Les points de rassemblement qui furent assignés aux divers corps d'armée étaient les suivants :

Strasbourg, pour le 1er corps ;

Saint-Avold, pour le 2e ;

Metz, pour le 3e ;

Thionville, pour le 4e ;

Bitche, pour le 5e ;

Le camp de Châlons, pour le 6e ;

Belfort, pour le 7e ;

Nancy, pour la garde impériale.

Plan de campagne de l'Empereur. La concentration des corps d'armée devait suivre rapidement leur formation, aussitôt que celle-ci paraîtrait assez avancée pour qu'on pût mettre les troupes en mouvement (1).

____

(1) **Rapport** du général Pourcet dans le procès Bazaine.

« Le plan de campagne de l'Empereur [1], qu'il ne confia, à Paris, qu'aux maréchaux de Mac-Mahon et Lebœuf, consistait à réunir 150,000 hommes à Metz, 100,000 à Strasbourg, et 50,000 au camp de Châlons.

» La concentration des deux premières armées, l'une sur la Sarre, l'autre sur le Rhin, ne dévoilait pas ses projets, car l'ennemi était dans l'incertitude de savoir si l'attaque se porterait contre les Provinces Rhénanes ou contre le grand duché de Bade.

» Dès que ces troupes auraient été concentrées sur les points indiqués, l'Empereur comptait réunir l'armée de Metz à celle de Strasbourg, et, à la tête de 250,000 hommes, passer le Rhin à Maxau, laissant à droite la forteresse de Rastatt et à gauche celle de Germersheim. Arrivé de l'autre côté du Rhin, il forçait les Etats du Sud à observer la neutralité et se portait ensuite à la rencontre des Prussiens.

» Pendant que ce mouvement se serait opéré, les 50,000 hommes assemblés au camp de Châlons, sous les ordres du maréchal Canrobert, devaient se diriger sur Metz, pour y protéger les derrières de l'armée et les frontières du nord-est. En même temps, notre flotte, croisant dans la Baltique, aurait retenu et immobilisé dans le nord de la Prusse une partie des forces ennemies, pour la défense des côtes menacées d'un débarquement.

» Ce plan n'avait de chance de réussite que si on gagnait l'ennemi de vitesse. Il fallait, dans ce but, rassembler en peu de jours sur les points déterminés non-

-----

(1) *Les causes de la capitulation de Sedan*, par un Officier de l'état-major général.

Cette brochure, qui a été publiée pendant la guerre, a été rédigée, dit-on, sous l'inspiration de l'Empereur.

seulement le nombre d'hommes voulu, mais les accessoires essentiels, tels que les voitures, le train, les équipages de pont, les chaloupes canonnières pour protéger le passage du Rhin, enfin l'approvisionnement de biscuit indispensable pour nourrir une armée nombreuse qui marche réunie.

» L'Empereur se flattait de pouvoir obtenir ce résultat, et là fut son erreur, comme l'illusion de tout le monde fut de croire, qu'au moyen des chemins de fer, la concentration de tant d'hommes, de chevaux et de matériel pourrait se faire avec l'ordre et la précision nécessaires, bien que tout n'eût pas été réglé longtemps d'avance par une administration vigilante. »

Dès les premiers jours, les vices de notre organisation militaire se traduisirent de tous côtés par de cruels mécomptes et amenèrent des retards qui firent renoncer à ce plan.

Lorsque l'Empereur arriva à Metz, le 28 juillet, pour prendre le commandement de l'armée, les forces réunies en Lorraine ne comptaient qu'environ 100,000 hommes, celles d'Alsace ne dépassaient pas 40,000, et, de plus, aucun corps d'armée n'était encore complétement muni des accessoires voulus pour entrer en campagne.

L'Empereur commença alors à craindre que des obstacles insurmontables ne fissent échouer ses projets, et l'incertitude la plus complète régna, dès ce moment, au grand quartier général impérial.

Le plan de l'Empereur présentait d'ailleurs de graves inconvénients. Les Allemands possèdent, de Rastatt à Mayence, une magnifique base d'opérations où allaient affluer, dès le premier jour, les forces de la Confédération du Nord et aussi celles des Etats du Sud. On attaquait cette base de front ; c'était aller chercher l'ennemi en son point fort. Nous ne possédions dans la région choisie pour passer le fleuve aucune forteresse sur laquelle nous eussions pu nous replier en cas de revers, de sorte que si le sort des armes nous était contraire, nous nous trouvions avec le Rhin à dos, Rastatt sur notre flanc droit, Germersheim sur notre flanc gauche, et notre retraite pouvait être désastreuse.

Il est bien évident que plus le point où nous passerions le fleuve serait bas, plus il serait facile aux Allemands de jeter dans notre flanc droit des forces considérables, et plus nos lignes de communication se trouveraient exposées.

Cependant vers la fin de juillet, lorsque s'ouvrit l'ère des hésitations, plusieurs généraux de l'entourage impérial préconisèrent fort un projet dans lequel le Rhin eût été passé plus bas que Maxau. Après quelques démonstrations sur la Basse-Sarre, les divers corps d'armée auraient été dirigés sur Mayence, puis l'Empereur aurait rabattu le gros de ses forces sur le versant oriental des Vosges, et aurait surpris le passage du Rhin vers Mannheim, tandis que le général Frossard, avec le 2ᵉ corps, aurait poussé sur Mayence et mis le siége devant cette place. Ce projet ne fut pas exécuté, simplement, dit-on, parce que l'intendance fit observer qu'on manquait de biscuit. Cette raison n'eût certes pas été suffisante, vu les ressources des pays qu'on se proposait d'envahir.

Avant la guerre, le général Ducrot avait proposé un plan qui offrait plus d'avantages que ceux que nous venons d'exposer, sans présenter les mêmes dangers. On s'en convaincra tout à l'heure. Il est regrettable que, dès le début des hostilités, ce général n'ait pas été appelé à jouer un rôle plus important que celui qui lui fut dévolu.

En 1870, le général Ducrot commandait depuis plusieurs années la division territoriale de Strasbourg. La lutte avec la Prusse lui semblait certaine à courte échéance ; c'était l'objet de ses préoccupations constantes et aussi de ses appréhensions, car il connaissait à fond la puissante organisation militaire de cet état. Il suivait avec un soin extrême tout ce qui se passait de l'autre côté du Rhin, et ce qu'il apprenait de divers côtés, comme ce qu'il voyait de ses propres yeux, car il allait souvent de sa personne aux informations dans les pays de la rive droite, le confirmait dans l'idée que nous ne pouvions assez nous méfier de l'avenir et peut-être du lendemain. Il saisissait toutes les occasions de mettre le gouvernement en garde ; ses avis ne furent pas écoutés avec l'attention que comportait la gravité du sujet.

Durant son long séjour à Strasbourg, le général Ducrot, aidé par les officiers de son état-major, avait étudié jusque dans ses détails le théâtre inévitable des premières opérations de la guerre future avec l'Allemagne, c'est-à-dire sur la rive gauche, l'Alsace, les Vosges, le Palatinat Bavarois ; sur la rive droite, le grand duché de Bade, la Hesse, la Forêt-Noire, les cours du Neckar et du Mein. Il avait parcouru toutes les voies que pouvaient suivre les armées, et en particulier celles qui avaient été employées dans les guerres antérieures.

Après avoir examiné la question sous toutes ses faces, il avait soumis à l'Empereur un plan dont les principales dispositions sont révélées dans deux lettres, l'une écrite en 1867 au général Frossard, alors gouverneur du Prince impérial, l'autre adressée en 1868 au maréchal Bazaine, alors commandant du corps d'armée de Nancy (1). Dans

---

(1) La lettre écrite au maréchal Bazaine a été publiée en 1873 par la

ces lettres, le général Ducrot prévoit. avec une rare sagacité, le plan qui fut exécuté en 1870 par le maréchal de Moltke, dès le commencement de la campagne. Il indique ensuite les moyens qu'il croit les plus propres à déjouer les projets supposés de l'ennemi, et à faciliter la jonction de l'armée autrichienne avec la nôtre. Nous allons en faire un rapide exposé.

En vue de la guerre, la France doit sans retard construire un vaste camp retranché à Frouard, près de Nancy, établir des postes fortifiés à Nothweiler et à Seltz (carte 1).

Quand la guerre éclatera, on formera deux armées et un corps de débarquement.

Le corps de débarquement sera transporté en Hanovre par la flotte.

Une des armées s'appuyant sur la ligne de défense Metz-Frouard-Nothweiler-Seltz se tiendra sur la défensive de Metz au Rhin.

L'autre armée franchira rapidement le Rhin entre Strasbourg et Seltz, sa gauche se portera de suite sur la forte position de Bruchsal. Un corps d'armée bloquera Rastatt. Le gros de l'armée, se servant des routes du duché de Bade qui conduisent vers le nord, se portera à la hauteur de la gauche à Bruchsal.

Kehl et Alt-Brisach seront dès les premiers jours convertis en tête de pont.

L'armée en ligne entre Bruchsal et Eppingen marchera vivement sur l'admirable position de Heidelberg pour

---

réunion des officiers, dans une petite livraison intitulée : *Plan de campagne du général comte de Moltke en* 1870, exposé dans une lettre écrite en 1868 par le général Ducrot.

La lettre écrite au général Frossard a été communiquée à l'auteur par le général Ducrot : nous la reproduisons dans le Supplément II. Nous ne saurions trop engager nos lecteurs à prendre connaissance de ce document, qui est du plus grand intérêt.

séparer au plus tôt de la Prusse les États du Sud et les faire déclarer en notre faveur.

Nos deux armées se donneront la main par Mannheim.

Après avoir laissé un corps d'armée à Heidelberg, on prendra à revers les lignes et bases d'opérations de l'ennemi, en se portant sur le Haut-Mein.

Wurzbourg sera l'objectif choisi, parce que c'est celui qui permettra le mieux à l'armée autrichienne d'opérer sa jonction avec l'armée française en arrivant par la voie ferrée Pilsen-Nuremberg-Bamberg.

En occupant fortement par des postes retranchés les positions d'Heidelberg, Rothensold, Gœrnsbach et Renchen, notre ligne d'opérations est suffisamment protégée et notre retraite est assurée, en cas de revers, sur Strasbourg et Neuf-Brisach, maintenant munis de solides têtes de pont.

Les Allemands ayant été battus aux environs de Wurzbourg, la campagne sera continuée en tenant compte de l'état de choses.

Après avoir présenté ces considérations générales, nous allons nous renfermer dans la relation des faits qui forment l'objet de cette étude militaire.

Tout d'abord quelques détails sont nécessaires sur la composition des 1er, 7e et 5e corps d'armée qui furent employés dans les opérations.

Composition des 1er, 7e et 5e corps d'armée. Le 1er corps, commandé par le maréchal de Mac-Mahon, se forma à Strasbourg et aux environs. Il comprenait quatre divisions d'infanterie, une division de cavalerie à trois brigades, une réserve d'artillerie à huit batteries [1].

Le maréchal était gouverneur général de l'Algérie

------

(1) Voir, Supplément III, la composition du 1er corps d'armée.

quand la guerre éclata. On laissa les zouaves et les turcos sous son commandement, en les classant au 1er corps
d'armée. Les troupes des garnisons d'Alsace firent naturellement partie de ce corps, que l'on compléta au moyen
de quelques régiments tirés du midi.

Le 7e corps d'armée, général Douay (Félix), eut Belfort pour centre de formation. Il comptait trois divisions
d'infanterie, une division de cavalerie à deux brigades et
une réserve d'artillerie de six batteries [1]. Ce corps fut
composé au moyen de régiments empruntés aux garnisons du sud-est.

Le 5e corps d'armée, général de Failly, avait la même
composition que le 7e [2]. Il se constitua à Bitche. Les trois
divisions actives de Lyon furent désignées pour le former.

Dans ces corps d'armée, de même que dans tous les
autres de l'armée du Rhin, chaque division d'infanterie
possédait trois batteries d'artillerie, dont presque toujours deux étaient armées de canons de 4 et une de
mitrailleuses.

Le 5 août, la division de cavalerie de réserve de Bonnemains [3] arriva à Haguenau pour renforcer les troupes
d'Alsace.

Cette division avait été formée à Lunéville, deux batteries lui étaient adjointes.

Les centres de formation assignés aux 1er, 7e et 5^e
corps étaient très près de la frontière, mais Strasbourg,
Belfort et Bitche étaient trois places fortes de premier
ordre, et accordaient une sûre protection aux troupes se
rassemblant dans leur voisinage.

----

(1) Voir, Supplément IV, la composition du 7e corps d'armée.
(2) Voir, Supplément V, la composition du 5e corps d'armée.
(3) Voir la composition de la 2e division de cavalerie de réserve, Supplément VI.

Ces corps devaient tous les trois concourir à l'exécution du plan offensif de l'Empereur. En attendant que l'on fût à même de commencer les opérations, ils avaient à exercer une active surveillance sur la frontière nord-est, et à la préserver de toute incursion venant soit du Palatinat Bavarois, soit du duché de Bade. Au cas d'une attaque sérieuse, l'étendue des distances qui séparent Belfort, Strasbourg et Bitche pouvait empêcher les forces réunies près de ces villes de se prêter un mutuel appui.

On verra plus tard, combien cette dissémination de l'armée le long de la frontière fut fâcheuse.

Le corps du général Douay avait à protéger le chemin de fer de Lyon à Strasbourg, aux environs de Belfort et de Colmar.

Le 5ᵉ corps, à Bitche, avait la mission de relier entre elles les forces réunies des deux côtés des Vosges. Le général de Failly devait, malgré l'éloignement, donner la main, à droite, au maréchal de Mac-Mahon dont le quartier général était à Strasbourg, et à gauche, au général Frossard, dont le corps d'armée, le 2ᵉ, se réunissait aux alentours de Saint-Avold. Il préservait en outre le chemin de fer qui longe la frontière du nord-est de toute tentative de destruction.

Le 16 juillet, les Français et les Allemands replièrent vers les rives les travées mobiles du pont de Kelh.

Dès le 16, les régiments commencèrent à se précipiter de tous les points du territoire vers la frontière. On activa autant que possible l'embarquement des troupes d'Afrique. Le 17 juillet, au soir, 17 bataillons du 5ᵉ corps étaient réunis à Bitche [1], et au bout de peu de jours, on pos-

---

(1) Supplément I, dépêche 1. Les Suppléments sont placés à la fin du livre; voir la table.

séda en Alsace et en Lorraine de nombreux rassemblements de troupes de toutes armes.

Mais les régiments étaient partis sans être équipés en guerre, les ressources qu'on avait sous la main ne suffisant pas, et les hommes arrivaient le plus souvent dépourvus d'objets de campement, couvertures de voyage, tentes-abris, ustensiles de cuisine, etc....

Les réservistes n'ayant pu rejoindre avant la mise en route, avaient beaucoup de peine à retrouver leurs régiments, sans cesse en mouvement sur la frontière.

La rentrée des réservistes ne s'opérait par suite que très difficilement, et les effectifs ne se rapprochaient que lentement de ceux du pied de guerre. La plupart des hommes qui arrivaient ne savaient pas manier le chassepot.

Les fonctionnaires de l'intendance eussent dû précéder les troupes sur les points de rassemblement désignés. Il n'en fut rien, car aucune organisation des services administratifs en vue de la guerre n'avait été préparée en temps de paix ; puis, lorsqu'ils furent arrivés, les moyens en matériel et en personnel leur manquèrent plus ou moins : infirmiers, chevaux pour les transports, voitures d'ambulance, cacolets, fours de campagne, etc... Le biscuit faisait défaut partout. Enfin, le 6 août, les troupes qui combattirent à Frœschwiller étaient loin de posséder tout ce qui leur revenait en matériel, objets de campement et autres ; l'intendance n'avait pas encore achevé d'organiser ses divers services, celui des ambulances surtout. Les effectifs étaient loin d'atteindre le pied de guerre.

Le général Ducrot était momentanément absent de Strasbourg au commencement de juillet 1870. Il commandait une des divisions qui exécutaient les manœuvres

Le général
Ducrot
commande
provisoirement les troupes du 1er corps.

du camp de Châlons. La guerre déclarée, il revint à son poste et eut dès lors à donner des ordres, en attendant le maréchal de Mac-Mahon, aux troupes qui arrivaient en Alsace pour former le 1er corps.

Idées du général Ducrot au point de vue de la concentration (1).

Le général Ducrot pensait qu'il y aurait grand inconvénient à disséminer les forces au début de la guerre. Il voulait que les points choisis pour opérer la concentration des troupes du 1er corps fussent placés dans des conditions telles qu'elles se trouvassent à l'abri d'une brusque agression, et qu'elles fussent près de Strasbourg, pour être à même de profiter des ressources que possède une ville de cette importance. En conséquence, il fit préparer l'installation des quatre divisions d'infanterie de ce corps d'armée et des troupes auxiliaires dans le voisinage immédiat de Strasbourg, sur les bords de la Brusche et de l'Ill ; la division de cavalerie Duhesme devait former rideau, en venant s'établir en avant, sur les bords de la Zorn aux environs de Brumath.

Evacuation de Wissembourg et de Lauterbourg (2).

En arrivant à Strasbourg, le général fit de suite évacuer les places de Wissembourg et de Lauterbourg occupées : la première par 300 hommes d'infanterie, la seconde par 200 hommes de même arme. Il trouvait ces détachements trop loin de toute troupe sur laquelle ils pussent se retirer, et ne voulait pas leur laisser courir le risque d'être écrasés par des forces supérieures.

Sans perdre un instant, il chercha à mettre Strasbourg en état de soutenir un siège. Il jugeait indispensable de reporter la ligne de ses défenses extérieures loin au-delà de l'enceinte existante, en construisant de solides ouvrages de fortification passagère en avant, vers l'embou-

---

(1) *Wissembourg*, par le général Ducrot.
(2) *Id.*

chure du Petit Rhin, le long du canal de la Marne au Rhin, près de Schiltigheim. Il fit de suite commencer à la pointe de l'île des Epis une grande redoute à laquelle on cessa de travailler quelques jours après, lorsque le général quitta Strasbourg avec sa division ; ce qui fut regretté amèrement quand les Allemands vinrent investir la ville.

La division Guyot de Lespart, qui était une des trois divisions actives de Lyon désignées pour former le 5ᵉ corps, possédait tous ses éléments réunis pendant la paix. Elle fut de suite prête à être transportée, alors qu'il ne se trouvait encore que peu de troupes en Alsace. Le général Ducrot obtint que cette division, avant de se rendre à Bitche, s'arrêtât quelques jours à Strasbourg pour pousser plus activement les travaux de la mise en état de défense [1]. Le 20, les deux brigades Abbatucci et Fontanges de cette division vinrent s'installer dans le polygone de l'artillerie, tout près de la ville.

On était très préoccupé en haut lieu, au ministère de la guerre comme à Metz, d'interdire absolument l'accès de la frontière aux détachements ennemis et de préserver le sol de toute souillure.

Envoi de la
division
Douay à
Haguenau.

Lorsque l'abandon de Wissembourg et de Lauterbourg eut laissé les populations de la Lauter sans défense, elles firent entendre de vives réclamations. Le ministre de la guerre écrivit au général Ducrot pour l'inviter à revenir, dès qu'il le pourrait, sur la mesure qu'il avait prise. Le général, ne se laissant guider que par ce qui lui paraissait le plus conforme aux intérêts militaires, resta sourd à l'invitation.

Le 22 juillet, le général Ducrot reçut l'ordre de diriger

22 juillet.
La division

---

[1] Dépêche 3.

Douay à Haguenau. sur Haguenau tous les éléments destinés à former la division Douay (Abel). Cette ville est à mi-chemin entre Strasbourg et la Lauter. Les troupes qui s'y trouvaient pouvaient, jusqu'à un certain point, exercer leur action le long de la frontière.

Le général de Bernis était alors à Niederbronn avec le 12e chasseurs du 5e corps. Il se mit en communication avec les troupes de la division Douay et reliait ainsi le 5e et le 1er corps.

Les divisions Goze et de l'Abadie vont à Sarreguemines. La division Lespart va à Bitche. Le 23, il fut décidé au grand quartier général de Metz que l'armée du Rhin exécuterait un vaste déploiement le long de la frontière, de manière à former un immense cordon destiné à la protéger de Huningue à Sierk. Les divers commandants de corps furent de suite informés des mouvements qu'ils auraient à faire exécuter à leurs troupes. Par suite des mesures adoptées, Sarreguemines devant être abandonné par le détachement du 2e corps qui l'avait occupé jusqu'ici, il fut prescrit au général de Failly de se transporter dans cette ville avec les deux divisions Goze et de l'Abadie d'Aydrein, et d'appeler à Bitche la division Guyot de Lespart [1].

Du 24 au 26, les divisions de l'Abadie et Goze, quittant Bitche par fractions, se rendirent à Sarreguemines. Elles furent remplacées à Bitche par la division Lespart venant de Strasbourg [2].

Arrivée du maréchal. Le 23 juillet, le maréchal arriva à Strasbourg venant d'Afrique. Il ne s'était arrêté à Paris que le temps nécessaire pour prendre les ordres de l'Empereur.

Le maréchal approuva les mesures prises pour la concentration des troupes du 1er corps. Dès son arrivée, le

---

(1) Dépêche 4.
(2) Dépêche 5.

général Ducrot insista auprès de lui pour obtenir l'autorisation de faire passer quelques troupes sur la rive droite, afin de transformer Kehl en une solide tête de pont , d'après un plan étudié soigneusement depuis longtemps par notre génie militaire. Après cette première opération, le général aurait voulu qu'on se portât sur le Kaiersthul [1], et qu'on établit une seconde tête de pont à Vieux - Brisach. Le maréchal repoussa absolument ces propositions, disant qu'il n'avait pas d'ordre de l'Empereur dans ce sens, et que d'ailleurs il n'aurait pas assez de troupes pour tenter une pareille entreprise.

Le général Ducrot, en préparant ainsi les voies, espérait entraîner l'Empereur à envahir de suite le duché de Bade et à exécuter le plan conçu par lui. Connaissant la marche suivie par les Prussiens dans leur mobilisation, il pensait avec raison que leurs corps d'armée ne seraient pas transportés vers la frontière avant leur mise complète sur le pied de guerre. Il en concluait qu'au moment de l'arrivée du maréchal à Strasbourg, il ne devait se trouver dans les Etats du Sud que les contingents appartenant à ces états, et qu'on pourrait, en s'y jetant de suite, y précéder les Prussiens. Il estimait que les troupes déjà nombreuses que nous avions sur la frontière pouvaient être, malgré leur état de mobilisation imparfait, portées dans le duché de Bade. Si le campement n'était pas encore au complet, si l'on ne possédait pas de biscuit en quantité suffisante, on pourrait, dans un pays aussi riche que le duché de Bade, cantonner les troupes, leur trouver des vivres en abondance pendant plusieurs jours, les pommes de terre remplaçant le pain

---

(1) Forte position entre Kelh et Vieux-Brisach.

au besoin, et l'intendance aurait le temps de faire préparer et arriver le biscuit nécessaire pour la suite des opérations.

Le 25 juillet, le maréchal reçut le commandement de toutes les forces réunies à l'est des Vosges. A partir de ce moment, le 7e corps se trouva donc sous ses ordres, le 1er corps demeurant sous son commandement direct. Il ne fut pas créé d'état-major d'armée ; celui du 1er corps dut en remplir les fonctions.

Ce même jour du 25 fut signalé par la première escarmouche qui ait eu lieu dans la région soumise au commandement du maréchal. Une reconnaissance d'officiers allemands partit le 24 au soir de Lauterbourg, et s'avança le lendemain jusqu'aux environs de Niederbronn. Un peloton du 12e chasseurs [1], guidé par un paysan, surprit les officiers au hameau de Schirlenhoff, au moment où ils déjeunaient. Celui qui dirigeait la reconnaissance put seul s'échapper, les autres furent tués ou pris.

Le 26 juillet, le maréchal, agissant d'après les ordres du grand quartier général de Metz, ordonna le départ de la division Ducrot pour Reichshoffen, d'où elle devait veiller sur la frontière vers la Lauter, et surtout couvrir le chemin de fer de Strasbourg à Bitche, de concert avec la division Guyot de Lespart, avec laquelle elle se relierait par la vallée du Jagerthal [2].

La division Ducrot se mit en route dans la matinée du 26, elle coucha le jour même à Haguenau et arriva le 27 à Reichshoffen, d'où elle poussa ses avant-postes jusque vers la frontière bavaroise.

A partir de ce moment, il n'y eut aucun déplacement

---

(1) Commandé par M. de Chalot, lieutenant.
(2) Dépêche 6.

de quelque importance exécuté par les troupes des 1ᵉʳ,
7ᵉ et 5ᵉ corps jusqu'au 3 août, jour où commença le mouvement qui amena l'affaire de Wissembourg.

Voici quels étaient les emplacements exacts qu'occupaient les troupes d'Alsace, à la date du 29 juillet [1] :

Premier corps. — Le gros du 1ᵉʳ corps était à Strasbourg, avec des postes de surveillance le long du Rhin,
fournis par les divisions Raoult et Lartigue.

La division Douay à Haguenau se couvrait en avant
de la forêt qui s'étend au nord de cette ville, au moyen
du 16ᵉ bataillon de chasseurs à Seltz, et du 50ᵉ de ligne
dont les trois bataillons occupaient Oberbetschdorf,
Soultz et Wœrth.

La division Ducrot, à Reichshoffen et à Frœschwiller,
était gardée du côté de la frontière par le 96ᵉ de ligne
envoyé à Climbach.

Ce régiment avait un bataillon, moitié au col du Pigeonnier, moitié à celui de Pfaffenschlick.

Les grand-gardes de la division Ducrot se reliaient à
Wœrth à celles de la division ~~Raoult~~. *Douay*

La division Duhesme avait ses régiments répandus
dans toute la Basse-Alsace :

Le 3ᵉ hussards et le 2ᵉ lanciers à Soultz où le général
de Septeuil commandait ce qui se trouvait de troupes de
différentes armes ; le 11ᵉ chasseurs dont les escadrons
étaient répartis entre Haguenau, Bischwiller, Soufflenheim et Seltz.

Ces trois régiments de cavalerie légère concouraient
avec le 16ᵉ bataillon de chasseurs et le 50ᵉ de ligne à cou-

Emplace-
ment des
troupes
d'Alsace à
la fin de
juillet.

---

[1] Les détails dans lesquels on entre ici sur les emplacements de
troupes paraîtront peut-être fastidieux. Cependant sans eux on ne peut
connaître convenablement les mesures prises par les généraux qui gardaient la frontière.

vrir le front de l'armée, et à éclairer tout le pays au nord de la forêt de Haguenau, jusqu'à la Lauter et le long du Rhin.

La brigade de cuirassiers Michel à Brumath, le 6ᵉ lanciers, partie à Strasbourg, partie à Schlestadt, où elle devait prolonger sa présence encore quelques jours (1).

Septième corps. — Le 7ᵉ corps ne se trouva jamais réuni à Belfort ; la division Conseil Dumesnil se forma à Colmar et y resta jusqu'aux premiers jours d'août.

La division Dumont se constitua à Lyon, où elle fut conservée pour maintenir l'ordre jusqu'après Frœschwiller. La brigade de cavalerie Jolif du Coulombier y fut retenue pour le même motif et ne rallia jamais le 7ᵉ corps. Il ne se trouvait donc guère à Belfort, à la fin de juillet, que la division d'infanterie Liébert, la brigade de cavalerie Cambriel et la réserve générale d'artillerie du corps d'armée.

Cinquième corps. — Le 5ᵉ corps occupait les positions suivantes :

La division Lespart à Bitche, surveillant les routes de Pirmasens et de Deux-Ponts. Elle se reliait au 96ᵉ de la division Ducrot, qui était à Climbach et aux environs, au moyen du 1ᵉʳ bataillon du 27ᵉ de ligne placé, mi-partie à Neunhoffen, sur la route de Bitche à Reichshoffen, mi-partie à Sturzelbronn, sur la route de Bitche à Wissembourg. Le 68ᵉ campait à la ferme de Freudenberg.

Le 12ᵉ chasseurs, ayant quitté Niederbronn, était aussi à Bitche.

Le gros du corps d'armée occupait Sarreguemines. Les

---

(1) Le 10ᵉ dragons, classé à la brigade Nansouty, était encore en route, venant de Limoges par étapes. Il ne put rejoindre le 1ᵉʳ corps qu'après la bataille de Frœschwiller, pendant la retraite sur Chalons et à l'ouest des Vosges.

deux divisions Goze et l'Abadie gardaient la frontière le long de la Sarre et de la Blies. Le 3e lanciers se trouvait également à Sarreguemines, tandis que le 5e lanciers était à Rohrbach avec le général de la Mortière. Les détachements placés à Freudenberg et à Rohrbach reliaient entre eux les deux groupes principaux qui formaient le 5e corps.

Le 5e hussards était fractionné ; un de ses escadrons était attaché au général de Failly comme escorte, et les autres avaient été adjoints aux divisions du corps d'armée à raison de un par division.

Les troupes des 1er, 7e et 5e corps formaient donc près de la frontière un long cordon de 230 kilomètres, s'étendant de Belfort à Sarreguemines en passant par Colmar, Strasbourg, Haguenau, Reichshoffen et Bitche, présentant une solution de continuité entre Colmar et Strasbourg, renforcé près de cette ville, puis très peu fourni de Haguenau à Sarreguemines. Les troupes gardèrent à peu près ces positions pendant les derniers jours de juillet et les premiers jours d'août. On profita de cette période d'inaction relative pour hâter autant que possible la mise sur le pied de guerre. Les difficultés étaient si diverses, tellement grandes, qu'on ne pouvait pas toujours les surmonter, et les choses ne marchèrent pas aussi vite qu'il eût été nécessaire.

Chaque jour de nombreuses reconnaissances étaient accomplies en avant de l'armée. Elles étaient exécutées soit par la cavalerie, soit par l'infanterie, soit par les deux armes marchant ensemble. Les détachements qui en étaient chargés dépassaient rarement la force d'un escadron ou d'un bataillon, ou bien d'un escadron soutenu par quelques compagnies.

Notre cavalerie, mal exercée depuis longtemps, n'avait

aucune confiance en elle-même et n'entendait rien au service des reconnaissances. Elle s'imaginait qu'elle ne pouvait rien tenter sans l'appui de l'infanterie, de sorte que, seule, elle ne s'avançait que très timidement. Elle ignorait absolument ce principe fondamental, à savoir : qu'une reconnaissance de cavalerie doit marcher jusqu'à ce qu'elle voie l'ennemi, et qu'une fois le contact pris, elle ne doit plus le perdre.

Les fractions de la division Douay et les régiments de la division Duhesme, placés au nord de la forêt de Haguenau, envoyaient des reconnaissances vers la Lauter, mais sans pousser au-delà. Des escadrons se dirigeaient chaque jour du côté du Rhin pour tâcher, mais en vain, de découvrir ce qui se passait de l'autre côté du fleuve. Nos cavaliers avaient beau interroger du regard le pays ennemi, ils ne pouvaient lui arracher ses secrets.

La division Ducrot et le 5e corps exerçaient une active surveillance le long de la frontière, en avant de la route qui mène de Wissembourg à Sarreguemines par Bitche. Cependant les reconnaissances exécutées par les troupes des 1er et 5e corps ne pénétrèrent pour ainsi dire jamais en pays ennemi.

Les Allemands n'observaient pas la même réserve. Depuis le 25 juillet, jour où eut lieu l'escarmouche de Schirlenhoff, leurs reconnaissances s'avancèrent quotidiennement en France aussi bien à l'ouest qu'à l'est des Vosges. Ils cherchaient à lever des réquisitions, comme ils le firent le 26 à Lauterbourg, à couper le chemin de fer dans la portion qui s'étend de Sarreguemines à Bitche, comme ils le tentèrent à plusieurs reprises sans y réussir, à savoir où se trouvaient nos forces, etc...

Leurs détachements n'étaient généralement pas plus nombreux que les nôtres. Il arrivait souvent que par

suite des directions qu'elles suivaient, les reconnaissances des deux partis s'apercevaient mutuellement et se
rapprochaient plus ou moins. Presque toujours celle qui
se croyait la plus faible, faisait demi-tour, après avoir
échangé quelques coups de fusil ou quelques coups de
sabre, ce qui était plus rare ; l'autre n'osait poursuivre,
craignant de tomber sur des forces supérieures, et chacun rentrait chez soi.

Des détachements ennemis, évitant nos reconnaissances, pénétrèrent plusieurs fois jusqu'aux avant-postes
de la division Douay. Mais le 16ᵉ bataillon de chasseurs
à Seltz, et le 50ᵉ d'infanterie à Wœrth, Soultz et Oberbetschdorf, faisaient bonne garde, de même que la cavalerie légère de la division Duhesme qui était répandue à
travers toute la plaine d'Alsace, des Vosges au Rhin.
Nos avant-postes formèrent un efficace rideau. Il est vrai
de dire que les Allemands ne mirent jamais de forces
considérables en jeu pour les traverser. La cavalerie du
Prince royal ne montra certainement pas, dans les débuts
de la campagne, l'esprit d'entreprise et d'audace dont
elle devait donner tant de preuves plus tard. Les Allemands n'étaient pas plus au courant de ce qui se passait
en Alsace que nous ne l'étions de ce qui se passait dans
le duché de Bade ou dans le Palatinat.

Bien que de graves événements fussent à la veille de
se produire, on était au quartier général du 1ᵉʳ corps
dans une ignorance à peu près complète des desseins
des Allemands.

Aucun service d'espionnage n'avait été préparé pendant la paix au point de vue de la guerre ; de sorte que
ce service, qu'on avait cherché à improviser au moment même de la mobilisation, ne donnait aucun résultat. Le général Ducrot, dont la division était en première

ligne, n'ayant aucun moyen de connaître ce qui se passait au-delà de la frontière, en était réduit à recueillir les renseignements plus ou moins exacts fournis par les maires des communes voisines, et notamment par le maire de Reichshoffen, le comte de Leusse, alors député du Bas-Rhin.

On se rappelle que le 96ᵉ était à Climbach, avec un demi-bataillon au col du Pigeonnier, et l'autre moitié de ce bataillon au col de Pfaffenschlick. Le général Ducrot, pour faire cesser l'incertitude où il se trouvait et avoir des nouvelles de l'ennemi, demanda au maréchal de mettre trois compagnies du 96ᵉ et deux escadrons du 2ᵉ lanciers à Wissembourg [1]. L'enceinte continue, qui entourait encore la ville, aurait protégé efficacement la garnison. Le détachement qui était au col eût trouvé une solide protection dans une vieille redoute, reste des anciennes lignes, que le génie avait un peu réparée. Les postes placés à Wissembourg et aux cols auraient donné des points d'appui à la cavalerie, qui aurait poussé de jour et de nuit des reconnaissances au-delà de la frontière. Aussitôt qu'un mouvement considérable de l'ennemi eût été signalé, les compagnies de Wissembourg se seraient repliées sur celles du Pigeonnier ou sur celles de Pfaffenschlick. Les unes et les autres auraient regagné la crête du Hochwald, pour se réunir ensuite au gros de leur régiment à Climbach, ou au gros de leur division aux environs de Frœschwiller.

Le maréchal n'approuva pas la demande du général et les choses restèrent telles qu'elles étaient [2].

La concen-   Au 7ᵉ corps, on rencontrait les mêmes difficultés qu'au

----

(1) Dépêche 7.
(2) Dépêche 8.

1er pour se mettre sur le pied de guerre ; on y éprou-
vait les mêmes perplexités. La division Liébert s'em-
ployait activement aux travaux considérables qu'exigeait
la mise en état de défense de la ville de Belfort [1]. Le
soin de surveiller le Rhin dans la région environnante
fut confié au 4e hussards, colonel de Lavigerie. Ce régiment se rendit, le 31 juillet, à Altkirch, d'où il expédia
chaque jour des reconnaissances vers le Rhin. Le 1er août,
le lieutenant-colonel de Montauban fut envoyé à Huningue avec deux autres officiers de hussards dans le but
d'avoir des renseignements, en interrogeant les douaniers et les populations riveraines. A la fin de juillet, le
capitaine Kessler, de l'état-major général du 1er corps,
fut de même chargé par le maréchal de prendre des informations ; il suivit toutes les localités qui sont sur le
Haut-Rhin, rive gauche, et poussa jusqu'à Bâle. Les renseignements fournis par ces officiers, ainsi que ceux pro-
venant des reconnaissances de cavalerie ou des agents de
l'administration, donnaient à penser qu'il ne s'opérait
aucun rassemblement de troupes de quelque importance
dans la Forêt-Noire, tandis qu'au delà il s'effectuait un
transport considérable de forces dans la direction du
nord. Il y avait donc lieu de croire que, dans peu de
temps, le 1er corps aurait besoin de l'appui du 7e. Les
troupes réunies à Belfort étaient trop éloignées de celles
qui étaient dans le Bas-Rhin, pour être promptement à
même d'agir avec celles-ci. Le maréchal décida en conséquence que le général Douay transporterait son quartier général à Mulhouse, et qu'il rassemblerait autour de
cette ville tout son corps d'armée, qui se rapprocherait
ainsi du 1er. Ce mouvement aurait aussi pour avantage

tration du 7e corps à Mulhouse est résolue.

---

(1) *Opérations du 7e corps*, par le prince Bibesco.

de ne pas laisser la division Conseil Dumesnil isolée à Colmar, et de permettre de s'opposer plus facilement à un passage du Haut-Rhin par les Allemands. Rien pour le moment ne faisait prévoir une telle éventualité, mais les circonstances pouvaient changer, et il fallait se tenir en garde contre les dangers qui pouvaient naître de ce côté. Il fut décidé que le mouvement de concentration commencerait le 4 août par la division Conseil Dumesnil.

Un moment, l'on regretta que cette opération n'eût pas été exécutée plus tôt. Le 2 août, on aperçut dans la journée des troupes ennemies en divers points de la rive droite du fleuve, en amont de Kehl. A Lœrrach, on vit des paysans qui travaillaient à des épaulements pour l'artillerie ; le soir, des troupes, qui paraissaient nombreuses, vinrent s'établir auprès de ces épaulements, et la campagne environnante s'illumina de feux de bivouacs.

Comme il arrive d'ordinaire en pareil cas, on grossit de beaucoup la force des troupes aperçues. Les habitants du Haut-Rhin furent saisis de frayeur. Ils crurent à une invasion immédiate. Voici, en réalité, à quoi se réduisaient les choses.

Pour calmer les inquiétudes qui régnaient dans la Forêt-Noire, les Allemands avaient formé une colonne mixte wurtembergeoise, composée de trois bataillons, un escadron et une batterie. Cette troupe se tenait sur quelques points choisis du territoire. Le 2 août, le colonel de Seubert qui la commandait, avec le dessein de tromper les Français et d'attirer leur attention sur le Haut-Rhin, la fractionna en groupes qui furent dirigés sur les bords du fleuve, de manière à ce que de la rive gauche, on aperçût des soldats un peu partout de Kehl à Lœrrach, surtout près de ce dernier point, autour duquel les feux furent multipliés dans une intention qui ne réussit que trop bien.

Au quartier général de Belfort, on fut immédiatement informé de ce mouvement.

Tout en y attachant de l'importance, on crut plutôt à une simple démonstration. A tout événement, le général Douay décida que la brigade Cambriel serait déployée le long du Rhin. Le 4 et le 5, deux escadrons de lanciers et de hussards s'échelonnèrent de Huningue à Fessenheim, de manière qu'il ne pût rien leur échapper de ce qui se passait entre ces deux points.

La division Ducrot était partie de Strasbourg avant que ses services administratifs fussent organisés, avec un capitaine désigné pour faire fonctions d'intendant. L'intendance territoriale, dont le siège était à Haguenau, déclara le même jour qu'elle pouvait à peine assurer le service des subsistances aux troupes cantonnées dans cette ville et aux environs, qu'en conséquence il lui était absolument impossible de rien faire pour les forces placées à Reichshoffen. Elle affirmait que l'évacuation de Wissembourg, où se trouvaient de vastes magasins et une manutention, lui avait enlevé une partie de ses moyens d'action. Grâce à l'activité et au bon vouloir du maire de Reichshoffen, la division Ducrot vécut sur les ressources du pays pendant plusieurs jours ; mais elles devaient s'épuiser rapidement, et il était indispensable de se déplacer pour vivre ; le général Ducrot le fit observer au maréchal.

Difficultés que la division Ducrot éprouve à vivre à Reichshoffen.

Ces considérations, jointes au désir persistant de garder efficacement la frontière, décidèrent le maréchal à réoccuper Wissembourg, et à faire exécuter un déplacement vers le nord à tout le 1er corps d'armée.

Le 2 août, les généraux furent informés du mouve-

Occupation de Wissembourg et mouvement vers la frontière de tout le 1er corps.

ment à exécuter. Trois divisions reçurent l'ordre de se tenir prêtes à partir le 4 : la division Ducrot, de Reichshoffen pour Lembach, avec un régiment vers la frontière à Nothweiler ; la division Douay, de Haguenau pour Wissembourg ; la division Lartigue, de Strasbourg pour Haguenau, où le maréchal transportait son quartier général. Quant à la division Raoult qui devait se rendre de Strasbourg à Reichshoffen pour remplacer la division Ducrot, comme elle avait deux jours de route à faire, il lui fut enjoint de se mettre en marche le 3. Le général Douay prendrait en passant à Soultz la brigade de cavalerie de Septeuil, mise spontanément à sa disposition.

La division Douay est placée sous les ordres du général Ducrot.

Le maréchal donna au général Ducrot, qui connaissait parfaitement le cours de la Lauter et les environs de Wissembourg, le commandement de toutes les troupes qui allaient être placées le long de la frontière, et le général Douay fut ainsi placé sous les ordres de son collègue, qui était d'ailleurs plus ancien que lui.

Le mouvement était ainsi combiné pour le 4, quand des nouvelles venues de Wissembourg vinrent tout modifier. Le 2 au soir, vers neuf heures, le sous-préfet expédia une dépêche au général Douay à Haguenau, annonçant que l'ennemi apparaissait dans le voisinage immédiat de Wissembourg. Le général Douay transmit aussitôt cette dépêche au maréchal à Strasbourg. Celui-ci répondit par le télégraphe en envoyant l'ordre à la division Douay de se mettre en route dès le lendemain matin, 3 août, pour Wissembourg [1].

Le général Ducrot fut de suite informé de ce changement. On lui enjoignait en outre d'avoir dans cette même journée du 3 toute sa 1re brigade à Lembach, moins le

---

[1] Dépêche 9.

96ᵉ qui devait, pour le moment, continuer de rester à Climbach et aux environs. Ce régiment se trouverait ainsi moins en l'air par suite de la proximité des forces de Lembach.

Enfin l'arrivée de la 1ʳᵉ brigade en ce lieu, dès le 3, aurait pour effet d'assurer la retraite du général Douay par le col du Pigeonnier, s'il était obligé de se retirer de devant Wissembourg, dans la matinée du 4.

Le 3 août au matin, le général Ducrot mit en route pour Lembach le 18ᵉ de ligne et le 13ᵉ bataillon de chasseurs avec une section d'artillerie. Ces troupes allèrent camper sur les hauteurs situées à proximité du village.

3 août.
Le 1ᵉʳ corps
se porte en
avant vers
la frontière.

Le général Ducrot rédigea pour le général Douay des instructions qui lui furent aussitôt expédiées, et lui parvinrent dans le courant de la journée, comme on le verra tout à l'heure.

Le général Raoult, quittant Strasbourg, se dirigea vers Haguenau où il arriva au milieu du jour.

Enfin le général Douay partit de Haguenau pour Wissembourg. Son flanc droit était protégé par le groupe des forces réunies à Seltz et qui comprenaient : le 16ᵉ bataillon de chasseurs et un escadron et demi du 11ᵉ chasseurs qui y étaient déjà depuis quelques jours, le 2ᵉ lanciers et un bataillon du 50ᵉ de ligne avec le colonel de ce régiment, qui s'y rendirent ce jour même de Soultz. Ces forces étaient commandées par le général de Nansouty.

La division
Douay se
rend à Wis-
sembourg.

La division Douay arriva vers une heure à Soultz où l'on fit une longue halte.

Là, elle rallia les deux bataillons du 50ᵉ qui avaient été jusqu'à ce moment à Wœrth et à Oberbetschdorf, ainsi que la brigade de Septeuil, moins la fraction du 11ᵉ chasseurs qui était à Seltz, et un escadron du 3ᵉ hussards qui était à Climbach avec le 96ᵉ.

Le général Douay reçut à Soultz les instructions du général Ducrot. Elles étaient empreintes de la plus sage circonspection, et dictées par une connaissance approfondie des lieux. Voici en quoi elles consistaient :

En arrivant devant Wissembourg, établir la 1re brigade, général de Montmarie, sur le plateau du Geissberg; la 2e brigade, général Pellé, à gauche sur le plateau du Vogelsberg. Ces deux brigades occupaient ainsi la ligne des crêtes qui longe la route de Wissembourg à Bitche par le Pigeonnier, la cavalerie et l'artillerie en seconde ligne sur le versant sud de la colline. Défiler les troupes au moyen des crêtes. (Carte 2, croquis 1.)

Faire entrer le soir même un bataillon dans Wissembourg. Le lendemain de bonne heure, envoyer un régiment de la 2e brigade relever le 96e dans ses positions de Climbach, le Pigeonnier et Pflaffenschlick, le 96e devant être porté en avant à Nothweiler.

Relier, par sa gauche, la division Douay à la division Ducrot.

Employer la brigade de cavalerie de Septeuil pour s'éclairer, soit en avant de Wissembourg, soit à droite dans la direction de Lauterbourg [1].

Muni de ces instructions, le général Douay se remit en marche vers quatre heures. On arriva à la nuit devant Wissembourg, après avoir fait une étape de 31 kilomètres.

La route ne s'était pas accomplie avec tout l'ordre possible. Après une journée d'une chaleur accablante, la pluie tombait. Le soldat était fatigué. Aucune mesure n'avait été prise en vue de l'établissement des troupes en bivouac. On avait perdu un temps précieux à Soultz. Il

---

[1] *Wissembourg*, par le général Ducrot.

allait falloir à présent s'établir dans les ténèbres sur un terrain déjà détrempé.

Les troupes s'installèrent tant bien que mal sur les positions indiquées par le général Ducrot. Elles placèrent des grand-gardes sur les pentes nord et est du Geissberg, sur des points désignés un peu au hasard à cause de la nuit. La position de ces postes avancés fut rectifiée le lendemain matin, quand il fit jour. Le 2ᵉ bataillon du 74ᵉ, commandant Liaud, fut envoyé le soir même à Wissembourg. Il campa dans la cour de la caserne, avec deux compagnies de grand-garde sur la partie nord du rempart, mais personne en avant de la ville.

Le général Douay se rendit de sa personne à Wissembourg sur les dix ou onze heures. Il vit plusieurs personnes, et entre autres le sous-préfet. Tout le monde disait que le pays environnant était rempli de Prussiens et de Bavarois, que les vignes qui tapissaient les coteaux au nord de la ville en fourmillaient, et que l'ennemi occupait en particulier le château Saint-Paul, situé à proximité.

Le lendemain 4 août, le 78ᵉ partit avant cinq heures du matin pour aller relever le 96ᵉ, en passant par Oberhoffen et Rott, d'où il rejoignit la route de Wissembourg à Bitche.

Vers le même moment, un détachement partit en reconnaissance. Il était sous les ordres du colonel Dastugue et se composait de deux escadrons du 11ᵉ chasseurs, commandant de Bonne, du 2ᵉ bataillon du 1ᵉʳ turcos, commandant Sermensan, et d'une section d'artillerie de la batterie Didier. Les deux escadrons prirent les devants avec le commandant de Bonne ; le bataillon et la section avec le colonel s'établirent, pour les soutenir au besoin, dans une position choisie sur le versant nord du Geissberg. Les escadrons se dirigèrent d'abord sur Wissembourg, mais n'y entrèrent pas, longèrent la Lauter, puis les anciennes lignes de Wissembourg, traversèrent Altenstadt pour revenir après avoir reconnu une coupure exécutée par quelques cavaliers prussiens à 500 mètres au nord du Gutleithof. Ils avaient aperçu des pièces d'artillerie non loin de Schweigen, et les habitants prétendaient qu'en arrière de ces pièces il y avait 40 ou 50,000 hommes prêts à nous attaquer. La reconnaissance avait à peine regagné le camp que des pièces, probablement celles signalées par la cavalerie, se mettaient à tirer sur Wissembourg.

Dépêche du maréchal au général Douay.

Dans la nuit du 3 au 4, le maréchal avait reçu une dépêche télégraphique de l'Empereur lui annonçant qu'il serait attaqué le jour même, ou au plus tard le lendemain.

Le maréchal, sous l'influence de cette communication, expédia le 4 au matin une dépêche au général Douay [1] lui demandant s'il avait lieu de croire à un rassemblement nombreux en face de lui, et lui enjoignant de se tenir sur ses gardes, prêt à se rallier au général Ducrot par la route du Pigeonnier, dans le cas où il serait attaqué par des forces trop supérieures.

Effectif de la division Douay.

Cette dépêche parvint au général Douay au moment où la reconnaissance venait de rentrer.

Il n'avait que bien peu de monde à sa disposition pour résister à l'ouragan qui allait se déchaîner contre lui. Par suite des détachements qui lui avaient été imposés [2], il ne lui restait plus sous la main que huit bataillons, y compris celui qui était dans Wissembourg, cinq et demi

---

(1) Dépêche 10.
(2) 16ᵉ bataillon de chasseurs et 2 bataillons du 50ᵉ à Seltz. — Le 78ᵉ, parti pour relever le 96ᵉ. — 1 et 1/2 escadron du 11ᵉ chasseurs aussi à Seltz, 1 escadron de hussards à Climbach.

escadrons de cavalerie, trois batteries d'artillerie, dont une de mitrailleuses; soit environ 6,000 hommes en tout, dont 4,800 d'infanterie [1].

Avant d'aller plus loin, il nous faut jeter un coup d'œil sur ce qui s'était passé jusque-là du côté des Allemands, et en particulier à la IIIe armée, avec laquelle le maréchal allait se trouver aux prises.

Formation de la IIIe armée allemande dans le Palatinat bavarois.

Dès que la guerre fut déclarée, les Etats du Sud se joignirent à ceux du Nord. Le roi Guillaume fixa le 16 juillet comme premier jour de la mobilisation, pour toute l'armée de la Confédération du Nord. Les Etats du Sud adoptèrent pour premier jour : le duché de Bade, le 16 ; la Bavière, le 17 ; le Wurtemberg, le 19 [2]. Leurs contingents furent classés à la IIIe armée, commandée par le Prince royal de Prusse, Frédéric Guillaume, et composée des corps suivants :

V^e corps prussien, général de Kirchbach.

XIe corps prussien, général de Bose.

1er corps bavarois, général baron de Tann-Rathsamhausen.

IIe corps bavarois, général chevalier de Hartmann.

Division wurtembergeoise, général d'Obernitz.

Division badoise, général de Beyer.

Ces deux divisions formant le corps Werder, sous les ordres du général de ce nom.

4e division de cavalerie indépendante, prince Albrecht de Prusse (père) [3].

---

(1) Voici quel était, à la date du 2, l'effectif de la division Douay : 16e bataillon de chasseurs, 548 h.; 50e de ligne, 1598 h.; 74e de ligne, 1603 h.; 78e de ligne, 1565 h.; 1er turcos, 2160 h. : total, 7469 h.

(2) *État-major prussien*, Ier vol. pag. 48.

(3) Supplément VII.

Ainsi cette armée comprenait cinq corps d'armée et une division de cavalerie indépendante. Elle comptait 153 bataillons, 134 escadrons et 576 bouches à feu, ou 141,000 hommes d'infanterie, 20,000 de cavalerie et 14,000 d'artillerie, soit 175,000 combattants en tout. Un peu plus tard, on l'augmenta du VIe corps, général de Tumpling, et de la 2e division de cavalerie indépendante, général comte de Stolberg. Au moment de Frœschwiller, ces dernières troupes atteignaient seulement la frontière, et ne prirent pas part à la bataille.

La IIIe armée se forma dans le Palatinat Bavarois, à l'est des Vosges, en face du maréchal.

Contrairement aux Français, les Allemands n'acheminèrent en général leurs régiments vers la frontière qu'après avoir achevé leur mise sur le pied de guerre. Pendant les sept ou huit jours qu'exigea la mobilisation, la région limitrophe, dans le Palatinat Bavarois comme dans la Prusse Rhénane, ne fut occupée que par les corps qui y tenaient garnison en temps de paix. Les Badois faisant exception à la règle générale renoncèrent aux avantages que présentait la mobilisation accomplie sur place, et réunirent de suite entre Rastatt et Karlsruhe ce qu'ils avaient de troupes et dans l'état où elles se trouvaient, afin de présenter au moins quelque résistance au point qu'ils croyaient le plus menacé. La garnison de Rastatt fut immédiatement portée au pied de guerre.

Lorsque, dans les premiers jours, les troupes françaises affluèrent avec rapidité tout le long de la frontière, à Saint-Avold, à Bitche, à Strasbourg, les populations voisines, de la Prusse Rhénane, du Palatinat Bavarois, du duché de Bade, eurent des inquiétudes extrêmes; elles crurent à une invasion immédiate et se virent du jour au lendemain foulées aux pieds par l'ennemi héréditaire.

Dans le pays de Bade notamment, on était si bien convaincu de la prochaine arrivée des Français que dans les
villages et dans les fermes on fit préparer du vin, du
jambon et des pommes de terre pour satisfaire aux réquisitions et éviter le pillage.

Les Badois ayant replié le 16 juillet leur portion mo-
bile du pont de Kehl, firent sauter le 22 la pile fixe attenant à leur rive, ainsi que les ouvrages d'art des routes
conduisant du Rhin à la Forêt-Noire, pour en rendre le
parcours plus difficile aux Français. Le bruit des détona-
tions fut entendu à Strasbourg. Les Badois ne bornèrent
pas là leurs précautions. Craignant de nous voir employer des chaloupes canonnières pour bombarder Rastatt, ils réunirent au plus vite à l'embouchure de la
Murg ce qu'il fallait de bateaux pour barrer cette petite
rivière. A Maxau, se trouvait un pont de bateaux très
utile aux Allemands pour leurs mouvements de troupes.
Les Badois établirent de suite une estacade qui devait le
garantir de l'approche des chaloupes canonnières et de
tout engin destructeur. Des batteries furent construites
pour protéger ce barrage ; enfin le pont fut couvert par
une tête de pont élevée sur la rive gauche du Rhin.

Les Badois étaient chargés de la garde du fleuve au
nord de la Murg, leur cavalerie étendant son action jusqu'à Kehl. En amont de ce point, les agents de l'autorité
civile étaient seuls chargés d'exercer une surveillance.
Les Badois fournissaient la garnison de la tête de pont et
dirigeaient de là des patrouilles du côté de Lauterbourg.

Le 22, la brigade de cavalerie wurtembergeoise arriva
à Karlsruhe pour prêter main forte à la division badoise.

La frontière du Palatinat ne fut tout d'abord protégée
que par les faibles détachements en garnison dans le voisinage. Ceux-ci furent peu à peu renforcés, et le 24 juil-

let, la division Bothmer du IIe corps bavarois était presque toute entière sur la rive gauche du Rhin. Elle avait son quartier général à Billigheim. Le gros des troupes était échelonné le long de la route de Landau à Wissembourg, avec des avant-postes près de la frontière, à Schweigen, Schaidt, Langenkandel à l'est de cette route, à Weidenthal, Pirmasens et Deux-Ponts à l'ouest. Un régiment de dragons prussiens faisait des patrouilles entre Deux-Ponts et Saint-Ingbert pour relier l'armée du Prince royal aux autres armées allemandes qui se rapprochaient de la Sarre. (Carte 1.)

A partir du 25, les corps d'armée prussiens et bavarois commencèrent à débarquer à Landau et à Germersheim et à arriver à flots dans le Palatinat.

Le 28, la division d'infanterie wurtembergeoise était à Karlsruhe.

Le 30, le prince Frédéric-Guillaume entrait à Spire où fut son premier quartier général. Il venait de visiter les souverains des Etats du Sud.

A l'état-major de la IIIe armée, on n'était guère mieux renseigné qu'à celui du maréchal. La cavalerie ne fournissait que des informations très insuffisantes. A Spire, de même qu'à Strasbourg, on écoutait avec avidité les bruits en circulation dans le pays, et on se laissait tromper par eux. Les Allemands ne comprenaient pas comment les Français se tenaient ainsi immobiles, après s'être portés avec tant d'élan vers la frontière. A maintes reprises, ils crurent que nous allions prendre l'offensive et franchir la Lauter. Après être arrivé au milieu de ses troupes, le Prince royal se demandait alternativement s'il allait avoir à résister à l'attaque du maréchal, ou bien si celui-ci n'était pas en train de faire filer ses forces de l'autre côté des Vosges.

Les Allemands avaient le plus grand intérêt à être fixés sur ce qui se passait en Alsace. Si le maréchal passant les Vosges était en marche pour rallier la masse principale des troupes françaises en Lorraine, le Prince royal n'avait plus aucune raison pour couvrir le Palatinat; il devait aller au plus tôt rejoindre le général de Steinmetz et le prince Frédéric-Charles sur la Sarre.

Le général de Moltke estimait que la meilleure manière de défendre les États du Sud, comme aussi d'être exactement renseigné, était de faire entrer de suite la IIIe armée en Alsace.

Mais le Prince royal pensait que la concentration de ses forces ne pouvait être achevée que le 3 août, et le lendemain 4 fut le jour fixé définitivement dans les hauts conseils de l'état-major allemand, pour celui où la IIIe armée prendrait l'offensive et se dirigerait sur Strasbourg.

Le 3 août, le Prince royal occupait les positions suivantes :

La division Bothmer du IIe corps bavarois à Bergzabern, à 15 kilomètres de Wissembourg.

Le Ve corps à Billigheim, le XIe à Rohrbach, près du Ve.

Le gros du IIe corps bavarois à Walsheim, de l'autre côté de Landau.

Le Ier corps bavarois près de Germersheim.

La division badoise à Pfortz.

La division wurtembergeoise à Knielingen, près Maxau.

La division de cavalerie du prince Albrecht autour d'Offenbach.

Les avant-postes fournis par la division Bothmer, par le XIe corps et la division badoise, à Schweigen, Kapsweiyer, Schaidt, Langenkandel, Hagenbach.

Des détachements envoyés dans la montagne à Birkenbordt et à Annveiler assuraient le flanc droit de l'armée.

Les troupes étaient bivouaquées.

Le 4 août, la IIIe armée se porta en avant de bonne heure, en suivant plusieurs directions parallèles. L'ordre du Prince royal était de repousser l'ennemi partout où il se présenterait. Les différentes colonnes devaient se porter un mutuel appui.

La division Bothmer rompant à six heures se dirigea sur Wissembourg. Il lui était prescrit de s'en emparer. Le gros du corps de Hartmann, dont cette division faisait partie, venait par la route de Landau pour s'arrêter sur l'Otterbach.

Le corps de Kirchbach (V^e corps prussien) prit la route qui mène par Gross-Steinfeld sur Kapsweiyer, pour continuer de là sur Saint-Remy et les Maisons-Woog. Ces points sont situés sur la Lauter.

Le corps de Bose (XIe corps prussien) se porta par Winden et Schaidt sur les Bienwaldshutte également sur la rivière.

Les corps de Kirchbach et de Bose avaient à traverser la forêt du Bienwald du nord au sud. Il leur était enjoint de faire bivouaquer leurs troupes avancées sur la rive droite de la Lauter.

Les corps de Werder et de von der Tann s'avançaient par la grande route qui suit la rive gauche du Rhin.

Werder devait se rendre maître de Lauterbourg.

Von der Tann n'avait pas à dépasser Langenkandel.

La division de cavalerie du prince Albrecht viendrait en longeant la route de Landau à Wissembourg s'établir sur l'Otterbach auprès de Hartmann.

Description de la ville de Wissembourg et des environs.

La petite ville de Wissembourg compte 6,000 habitants environ ; elle est bâtie sur les deux rives de la Lauter. C'est une ancienne place forte qui n'a été déclassée qu'en

1867. En 1870, les injures de l'atmosphère n'avaient pas
encore eu le temps de trop dégrader ses remparts. La
ville était entourée d'une enceinte continue revêtue en
maçonnerie et munie de fossés, d'où l'eau s'était retirée
peu à peu. Wissembourg est le point de jonction de trois
routes qui viennent de Landau, de Bitche et de Haguenau, et qui passent à travers le rempart par trois portes,
auxquelles on a donné les noms de ces villes. La Lauter
est facilement guéable presque partout. On la traverse en
dehors de l'enceinte sur deux ponts situés, l'un près de
la porte de Bitche, l'autre entre les portes de Haguenau
.et de Landau. La gare du chemin de fer de Strasbourg se
trouve à l'extérieur de la ville sur la rive droite de la
Lauter, près de la porte de Haguenau. Sur cette même
rive, s'étendent en amont et en aval des restes d'épaulements presque complétement détruits, connus dans les
guerres antérieures sous le nom de lignes de Wissembourg. La vallée de la Lauter est limitée au nord comme
au sud par des contreforts des Vosges. Ceux qui suivent
la rive droite et qui portent les plateaux de Vogelsberg
et du Geissberg se prolongent plus loin vers l'est que
ceux de l'autre rive, dominent tout le terrain environnant, et présentent de bonnes positions défensives, celles
indiquées par le général Ducrot. Sur le versant oriental
de ces hauteurs, et presque au sommet, s'élève le château du Geissberg, solide construction du siècle dernier
qui fut un des points les plus importants du combat.
La façade qui regarde l'est donne sur une terrasse que
supporte un mur de soutènement élevé. Celle qui est
tournée vers l'ouest s'ouvre sur une cour entourée d'un
mur d'enceinte attenant au château et percé d'une seule
porte. Dans cette cour, il y a des bâtiments d'exploita-
tion, des hangars, etc.

Près du château une petite éminence couronnée de trois peupliers acquit une importance passagère. Sur le versant oriental du Geissberg, la ferme de Schafbusch, entourée de vergers et de haies, devint le théâtre d'un des principaux épisodes de la lutte.

Au nord de Wissembourg, les hauteurs se prolongent à très peu de distance de la ville. Les vignes qui les couvrent fournirent un excellent abri aux tirailleurs ennemis.

Combat de Wissembourg. — Une demi-heure environ après la rentrée de la reconnaissance dirigée par le colonel Dastugue, on entendit des coups de fusil bientôt suivis de coups de canon, partant de la rive gauche de la Lauter. Il était huit heures et demie. Des tirailleurs se portaient contre Wissembourg, suivis de colonnes descendant des hauteurs. Des obus tombèrent dans la ville, où des incendies se déclarèrent presque de suite. L'artillerie prenait principalement pour objectif la caserne, où arriva le premier projectile, le beffroi de l'hôtel de ville, le clocher de l'église.

Les pièces qui tiraient étaient placées derrière un épaulement distant d'environ 900 mètres de Wissembourg, au-dessous de Schweigen ; on en avait remarqué l'existence au lever du jour.

Il se trouvait à cette heure dans Wissembourg une foule d'hommes de tous les corps de la division, qui y étaient venus en corvée. Ils s'empressèrent de rejoindre leurs régiments au pas de course. L'ennemi leur envoya quelques coups de canon pendant le trajet.

Un officier partit aussitôt pour informer le général Douay. Il se rendit à Oberhoffen, où était le quartier général de la division, mais il n'y rencontra pas le général, parce que celui-ci, faute de logement en ce lieu, demeurait à Steinseltz. L'officier dut continuer sur ce dernier village.

Le maire de Schleithal arriva au camp en ce moment ; il prévint que des colonnes passaient la Lauter, et que le Niederwald était parcouru depuis le matin par de la cavalerie. Un escadron du 3e hussards fut alors envoyé en reconnaissance dans la direction de l'est. Comme il se rapprochait du Niederwald et commençait à recevoir quelques coups de fusil, il reçut l'ordre de revenir au camp.

Les troupes qui engageaient le combat appartenaient au IIe corps bavarois. Elles formaient l'avant-garde de la division Bothmer, qui marchait, comme on se le rappelle, en tête de la IIIe armée et se portait sur Wissembourg avec l'ordre de s'en emparer. Les tirailleurs bavarois furent vigoureusement reçus par les deux compagnies qui avaient été placées sur les remparts la veille au soir en arrivant.

Le commandant Liaud, dont le bataillon était préposé à la défense de la ville, fit aussitôt soutenir ces compagnies par celles qui étaient dans la caserne [1]. Tout le bataillon fut disposé sur la partie menacée de l'enceinte, de la porte de Landau à celle de Bitche. Un poste commandé par un sergent fut chargé de garder la porte de Haguenau, qui était à l'abri. La compagnie des sapeurs-pompiers, d'abord placée auprès de cette porte, fut bientôt obligée de se disperser dans différentes directions

---

(1) Presque tout ce qui est relatif à la défense de la ville nous a été fourni par M. Bertrand, alors adjudant-major au 74e et actuellement chef de bataillon au 128e de ligne. Cet officier a bien voulu nous communiquer un remarquable rapport rédigé par lui pendant sa captivité en Allemagne, et où sont relatés avec le plus grand soin tous les faits qui se rapportent au rôle du 2e bataillon du 74e pendant la journée du 4 août.

pour éteindre les nombreux incendies qui se déclaraient.

Au camp, de même que dans la ville, on fut très surpris d'entendre le canon. On crut d'abord que ce n'était qu'une forte reconnaissance poussée par l'ennemi sur la frontière [1].

Le général Pellé qui arrivait au camp ordonna de suite au 1er turcos, colonel Mauraudy, et à une batterie de 4, capitaine Didier, de descendre dans la vallée pour prêter main-forte au bataillon qui était dans la ville [2].

Les tirailleurs partirent en poussant leur cri de guerre et en agitant en l'air leurs chechias. Ils laissaient leurs sacs au camp, tellement on pensait que l'affaire était de peu d'importance et qu'on pourrait venir les reprendre quand on voudrait [3].

Les bataillons suivis de la batterie descendaient, déployés en bataille, le versant nord du Geissberg, lorsque le général Douay arriva et fit continuer le mouvement.

Le régiment était à peine en marche que la batterie de Schweigen lui envoyait des volées d'obus, qui ne firent du reste aucun mal. Quand il arriva dans la vallée, la fusillade était vivement engagée entre les défenseurs de la ville et les tirailleurs ennemis.

Le général Pellé qui avait rejoint le 1er turcos le disposa ainsi : le 2e bataillon, commandant Sermensan, à droite avec le colonel et le lieutenant-colonel, le gros près des anciennes lignes de Wissembourg, deux compagnies en tirailleurs le long de la Lauter, près du moulin, dans les

---

(1) Lettre du général Robert reproduite dans : *Wissembourg*, par le général DUCROT.

(2) Livre d'or des tirailleurs algériens de la province d'Alger.

(3) Pour l'emplacement des troupes, voir la légende placée sur la carte 1.

Le rouge est pour les Français, le bleu pour les Allemands.

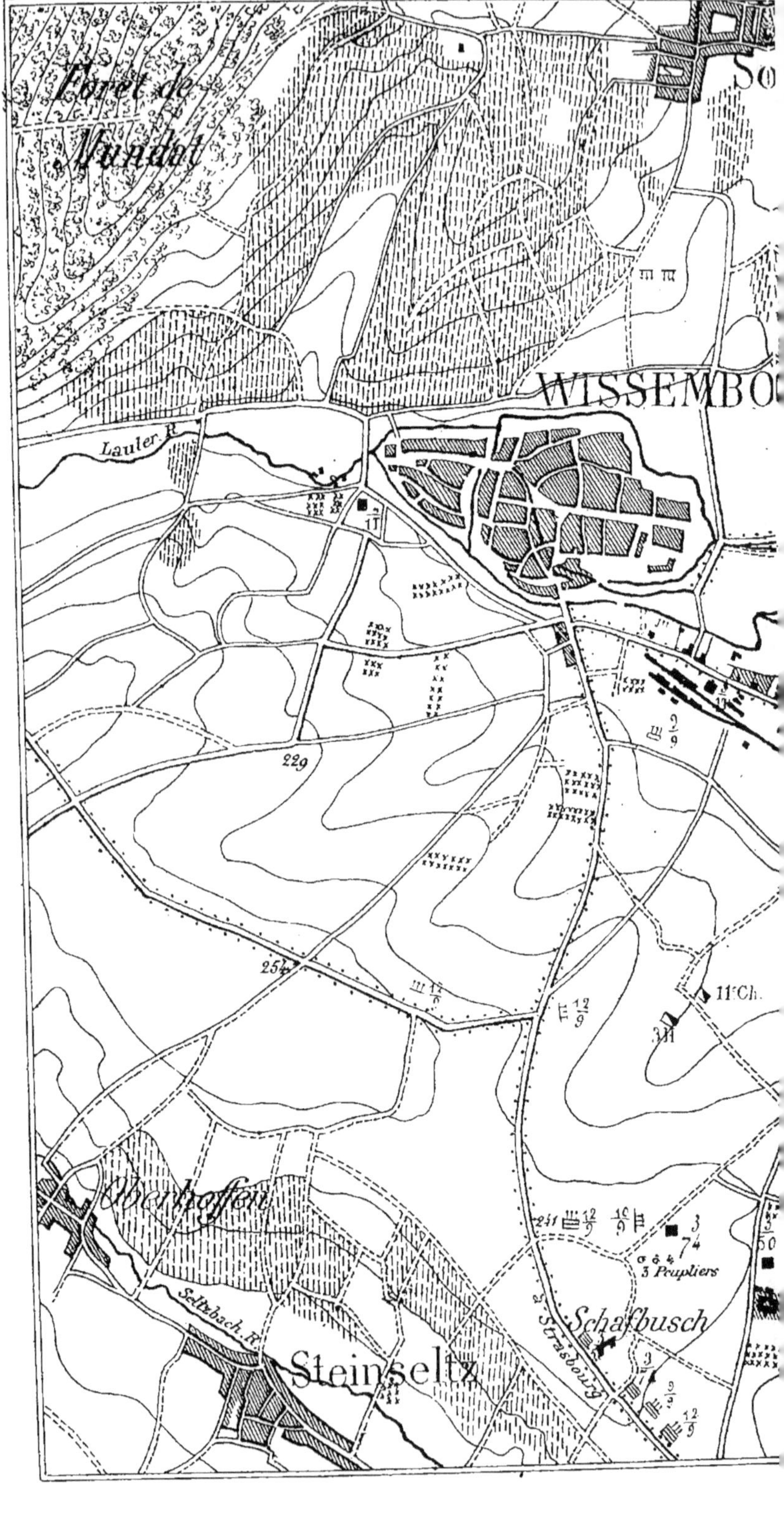

Forêt de Mundat
Lauter
WISSEMBO
So
229
254
Oberhoffen
Seltzbach
Steinseltz
Schaffbusch
Strasbourg
3 Peupliers
11Ch.

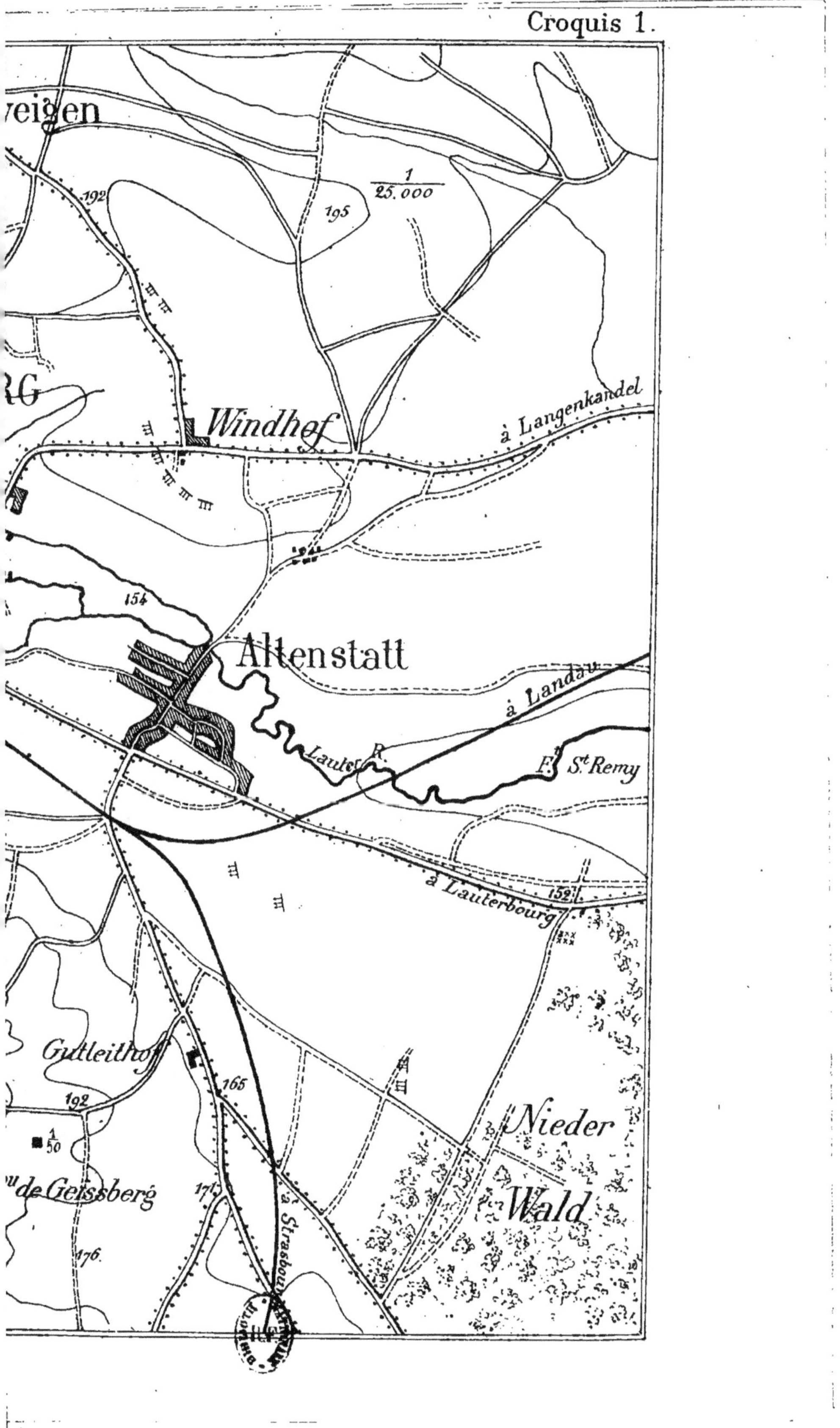

Croquis 1.
veigen
1/25.000
192
195
RG
Windhof
à Langenkandel
154
Altenstatt
à Landau
Lauter R.
F. St Remy
à Lauterbourg
152
Gutleithof
165
192
1/50
u de Geissberg
174
à Strasbourg
176
Nieder
Wald

vergers ; le 3ᵉ bataillon, commandant de Lammerz ; à l'angle sud-est de la place en avant des houblonnières et de la gare, en bataille le long du boulevard ; le 4ᵉ bataillon, commandant de Coulanges, vers la partie sud-ouest de l'enceinte pour arrêter l'ennemi de ce côté, et lui interdire l'accès du petit pont sur la Lauter, qui est près de la porte de Bitche [1].

Pendant ce temps, la batterie Didier avait pris position entre la route de Strasbourg et la gare un peu au nord de la route de Lauterbourg. Elle avait de suite engagé la lutte avec les batteries de Schweigen. Au bout de peu de temps, le voisinage des tirailleurs ennemis embusqués dans les vignes la força à aller prendre une seconde position à 500 mètres en arrière, un peu au sud de la route de Lauterbourg.

Pendant que les turcos se formaient, l'attaque se prononçait contre la partie nord de l'enceinte. Les tirailleurs bavarois s'avançaient vers les remparts avec beaucoup de bravoure. Un peloton d'une centaine d'hommes s'élança contre la porte de Bitche comme s'il eût voulu s'en emparer. L'artillerie continuait à tirer avec vivacité sur l'intérieur de la ville ; on aurait dit l'ennemi moins disposé à en venir à l'escalade que préoccupé d'agir sur l'esprit des habitants. Cependant vers dix heures et demie, de sérieux efforts furent dirigés contre la partie est de l'enceinte ; les Bavarois se portèrent à deux reprises contre la porte de Landau et s'approchèrent à quelques centaines de pas. Les défenseurs des remparts les reçurent par un feu qui leur fit éprouver des pertes considérables.

Les deux compagnies de turcos postées près du moulin engagèrent la fusillade aussitôt qu'elles furent dé-

---

[1] Le 1ᵉʳ bataillon du 1ᵉʳ turcos était resté au dépôt.

ployées en tirailleurs. L'ennemi dirigeant des forces de plus en plus considérables du côté du faubourg de Landau, les 2ᵉ et 3ᵒ bataillons de turcos s'engagèrent par fractions successives et furent bientôt complétement aux prises avec les Allemands. Dans les vergers, derrière les haies, les turcos embusqués opposèrent à l'attaque la plus vive résistance. Le bataillon Lammerz, qui défendait les abords de la porte de Landau, subissait beaucoup de pertes. A plusieurs reprises, les turcos cherchèrent à se porter en avant pour leur enlever les pièces placées près de Schweigen ; leurs mouvements offensifs furent toujours arrêtés par le feu d'un ennemi très supérieur en nombre ; jamais ils ne parvinrent à s'élever sur les coteaux couverts de vignes qui abritaient les tirailleurs bavarois.

Si les turcos ne pouvaient gagner du terrain, ils se maintenaient énergiquement sur celui qu'ils occupaient et résistaient, sans faiblir, à l'ennemi, lorsqu'une attaque dirigée contre leur droite vint aggraver leur situation et les força à adopter des dispositions nouvelles. Mais avant de suivre le combat plus longtemps dans la vallée, nous devons remonter au Geissberg, et voir ce qui s'y était passé jusque vers ce moment (onze heures).

Le général Douay, qui ignorait au début de l'action jusqu'à quel point l'ennemi voulait s'engager, avait conservé d'abord sur l'emplacement des camps les troupes qui restaient sur le Geissberg après le départ du 1ᵉʳ turcos. Mais quand il vit le combat sérieusement engagé dans la vallée, quand il apprit que le Niederwald était occupé par l'ennemi, il pensa que l'affaire pourrait être sérieuse, et il ordonna au général de Montmarie de faire prendre à sa brigade des positions défensives sur la hauteur.

Le 50e de ligne fut porté le premier en avant.

Le 1er bataillon, commandant Boutroy, fut placé par le lieutenant-colonel Delatour d'Auvergne à 200 mètres à l'est du château ; une fraction du bataillon occupant des restes d'épaulements ; une compagnie en tirailleurs dans la direction de la ferme de Gutleithof.

Le 3e bataillon, commandant Joanin, à l'abri derrière une houblonnière, au nord du château ; une compagnie en tirailleurs à deux ou trois cents mètres en avant.

Pendant que le 50e se mettait en marche, deux batteries prussiennes, accompagnées de soutiens, débouchaient par la route de Lauterbourg et venaient prendre position un peu au nord de Gutleithof, à l'angle des chemins de fer.

La batterie de mitrailleuses, 10e du 9e, capitaine de Saint-Georges, reçut l'ordre d'aller les contrebattre. La batterie de 4 Foissac, 12e du 9e, fut également portée en avant, près de la route qui mène au Pigeonnier. Elle ouvrit son feu contre l'artillerie de Schweigen.

Le 3e bataillon du 74e, commandant Valet, se plaça un peu en arrière du château, de manière à se porter facilement au secours de la batterie de mitrailleuses. Le 1er bataillon du même régiment, commandant Cécile, se plaça derrière le 1er bataillon du 50e.

La brigade de cavalerie de Septeuil fut envoyée dans le vallon qui descend du Geissberg, vers Altenstadt, le 3e hussards en deuxième ligne derrière le 11e chasseurs, dont deux escadrons furent déployés en tirailleurs. Les Prussiens ne répondirent pas aux quelques coups de fusil tirés par les cavaliers. La brigade devait relier les deux groupes très espacés que formait l'infanterie de la division.

La batterie de mitrailleuses, trop exposée au feu des

batteries de Schweigen dans une première position prise à cinq ou six cents mètres au nord-est du château, amena les avant-trains sans avoir fait feu, et vint s'établir en arrière, près de la route de Gutleithof, non loin de la petite éminence couronnée de trois peupliers. L'état du sol, détrempé par la pluie, rendait les mouvements de l'artillerie très difficiles et très lents.

Pendant ce temps les deux batteries de 4, se prêtant un mutuel appui, luttaient avec succès contre celles de Schweigen [1]. Les meilleurs tireurs choisis parmi les défenseurs de la ville envoyaient des balles aux artilleurs bavarois. Les batteries de Schweigen commençaient à subir des pertes, quand deux autres batteries bavaroises venant prendre position un peu au nord du Windhoff, les premières se retirèrent [2].

Le général Douay suivait la marche du combat du haut du Geissberg, d'où il découvrait au loin la campagne environnante.

Il voyait le combat dans lequel étaient engagés les turcos prendre une intensité toujours croissante. Des têtes de colonnes se montraient sur divers points de la forêt du Niederwald, débouchaient par la route de Lauterbourg, par Schleithal, tandis que des masses considérables arrivaient par la route de Kapsweiyer, se dirigeant sur Altenstadt. Dans la plaine qui s'étend entre le chemin de fer et le Niederwald, quatre batteries ennemies prenaient successivement position et ouvraient leur feu. A cette vue, le général Douay ne se fit plus aucune illusion, et reconnut l'impossibilité de résister à un ennemi

---

(1) *L'artillerie allemande dans les batailles et combats de la guerre franco-allemande.* par Hoffbauer.
(2) *Id.*

trop supérieur en nombre. Convaincu du danger de prolonger la lutte, il chargea un officier de porter d'abord au commandant Liaud l'ordre d'évacuer la ville, et de transmettre ensuite au général Pellé celui de battre en retraite avec les turcos, assez lentement pour donner au bataillon qui occupait Wissembourg le temps de sortir de cette place [1].

L'artillerie ennemie faisait rage, aussi bien celle des hauteurs que celle de la plaine. Elle tirait surtout avec fureur contre le château que les Allemands croyaient occupé, et contre la batterie de mitrailleuses. La 9e batterie du 9e continuait à répondre à l'artillerie des hauteurs. La 11e batterie du 9e dut venir prendre une seconde position à l'est de la route de Strasbourg pour soutenir la batterie de mitrailleuses prise à partie par l'artillerie de la plaine.

Le général Douay était alors (10 heures 1/2) près de cette dernière batterie, autour de laquelle tombait une pluie de projectiles. Il venait de dire au général de Montmarie qu'il allait lui donner des ordres pour la retraite, lorsqu'un éclat d'obus l'atteignit et lui ouvrit le ventre. Le général tomba de cheval et fut transporté sur la voiture d'un cantinier jusqu'à la ferme du Schafbusch, où il expira deux ou trois heures après, sans avoir repris connaissance.

Le commandement revenait au général Pellé comme plus ancien. Le général Douay n'avait pas son état-major avec lui quand il fut atteint. Il l'avait laissé en arrière pour ne pas être entouré d'un groupe trop nombreux de cavaliers, qui eût désigné le commandant de la division

---

(1) Rapport sur le combat de Wissembourg, par le général Pellé. — Supplément VII.

aux coups de l'ennemi. Il se passa un certain temps avant que le colonel Robert, chef d'état-major, connût l'événement et eût envoyé prévenir le général Pellé. Il fallut également du temps pour en informer celui-ci, qui était au fort du combat à la gare. Il était près de midi lorsque le général Pellé sut que c'était à lui que revenait le commandement de la division. Mais alors les choses avaient singulièrement empiré et la mission qui lui incombait était des plus difficiles.

Cinq nouvelles batteries allemandes avaient ouvert le feu des abords du Windhoff. La brigade de cavalerie de Septeuil, qu'elles avaient prise pour objectif, était allée prendre position sur le versant sud du Geissberg. La 11ᵉ batterie du 9ᵉ, trop exposée au feu de cette artillerie, s'était portée à un endroit mieux défilé, plus près du château.

Suite et fin du combat du 1ᵉʳ turcos.

Une heure auparavant, vers deux heures, le général Pellé, prévenu que de fortes colonnes cherchaient à tourner la droite des turcos, avait fait exécuter un changement de front à droite au bataillon Sermensan, le plaçant ainsi perpendiculairement à la route de Lauterbourg, sa gauche à la Lauter. Le bataillon Lammerz s'établit autour de la gare et s'étendit jusque vers la porte de Landau. Le bataillon de Coulanges, moins engagé que les deux autres, continua à protéger les abords de la ville du côté ouest contre les Bavarois. Il parvint à faire quelques prisonniers dans un petit bois. La 9ᵉ batterie du 9ᵉ, menacée par l'approche des tirailleurs prussiens, fut obligée de se retirer et de remonter sur le Geissberg.

Le bataillon Sermensan, vivement porté en avant par le général Pellé, arrête tout d'abord les Prussiens qui arrivent par la route de Lauterbourg. L'ennemi cherche constamment à déborder ce bataillon par sa droite. Les turcos embusqués dans les fossés de la route, dans des restes d'épaulement, derrière des arbres, font un feu des plus vifs. Une fraction du bataillon occupe un grand enclos situé sur le bord sud de la route de Lauterbourg, à cinq cents mètres de la gare. Les turcos, protégés par les murs, opposent une résistance opiniâtre aux Prussiens. Le bataillon Lammerz disposé dans la gare, dans les vergers qui l'environnent, le long de la chaussée du chemin de fer, soutient une lutte des plus acharnées contre les Bavarois.

En ce moment, des forces très considérables arrivant par la route de Kapsweiyer affluaient à Altenstadt. Un régiment prussien partant de ce village et remontant les deux rives de la Lauter amena un nouveau renfort à l'ennemi déjà si nombreux. Les turcos résistent avec une énergie extrême, déploient en tous points les plus héroïques efforts. La plupart de leurs officiers sont tués ou blessés, les soldats continuent à combattre avec la même ardeur. Cependant les Prussiens ont enlevé l'enclos au prix de pertes considérables, et le bataillon Sermensan est refoulé par des forces écrasantes. Toute prolongation de résistance expose les turcos à être enveloppés et pris dans la vallée. — Survient alors la nouvelle que le général Douay a été tué, et le général Pellé, cédant à la plus absolue des nécessités, ordonne sans plus tarder la retraite ; il était environ midi.

Le bataillon Lammerz évacua la gare dont les abords étaient couverts de cadavres allemands et français. Le bataillon Sermensan se replia sur le chemin qui va de la porte de Landau à la gare.

Le bataillon de Coulanges, prévenu du mouvement de retraite, était venu se placer sur la route de Strasbourg

pour recueillir les deux autres bataillons. Ceux-ci s'arrêtèrent souvent en se retirant pour faire face à l'ennemi et
brûler leurs dernières cartouches.

Après être repassés à leur camp et avoir repris leurs
sacs, les turcos continuèrent leur mouvement de retraite
sur Rott. Le 1er tirailleurs avait eu à souffrir cruellement
dans cette lutte, qui sera un de ses beaux titres de gloire.
Les bataillons Sermensan et Lammerz, sur lesquels portaient presque toutes les pertes, avaient environ 600
hommes tués ou blessés, dont 16 officiers.

Combat sur le Geissberg.

Les turcos étaient depuis peu de temps aux prises avec
les Prussiens arrivant par la route de Lauterbourg, lorsqu'une fraction de ceux-ci, se déployant au sud de cette
route, se porta sur la ferme de Gutleithof. Les tirailleurs
du 50e de ligne [1] reçurent l'ennemi et commencèrent la
fusillade sur le Geissberg. Bientôt tout le bataillon Boutroy fut engagé et exécuta un feu des plus nourris contre
l'ennemi qui s'avançait.

Tandis que les troupes allemandes arrivaient par la
route de Lauterbourg et se déployaient dans la plaine,
d'autres colonnes débouchant par la route de Schleithal
se formaient, en accélérant le pas, face au versant sud-
est du Geissberg, et en prolongeant leur gauche vers
Riedseltz, de manière à venir prendre notre droite par
derrière. En attendant que ce mouvement tournant fût
assez avancé, l'ennemi venant de l'est n'agissait guère
qu'au moyen de son artillerie. De l'autre côté de la Lauter, les troupes formidables qui se dirigeaient sur Altenstadt avaient gagné ce village. Après que les turcos eurent
évacué la vallée, une partie d'entre elles se porta en
avant dans la direction du Geissberg.

---

(1) Ceux du 1er bataillon.

L'artillerie ennemie, celle qui était au nord de la ville comme celle qui était auprès du chemin de fer, tirait avec une fureur croissante contre les positions de la brigade Montmarie, où les obus finirent par occasionner quelques pertes.

Pendant que les turcos battaient en retraite et gravissaient le Geissberg, la situation était donc celle-ci : des troupes incomparablement supérieures en nombre se disposaient tout le long du chemin de fer de Wissembourg à Riedseltz, dans l'intention évidente d'entourer et d'écraser la faible troupe qui était sur la colline. Près de Riedseltz, l'extrême gauche de l'ennemi allait atteindre la route de Strasbourg et gagner nos derrières, que la cavalerie, incapable d'agir sur ce terrain accidenté, ne pouvait nullement défendre.

De notre côté, un seul des quatre bataillons dont disposait le général de Montmarie avait été jusqu'ici engagé, le 1ᵉʳ du 50ᵉ, lequel avait déjà fait des pertes sérieuses ; le commandant Boutroy était tué. Les trois autres n'avaient pour ainsi dire pas encore tiré ; mais quel espoir pouvait-on fonder sur des troupes si faibles en présence des masses qui s'avançaient de toutes parts ? — La batterie de mitrailleuses contre lesquelles s'acharnait l'artillerie ennemie avait été retirée du combat. — Les deux batteries de 4 de la division occupaient maintenant une position en arrière du château, sur la route qui descend de la ferme du Schafbusch à Riedseltz. La batterie Didier était venue s'y établir en remontant de la vallée. Le feu des tirailleurs ennemis, qui gagnaient du terrain, avait contraint la batterie Foissac à reculer jusque là.

Dès que le général Pellé eut retiré les turcos de la vallée, il envoya un brigadier du 11ᵉ chasseurs au commandant Liaud pour lui prescrire d'évacuer la ville. Puis de sa personne, il se reporta sur le Geissberg, pour donner des ordres au général Montmarie. Celui-ci n'avait pas attendu l'arrivée du général Pellé pour prendre ses dispositions en vue de la retraite. Il n'y avait plus rien à faire pour les turcos. On voyait qu'une véritable armée cernait la ville ; il était évidemment impossible de porter aucun secours au bataillon qui s'y trouvait enfermé. La situation était si nette, le danger était si imminent que le général de Montmarie avait déjà pris sur lui les mesures qu'imposaient les circonstances.

En effet, laissant tout d'abord des tirailleurs dans la houblonnière, au nord du château, il fit porter en arrière les troisièmes bataillons du 50ᵉ et du 74ᶜ près du Schafbusch, le long de la route, en garnissant de tirailleurs les jardins de la ferme. Il enjoignit en même temps aux premiers bataillons de ces régiments de quitter leur position à l'est du château et de rétrograder.

Le 1ᵉʳ bataillon du 50ᶜ était près d'être entouré par l'ennemi, quand il quitta sa position, ramené par le lieutenant-colonel Delatour d'Auvergne.

Le 1ᵉʳ bataillon du 74ᵉ chercha en vain à arrêter l'ennemi, en opérant un retour offensif. Les Prussiens s'élançant à la suite de ces deux bataillons les accompagnent d'une fusillade des plus vives et des plus meurtrières exécutée à courte distance. D'autres troupes allemandes gravissant les pentes au sud du château, menacent de barrer le chemin aux bataillons, et leur envoient des feux de salve. Ceux-ci se jettent instinctivement dans le château, le 1ᵉʳ du 50ᶜ d'abord, le 1ᵉʳ du 74ᶜ ensuite. Deux ou trois cents hommes cependant continuent leur chemin avec le lieutenant-colonel Delatour d'Auvergne et vont renforcer les tirailleurs disposés autour du Schafbusch.

Le commandant Cécile, après avoir rallié autour de lui ce qui se trouve de son bataillon dans la cour du château, essaie par deux fois de se faire jour en se jetant à la baïonnette contre l'ennemi, les officiers en tête. L'élan de la troupe est arrêté par les feux de salve exécutés par les Prussiens à cent cinquante mètres tout au plus. Les premiers rangs sont renversés ; les officiers surtout sont atteints. Le commandant Cécile tombe de cheval très grièvement blessé et est regardé comme mort. La cour n'a d'autre issue que la porte par laquelle la sortie a été tentée. Les troupes organisent la défense du château. Des fenêtres, de dessous les toits, un feu terrible est dirigé contre l'assaillant. Cette lutte de mousqueterie durait depuis au moins une heure, occasionnant des pertes sensibles à l'ennemi, lorsqu'une première batterie, puis une seconde, puis une troisième gravissent les pentes nord de la colline, ouvrent le feu à très faible distance contre le château et criblent de projectiles ses divers étages. Se rapprochant de plus en plus, elles finissent par ne plus être qu'à environ trois cents mètres de distance. Les batteries de la plaine se portant également en avant, franchissent la levée du chemin de fer (1). L'infanterie occupe l'éminence des trois peupliers d'où elle domine les bâtiments et la cour du château. Battus de tous côtés par l'artillerie, exposés à un feu plongeant partant des trois peupliers, les Français soutiennent encore la lutte, mais les cartouches vont manquer et une sortie est impossible. Les débris du 74ᵉ et du 50ᵉ, après avoir combattu jusqu'à la dernière extrémité, mettent bas les armes au nombre de 450 hommes environ et 12 officiers (2).

---

(1) *L'artillerie allemande pendant le combat de Wissembourg*, par HOFFBAUER.

(2) 250 hommes du 50ᵉ avec 5 officiers blessés ; 196 hommes du 74ᵉ

Pendant la défense du château, l'ennemi se dirigeait de plusieurs côtés sur le Schafbusch. Les deux batteries de 4, après avoir tenu le plus longtemps possible durent, comme la batterie de mitrailleuses, rétrograder et prendre la route de Kleebourg. L'ennemi fut d'abord tenu en respect par des feux partant des vergers et des fossés de la route. Le château une fois enlevé, les Prussiens se forment au nord du château en une ligne épaisse et marchent à l'attaque sur le plateau découvert qui s'étend entre les trois peupliers et le château. Les feux de salve exécutés par les deux bataillons placés près du Schafbusch, le long de la route, arrêtent l'ennemi et font dans ses rangs des trouées sensibles. Il se produit un moment d'hésitation chez l'assaillant. Les lieutenants-colonels Delatour d'Auvergne et Beaudoin en profitent pour reprendre la retraite, chacun avec les débris de son régiment.

Un certain nombre d'hommes était resté dans les jardins et dans les bâtiments de la ferme ; ils continuaient à s'y défendre pendant que les deux petites colonnes, restes de la brigade Montmarie, descendaient vers le ruisseau du Seltzbach, le traversaient et se dirigeaient vers le bois de Bubeneich.

Cependant les Prussiens donnent un dernier assaut à la ferme, et se précipitent de tous les points à la fois sur les bâtiments, où ils ne trouvent guère que des morts ou des blessés, et où a été laissé, faute de moyen de transport, le corps du général Douay. Puis ils se mettent à la poursuite des deux petites colonnes, qui ripostent sans s'arrêter ; elles font des pertes sensibles chaque fois

---

avec 7 officiers, dont 4 blessés ; une quinzaine de turcos ; quelques réservistes du 16ᵉ bataillon de chasseurs rejoignant leur corps ; 3 hussards ; 1 artilleur.

que, dans ce terrain mouvementé, elles ont à traverser
une pente exposée aux vues de l'ennemi ; enfin elles
finissent par gagner la forêt, où elles sont encore quelque temps suivies par la cavalerie et canonnées au jugé
par des batteries postées sur la croupe qui est au sud de
Seltzbach.

Le feu avait complétement cessé de part et d'autre
vers trois heures.

Pendant ces événements, le bataillon chargé de défendre la ville succombait devant un ennemi infiniment
supérieur en nombre. Nous l'avons laissé aux prises avec
les Bavarois. Ceux-ci avaient d'abord porté leurs efforts
vers la partie est de Wissembourg, dans l'intention de
s'emparer de la porte de Landau. Dans cette première
phase de l'action, bien que le général Pellé ne se fût pas
mis en relations avec le commandant Liaud, les défenseurs
de la ville et les turcos se prêtèrent un mutuel appui en
agissant simultanément contre les Bavarois, les uns du
haut des murailles, les autres de l'extérieur de l'enceinte.

Après s'être d'abord dirigés contre les remparts avec
beaucoup d'élan et de courage, les Bavarois semblèrent
renoncer à l'attaque de la ville, leur artillerie n'envoya
plus que de rares obus, et pendant quelque temps les défenseurs se crurent au moment d'être dégagés ; c'était
pendant que les Bavarois unissaient leurs efforts à ceux
des Prussiens pour écraser les turcos. Le commandant
Liaud et ses officiers ne pouvaient s'expliquer ce qui se
passait. Lorsque le général Pellé eut évacué la vallée, le
feu d'artillerie et de mousqueterie reprit avec intensité
contre la ville. Dans la crainte que le combat ne se pro-
longeât, on recommanda aux soldats de ménager leurs
munitions. A une heure, le bruit de la canonnade et de
la fusillade s'affaiblissant dans le lointain, on commença

à craindre que la division n'eût été forcée de battre en retraite devant des forces supérieures. On ne pouvait cependant s'arrêter à cette idée ; on pensait qu'en pareil cas, le bataillon aurait reçu l'ordre de se conformer au mouvement général, l'ennemi ne s'étant pas montré vers le sud, et les communications de la ville avec le camp ne paraissant pas interrompues.

A une heure et demie, le bruit se répandit que l'ordre était arrivé d'évacuer Wissembourg et de se retirer par la route de Bitche. Le commandant Liaud s'étonna de n'en pas avoir reçu communication directe, et s'enquit de la personne qui l'avait apporté ; il apprit qu'un capitaine s'était présenté à la porte de Haguenau et avait chargé un des soldats de le transmettre. Quelque irrégulière que lui parût cette manière de lui adresser un ordre aussi grave, le commandant jugeant par les indices signalés à l'instant que la division devait s'être éloignée, prit ses dispositions pour évacuer la ville. Il devenait de plus en plus évident que l'on ne devait plus espérer de secours, et que la résistance allait devenir impossible. Ordre fut alors transmis aux compagnies de se réunir sur la place d'Armes. Pendant cette opération, on s'aperçut que la ville était complétement entourée, et que la porte de Haguenau était maintenant gardée, aussi bien que les deux autres portes, par des forces très considérables, à travers lesquelles il était impossible de se frayer un passage à la baïonnette. Le commandant fit connaître aux officiers la situation critique où l'on se trouvait. Il fut décidé que les compagnies allaient retourner aux portes de la ville, deux à chacune, et qu'on prolongerait la défense aussi longtemps qu'on le pourrait, pour se mettre à même de profiter d'un retour offensif de la division, seule lueur d'espérance qui restât. Le commandant Liaud veillait à l'exécution de ses ordres, quand des habitants le prévinrent que des ennemis venaient d'entrer par la porte de Haguenau. Il y courut. La porte était en effet ouverte. Dès qu'on avait vu les soldats la quitter pour se rendre au lieu de réunion fixé sur la place d'Armes, le pont-levis avait été abaissé par des civils, affidés des Prussiens, ou par des habitants qu'effrayait la prolongation de la défense. Il n'était encore entré que des soldats isolés s'avançant en éclaireurs, mais des pelotons s'apprêtaient à franchir la porte. Les deux compagnies désignées pour la garder arrivaient au pas de course, elles allèrent garnir le rempart et engagèrent aussitôt le feu. Il fallait refermer la porte : on laissa quelques hommes sur le parapet, tandis qu'avec le gros des deux compagnies, on forma une colonne qui exécuta deux ou trois salves de mousqueterie ; puis chef de bataillon et officiers en tête, elle se précipita hors de la porte à la baïonnette. On réussit ainsi à repousser les assaillants assez loin et on releva le pont-levis.

Le commandant Liaud se rendit ensuite à la porte de Bitche, où se trouvaient également deux compagnies. Là il fut averti qu'aucune troupe n'occupant la porte de Landau, l'ennemi s'en était rendu maître et que des colonnes pénétraient en ville. Il crut d'abord qu'il ne s'agissait que d'un fait analogue à celui qui s'était passé à la porte de Haguenau, et espéra s'en tirer de la même manière. Il ne comprenait pas comment les deux compagnies qui devaient se rendre à la porte de Landau n'y étaient pas lors de l'arrivée de l'ennemi. Il ordonna au capitaine adjudant-major Bertrand de prendre une section dans les deux compagnies de la porte de Bitche et de se rendre à la porte de Landau pour expulser l'ennemi. Au même moment, des salves de mitraille et de mousqueterie par-

tant des hauteurs voisines balayèrent la porte de Bitche.
Le commandant Liaud reçut à la jambe une blessure,
qui le contraignit à céder le commandement au plus ancien officier, le capitaine adjudant-major Bertrand.

Lorsque se rendant avec sa section à la porte de Landau, le capitaine Bertrand arriva à la grande place, il se
trouva en présence d'une colonne serrée de troupes bavaroises d'environ cinq compagnies. Après avoir essuyé
quelques coups de feu, il se rejeta avec sa petite troupe
dans des rues latérales, et se rapprocha de la partie nord
de l'enceinte. Le chemin de ronde était aussi occupé. Les
Bavarois n'avançaient qu'avec précaution, mais trop
nombreux pour que le capitaine Bertrand pût essayer de
les rejeter au dehors de la ville. Cet officier ramena sa
section à la porte de Bitche, où les deux compagnies postées au moment de son départ avaient été rejointes par
les deux compagnies destinées à la porte de Landau. Ces
dernières connaissant mal la ville, s'étaient trompées de
chemin et erraient dans des rues tortueuses, lorsqu'elles
avaient appris que l'ennemi occupait la porte qu'elles devaient défendre.

La situation était critique, la plus grande partie de la
garnison était acculée à la porte de Bitche, presque sans
munitions, n'ayant d'ailleurs devant elle que des rues
courbes qui ne laissaient aucun champ au tir. Les deux
compagnies de la porte de Haguenau étaient coupées de
la force principale par les masses partout répandues
dans la ville, et échelonnées sur les hauteurs environnantes.

Dans cet état de choses, on réunit les soldats qui
avaient encore quelques cartouches, et on les plaça par
petits groupes dans les maisons situées aux angles des
rues. Quoique tout le monde fût décidé à faire son devoir,

il était impossible de ne pas voir que le terme de la résistance approchait.

L'ennemi était arrivé avec toutes sortes de précautions à cent pas de l'endroit occupé par les derniers défenseurs de la ville et le choc devenait inévitable, lorsqu'on vit tout à coup se dresser le drapeau parlementaire. Il était porté par un membre du conseil municipal, qui engagea le commandant français à faire cesser le combat, l'assurant devant un officier supérieur bavarois qu'on n'exigeait de la troupe que l'évacuation de la ville.

Le capitaine Bertrand répondit qu'il tenait encore des points importants, et feignant d'être bien pourvu de munitions, il déclara qu'il n'entrerait en pourparlers que sur la seule question d'évacuation. L'officier supérieur bavarois ayant répondu qu'il en serait ainsi, le capitaine Dufour fut envoyé en parlementaire auprès du général ennemi, pour traiter sur cette base. Mais ses propositions furent repoussées ; le général Maillinger déclara, au nom du général Hartmann, commandant supérieur des troupes, que *Wissembourg n'étant ni une place forte, ni un poste retranché muni d'artillerie, et ayant été pris par les troupes bavaroises, la garnison cernée de toutes parts et coupée de son corps principal, alors en pleine retraite, devait se constituer prisonnière de guerre.*

Cette déclaration, rapportée par le capitaine Dufour, fut accueillie avec la plus profonde douleur. Nulle illusion n'était plus possible ni sur la division en pleine retraite, ni sur le sort de la ville encombrée d'ennemis. Des canons étaient braqués contre les portes, les cartouches manquaient. La population éparse dans les rues protestait d'avance contre la reprise de la lutte.

Les autorités municipales s'entremirent entre les deux troupes. Les officiers réunis autour du commandant

Liaud reconnurent qu'il n'y avait plus qu'à se soumettre aux conditions du vainqueur. Les soldats, après avoir formé les faisceaux, furent conduits dans l'église. Les officiers, prisonniers sur parole et conservant leurs armes, se réunirent dans un local désigné.

Pendant que ces événements se passaient à la porte de Bitche, les Prussiens braquaient leurs canons contre la porte de Haguenau. Les deux compagnies de garde à ce poste étaient sans cartouches, cernées par les Bavarois, maîtres de la ville. Leur chef se décida à poser les armes.

Avant d'être transportés en Allemagne, les officiers prisonniers furent visités par les généraux Hartmann et de Bothmer. Ce dernier, qui avait dirigé l'attaque contre Wissembourg, avait cru toute la journée à la présence dans la ville de troupes beaucoup plus nombreuses. Il adressa aux officiers les paroles les plus flatteuses sur l'énergie de la défense, qu'il qualifia d'héroïque.

En raison de la nature même du combat, qui avait eu lieu à l'abri des remparts, les pertes françaises étaient relativement faibles. Le 2ᵉ bataillon du 74ᵉ dont l'effectif le 2 août, au matin, était de 550 hommes, ne perdit que 52 hommes, dont 3 officiers.

Les pertes totales pour les Français, au combat de Wissembourg, s'élevaient à 2,100 hommes environ, tués, blessés ou disparus, dont 1,000 faits prisonniers soit dans la ville soit dans le château. Elles portaient presque exclusivement sur l'infanterie.

Il convient d'ajouter ici quelques mots sur la manière dont le combat avait été conduit du côté des Allemands.

Après avoir engagé la canonnade avec l'artillerie de la division Douay, et la fusillade avec les défenseurs de la ville ainsi qu'avec les turcos, le général Bothmer ne pressa nullement l'allure du combat. Il chercha simplement à l'entretenir jusqu'à l'arrivée des grosses masses de la IIIe armée, qu'il savait s'approcher.

La pluie tombée pendant la nuit avait détrempé les chemins et retardait la marche des colonnes, surtout de celles qui avaient à traverser le Bienwald. Le prince royal, qui, dès neuf heures, était de sa personne auprès de Schweigen, leur envoya l'ordre de hâter le pas.

Vers dix heures, le général Bothmer, informé de leur prochaine arrivée ordonna un vigoureux mouvement offensif, auquel la plus grande partie de sa division prit part. Ce mouvement fut dirigé vers l'est de la ville, et les Bavarois cherchèrent alors, mais en vain, à s'emparer de la porte de Landau. Pendant ce temps, les Prussiens atteignaient le théâtre de l'action. L'avant-garde du corps de Kirchbach, après avoir franchi la Lauter à Saint-Rémy et aux maisons Woog, arrivait par la route de Lauterbourg. Les ponts sur la Lauter n'ayant pas été détruits, le passage n'avait présenté aucune difficulté. Le gros du Ve corps se rapprochait d'Altenstadt venant par Kapsweiyer. C'est à Grosssteinfeld que le général Kirchbach avait entendu le canon pour la première fois. Il avait fait aussitôt demander au général Bothmer comment il pourrait lui venir en aide le plus efficacement. Celui-ci avait répondu qu'une démonstration contre la droite de l'ennemi lui paraissait opportune. Là-dessus, le général Kirchbach, au lieu de suivre son avant-garde sur Saint-Rémy, avait marché directement sur Altenstadt, point d'où venait le bruit du combat.

Le XIe corps avait passé tout entier la Lauter ; une division avait pris la route de Schleithal ; l'autre division suivait à peu de distance la brigade d'avant-garde du Ve corps sur la route de Lauterbourg. Le corps de Hartmann n'était plus qu'à peu de distance sur la route de Landau.

La brigade d'avant-garde du V⁰ corps et la division du XI⁰ qui arrivaient par la route de Schleithal, firent l'une comme l'autre prendre les devants à deux batteries qui vinrent s'établir à l'est du chemin de fer de Strasbourg, dans la plaine qui s'étend entre cette voie et le Niederwald.

Ces quatre batteries tiraient déjà quand Bothmer fit exécuter à sa division le mouvement offensif dont il a été question plus haut. Kirchbach portant de même une partie de son artillerie en avant, cinq de ses batteries vinrent par la route de Kapsweiyer prendre position auprès du Windhoff. Elles entrèrent en action peu de temps après celles qui avaient ouvert le feu dans la plaine. En ajoutant à ces batteries prussiennes les deux batteries bavaroisés qui tiraient alors au-dessus du Windhoff, après avoir remplacé les deux batteries qui avaient ouvert le feu, on voit que 42 bouches à feu sur la rive gauche de la Lauter et 24 sur la rive droite étaient à même d'appuyer le déploiement des colonnes prussiennes.

Le général de Sandrart qui accompagnait la brigade d'avant-garde du V⁰ corps, et le général Bose qui marchait avec son corps d'armée, se rencontrèrent dans le Niederwald. Ils convinrent d'attaquer : le premier, par la route de Lauterbourg et la gare, le second par le Geissberg et par Riedseltz, de manière à couper aux Français toute ligne de retraite par le sud. Conformément à ce plan, la brigade du V⁰ corps vint se former perpendiculairement au chemin de fer, à hauteur d'Altenstadt, et la brigade Koblinski du XI⁰ corps, qui tenait la tête sur la route du Schleithal, se déploya en avant du Niederwald, la droite vers Gutleithof, la gauche vers Riedseltz.

Pendant ce déploiement, l'avant-garde du V° corps attaquait les turcos, et la brigade qui tenait la tête du gros du V° corps était arrivée à Altenstadt. Dès que le général Kirchbach vit sa brigade d'avant-garde bien engagée, il la fit appuyer par un des régiments qui étaient à Altenstadt et qui se porta contre les turcos en suivant les deux rives de la Lauter. Les Bavarois continuaient, pendant ce temps, à lutter contre les défenseurs de la ville et contre les turcos. Ceux-ci, écrasés par le nombre, finirent, comme on l'a vu, par être obligés d'évacuer la vallée.

Le corps de Hartmann était arrivé par la route de Landau. Un des régiments alla renforcer les bataillons qui se trouvaient du côté de la porte de Bitche.

Après l'enlèvement de la gare, les Prussiens qui y avaient pris part continuèrent à se rapprocher de la ville. Une partie d'entre eux se dirigea vers la porte de Haguenau et fit, pour s'en rendre maître, une première et inutile tentative (page 55).

Pendant toute la journée ce furent les Bavarois qui agirent contre la porte de Landau. Lorsqu'ils s'aperçurent qu'elle était abandonnée, 2 pièces furent amenées à 40 mètres de la porte dans un jardin. Elles tirèrent d'abord au travers de la porte pour balayer les rues en arrière, puis sur les piliers pour les renverser et amener ainsi la chute du pont-levis. Mais les obus ricochaient sur la pierre sans amener le résultat voulu. Des chasseurs escaladant les piliers firent tomber à coups de hache le tablier du pont. Nous savons comment après être entrés dans la ville, les Bavarois cernèrent la garnison et s'en emparèrent.

La ferme contenance des troupes de la brigade Montmarie en imposa aux Allemands. Ceux-ci, s'exagérant de beaucoup le nombre des troupes placées sur le Geissberg, ne voulurent pas s'exposer à subir des pertes considérables en les abordant de front.

Ils comptaient, pour faire évacuer cette colline, sur l'effet que ne manquerait pas de produire le déploiement des troupes du XI° corps dans la direction de Riedseltz. En attendant que ce mouvement fût assez avancé, les fractions de ce corps d'armée déployées les premières, face au versant oriental du Geissberg, se contentaient d'entretenir, de la voie du chemin de fer, une fusillade assez nourrie contre les bataillons déployés en avant du château.

La division Sandrart du V° corps, dont une brigade, celle qui était arrivée par la route de Lauterbourg, avait déjà pris part au combat contre les turcos, se forma après l'enlèvement de la gare le long du chemin de fer, à hauteur d'Altenstadt. Vers midi et demi, cette division et la brigade Koblinski du XI° corps étaient prêtes à se porter l'une et l'autre en avant, de manière à faire converger leurs efforts contre le Geissberg, dernier point de résistance.

Nous avons dit comment, lorsque ce mouvement d'offensive générale commençait à se produire, les Français menacés de toutes parts se décidèrent à la retraite.

Le général Kirchbach qui accompagnait les troupes de la division Sandrart, lorsqu'elles gravissaient le versant nord du Geissberg, fut blessé au cou par une balle tirée de la houblonnière qui est au nord du château.

L'enlèvement de la colline coûta aux Allemands des pertes relativement considérables. Celles qu'ils subirent pendant toute cette journée s'élevèrent à 1,500 hommes environ.

Du côté des Allemands, des troupes s'élevant à envi-
-ron 30,000 hommes prirent une part plus ou moins

effective à la lutte. Si le combat se fût prolongé, le Prince royal aurait pu faire entrer en ligne au moins trois corps d'armée.

Bien que la division Douay occupât à Wissembourg une position avancée, elle y était exposée à un danger plus apparent que réel. On peut même dire qu'elle ne courait aucun risque, si, restant sur les hauteurs qui dominent la ville au sud, elle s'était entourée d'un cordon d'avant-postes convenablement établis, et eût organisé un service de renseignements fonctionnant avec activité, au moyen de la brigade de cavalerie qui lui était adjointe. Instruite de l'approche d'un ennemi trop supérieur, par les avant-postes, par les patrouilles et reconnaissances, elle pouvait rappeler à elle en temps opportun le bataillon placé dans la ville, puis elle se repliait tranquillement sur la division Ducrot occupant les crêtes du Hochwald, soit de suite, soit après avoir opposé un commencement de résistance dans le but d'amener l'ennemi à déployer et à montrer ses forces.

Il fallut un concours de circonstances vraiment malheureuses pour amener l'échec du 4 août.

Si la brigade de Septeuil eût poussé le matin du 4 août des reconnaissances, notamment vers le nord, comme cela devait sembler si naturel, sur Lauterbourg explicitement indiqué dans les instructions du général Ducrot, elle eût découvert la marche de la division Bothmer arrivant par la route de Landau, elle eût rencontré les colonnes du Ve et du XIe corps prussiens qui inondaient le Niederwald après avoir franchi la Lauter, et avant le moment où le premier coup de canon fut tiré sur Wissembourg des hauteurs de Schweigen, le général Douay eût été informé que des forces très considérables s'avançaient de tous les côtés.

On peut admettre que, dans ce cas, le général instruit de l'importance du mouvement entrepris par l'ennemi, n'eût pas considéré comme une simple reconnaissance l'attaque des premières troupes bavaroises et n'eût pas envoyé le 1er turcos dans la vallée, où il fut si fort éprouvé. Qu'on se rappelle en effet les ordres de retraite donnés par le général dès qu'il eut reconnu la gravité des circonstances, quelques instants avant d'être blessé, et transmis par un même officier au commandant Liaud et au général Pellé. Ces ordres démontrent que le général Douay, se conformant aux instructions du maréchal et du général Ducrot, n'avait nullement l'intention d'exposer sa division à être détruite par des forces trop supérieures, et qu'il n'eût pas risqué d'entraver sa retraite en envoyant un de ses régiments combattre bien en avant de ses forces.

Sa mort fut à tous égards un funeste événement. S'il eût conservé le commandement, il eût à coup sûr envoyé de nouveaux ordres de retraite pour hâter l'effet de ceux qu'il avait déjà donnés, en voyant que les mouvements rétrogrades qu'il avait prescrits ne s'exécutaient pas.

Le commandant Liaud ne put exécuter à temps l'ordre d'évacuer de suite la ville, parce que cet ordre ne lui parvint que trop tard.

On fut étonné à la division Douay, quand on entendit vers huit heures et demie le canon tonner sur les hauteurs de Schweigen ; mais il n'y eut pas surprise dans le sens militaire de ce mot, car les troupes eurent tout le temps de se rendre sur les positions qu'on voulait leur faire occuper, avant d'avoir à riposter au feu de l'ennemi.

Retraite de   Le général Douay n'avait pas eu le temps de donner

des ordres pour la retraite. Le général Pellé se trouva in-
vesti du commandement au moment même où la division était forcée de quitter le champ de bataille. Le général de Montmarie fut appelé auprès du maréchal au
moment où les débris de sa brigade abandonnaient le
Schafbusch. Ces circonstances eurent une influence fâcheuse sur la retraite, qui s'accomplit suivant deux
directions.

Les turcos, l'artillerie et la cavalerie se dirigèrent avec
le général Pellé sur le col de Pfaffenschlick. L'artillerie
prit une dernière position près de Kleebourg, d'où elle
n'eut pas à tirer. Ces fractions de la division se rendirent à Climbach, où elles s'arrêtèrent et passèrent la
nuit.

Le lieutenant-colonel Delatour d'Auvergne et le lieutenant-colonel Baudoin, n'ayant reçu aucune instruction
en vue de la retraite, cherchèrent naturellement à regagner, avec les restes du 50e et du 74e, le point d'où ils
étaient partis la veille, c'est-à-dire Haguenau.

La route de Strasbourg étant occupée par l'ennemi au
sud du Schafbusch, ils prirent un chemin qui la longe à
l'ouest et passe par Bremmelbach et Memelhofen ; ils
atteignirent Soultz dans la soirée sans être inquiétés par
l'ennemi, et continuèrent par la grande route de Strasbourg sur Haguenau, où ils arrivèrent pendant la nuit.

A part les turcos qui avaient pu reprendre leurs sacs,
les diverses troupes qui avaient assisté au combat étaient
complétement dépourvues d'effets, aussi bien les officiers que les hommes.

Le 78e entendit le canon peu de temps après avoir atteint le col du Pigeonnier, lorsqu'il était en train de relever les postes du 96e à ce col ainsi qu'à celui de Pfaffenschlick. Le gros du 78e continua à filer sur Climbach,

et quand il y arriva, tout le 96ᵉ s'y trouvait réuni. De ce village on entendait le bruit du combat. Le 96ᵉ, colonel de Franchessin, attendait sous les armes à Climbach, au lieu de se rendre vers la frontière à Nothweiler, comme il en avait l'ordre, ce qui l'eût éloigné du point d'où l'on entendait le canon.

Le 4 au matin, le général Ducrot avait exécuté le mouvement qui lui était prescrit pour ce jour. Il s'était mis en route pour Lembach, avec son artillerie et la brigade Postis du Houlbec, après avoir envoyé un bataillon du 45ᵉ de ligne à Ober-et à Nieder-Steinbach, dans l'intention de relier sa gauche au corps de Failly à Sturzelbronn. Le général suivit la route qui remonte la Sauer en longeant le pied occidental du Hochwald. Wissembourg est de l'autre côté de ce contrefort des Vosges.

Le Hochwald est couvert d'épaisses forêts qui s'élèvent à 200 ou 300 mètres au-dessus du chemin sur lequel marchait la colonne. Le son était si complétement intercepté par ce massif montagneux et boisé que le général Ducrot n'entendit le canon, ni sur la route de Lembach, ni à son arrivée en ce lieu vers midi. La brigade Wolff, qui s'y trouvait, comme on le sait, depuis la veille, n'avait rien entendu non plus.

Le général Ducrot était encore à cheval occupé de l'établissement de ses troupes, lorsqu'il reçut de Climbach une dépêche du colonel de Franchessin [1] lui annonçant qu'un engagement avait eu lieu à Wissembourg.

Le général Ducrot ordonna aussitôt de prendre les dispositions nécessaires pour que sa division pût se reporter en avant au premier signal ; puis escorté de quelques cavaliers seulement, il courut de sa personne vers le col

____

(1) Supplément I, dépêche 11.

du Pigeonnier. En passant à Climbach, il s'informa près du colonel de Franchessin de ce qui se passait. Il ordonna au 78e d'aller retrouver au col du Pigeonnier le poste que ce régiment y avait laissé, en y passant le matin. Il expédia à sa division l'ordre de se remettre en marche vers le même point, en prescrivant aux batteries de prendre les devants, et en enjoignant au 96e de les attendre à Climbach pour faire ensuite route avec elles. Puis le général continua vers le col du Pigeonnier.

De ce lieu élevé, on jouit d'une magnifique vue sur la plaine d'Alsace ; à ses pieds, on a Wissembourg dont on découvre parfaitement les environs. Le général Ducrot y arriva justement pour voir nos troupes débordées de toutes parts et obligées d'évacuer le Geissberg, en se repliant dans la direction de Kleebourg et de Bremmelbach.

Le 96e et l'artillerie atteignirent le col en premier lieu ; le 96e remplaça le 78e qui s'en alla rejoindre le gros de sa division à Climbach. La division Ducrot couronna les hauteurs à droite du col. Pour la nuit, un bataillon du 78e fut placé en grand'garde à Kleebourg ; un bataillon du 45e et le 13e bataillon de chasseurs furent chargés de garder le col de Pfaffenschlick.

Le 3 août, le maréchal avait conçu le projet de faire le lendemain la tournée des postes occupés par les 1re et 2e divisions. Il devait se rendre à Wissembourg en chemin de fer ; là monter à cheval et revenir par Lembach coucher à Haguenau, où le quartier général du premier corps devait être installé le 4.

Le 4, au matin, le maréchal informa par le télégraphe le général Douay de son projet, lui annonçant qu'il partirait à neuf heures pour Wissembourg (1). Quelques mi-

____

(1) *Wissembourg*, par le général Ducrot, p. 25.

nutes après l'envoi de ce télégramme, le maréchal apprit par une dépêche expédiée de la gare de Wissembourg que cette ville était attaquée [1]. Il s'empressa d'informer de la nouvelle le général Raoult à Reichshoffen, en lui recommandant de tenir ses troupes prêtes à marcher au premier signal [2]. Vers dix heures et demie, il prit le chemin de fer pour Wissembourg avec quelques officiers de son état-major, chacun d'eux emmenant un cheval. On ne pouvait arriver ainsi jusqu'à Wissembourg, qui était attaqué, car il n'y avait pas de gare de débarquement pour les chevaux au-delà de Soultz. Ce fut en ce point que le maréchal descendit de wagon, et monta à cheval avec ses aides de camp. Il ordonna tout d'abord au commandant Laman, préposé à la défense de Soultz avec le 3e bataillon du 36e, de prendre ses dispositions pour bien recevoir les détachements ennemis qui pourraient se présenter.

Le maréchal se rendit ensuite en toute hâte et par le plus court chemin au col du Pigeonnier, dont il connaissait la position dominante sur Wissembourg. Quand il arriva au col, le général Ducrot était en train d'y disposer les troupes de sa division, de manière à arrêter l'ennemi s'il se décidait à poursuivre la division battue.

Le maréchal regarda attentivement le terrain du combat, maintenant occupé par les Allemands. Ils étaient trop nombreux pour que l'on pût penser à autre chose qu'à la retraite. La concentration de toutes les forces du 1er corps sur Frœschwiller fut alors résolue, et le maréchal se rendit à Reichshoffen, où il arriva tard dans la soirée, et passa la nuit chez le comte de Leusse.

---

(1) Dépêche 12
(2) Dépêches 13 et 14.

Des ordres furent expédiés immédiatement aux diverses fractions du 1er corps en vue du mouvement de concentration qu'elles avaient à exécuter.

Le maréchal adressa à Metz une dépêche, où il était rendu compte du combat de Wissembourg, et où il exprimait l'intention de reprendre l'offensive et de livrer bataille aux Allemands, si l'on pouvait envoyer des renforts ; cette condition était présentée comme indispensable [1].

A part quelques coups de fusil échangés au col du Pigeonnier entre le 96e et une reconnaissance bavaroise, il ne survint aucun incident dans la journée du 4, ni dans la nuit du 4 au 5.

---

[1] Dépêche 15.

FRŒSCHWILLER

Le 5 août de très grand matin, avant l'aube, les 1re et 2e divisions levèrent leurs bivouacs et battirent en retraite sur Frœschwiller.

La division Pellé (ancienne Douay) partit de Climbach accompagnée de la brigade de Septeuil; la division Ducrot suivait.

Lo 13e bataillon de chasseurs formait l'arrière-garde. Des éclaireurs uhlans suivaient les colonnes, et étaient écartés à coups de fusil.

L'une et l'autre division passèrent à Lembach; mais en ce point, la 1re division suivit la rive droite de la Sauer par les hauteurs et Matstall, tandis que la 2e division longeait la rive gauche par la vallée de Langensoultzbach et Wœrth.

La division Ducrot campa au nord de la route de Reichshoffen à Wœrth, entre Frœschwiller et Neehwiller, faisant face au bois de Langensoultzbach; le 1er bataillon du 45e, qui avait été détaché à Steinbach, ayant été rappelé et occupant Jagœrthal.

La division Douay et la brigade Septeuil vinrent s'établir au sud de la route de Frœschwiller à Reichshoffen, entre le premier de ces villages et le Grosser-Wald.

Les fractions de la 2ᵉ division, qui avaient pris par Haguenau, furent transportées en chemin de fer à Reichshoffen dans la matinée du 5 ; de là elles rallièrent le gros de leur division.

La division Raoult était arrivée à Reichshoffen dans la matinée du 4 ; elle n'avait pas amené avec elle le 36ᵉ de ligne dont le 3ᵉ bataillon, commandant Laman, avait été laissé à Soultz, et dont les deux autres avec le colonel Krien étaient allés, le 3, renforcer le général Nansouty à Seltz. La division était en train de s'installer au bivouac, lorsque le général Raoult apprit par une dépêche du maréchal qu'une action était engagée à Wissembourg, et qu'il avait à prendre telle précaution défensive qu'il jugerait convenable [1]. Le général fit alors exécuter un léger mouvement à sa division, et l'établit sur les hauteurs entre Wœrth et Frœschwiller.

Le matin du 4, la division Lartigue, éclairée par deux escadrons du 6ᵉ lanciers, était partie pour Haguenau, en laissant dans Strasbourg le 87ᵉ de ligne, destiné à former le noyau de la garnison nécessaire en cas de siège. La réserve générale d'artillerie et la brigade de cuirassiers Michel s'étaient portées également à Haguenau, la 1ʳᵉ de Strasbourg, la 2ᵉ de Brumath. Ces diverses troupes s'étaient arrêtées à Haguenau, comme cela leur avait été prescrit. Dans l'après-midi, elles reçurent l'ordre de continuer leur route. Le 5, la division Lartigue, après avoir marché toute la nuit, atteignait vers cinq heures du matin la hauteur de Gunstett, où elle devait d'abord s'établir, lorsqu'il lui fut enjoint de se porter de l'autre côté

---

[1] Dépêche 13.

de la Sauer, et d'installer ses campements dans le Niederwald et au sud de cette forêt, de manière à tenir la
droite de la position choisie par le maréchal.

La réserve générale d'artillerie alla parquer entre les
deux brigades de la division Raoult en avant de Wœrth.

La brigade Michel fut placée auprès d'Eberbach.

La division de cuirassiers Bonnemains qui, le 4 au soir,
se trouvait partie à Phalsbourg, partie à Saverne, se rendit pendant la nuit du 4 au 5 à Haguenau, puis de là à
Reichshoffen, presque sans s'arrêter. Elle campa entre
cette localité et le Grosser-Wald, au sud de la route de
Frœschwiller.

Les détachements qui occupaient Soultz et Seltz reçurent l'ordre de se retirer sur Frœschwiller.

Le 4, vers cinq heures du soir, le bataillon du 36e qui
était à Soultz aperçut une forte reconnaissance de cavalerie allemande qui se présentait par la grande route de
Wissembourg. Voyant Soultz occupé, l'ennemi tourna
bride aussitôt. Peu après, ce bataillon reçut du général
l'Hérillier l'ordre de rejoindre le gros de son régiment
près de Wœrth.

Le 3 et le 4, le détachement qui était à Seltz aperçut
encore plus fréquemment que les jours précédents des
reconnaissances venant de la Lauter, ou bien circulant
sur l'autre rive du Rhin, avec lesquelles les postes
avancés entretenaient une fusillade intermittente, plus
ou moins vive. Le 4, notamment, il y eut des escar-
mouches dignes d'être signalées avec une petite colonne
composée de fantassins et de cavaliers venant des environs de Lauterbourg. Ce même jour, au bruit du canon
de Wissembourg, le général Nansouty expédia vers
Schleithal une reconnaissance composée de deux escadrons du 2e lanciers et d'un peloton du 11e chasseurs.

Elle apprit que les Allemands passaient en masse la frontière, et rentra suivie par des éclaireurs, avec lesquels elle échangea quelques coups de fusil.

Dans l'après-midi le général Nansouty reçut de l'état-major général du 1er corps l'ordre de se replier sur Haguenau, et le 5 de grand matin, il mit son détachement en route pour cette ville. La colonne fut pendant quelque temps suivie par des cavaliers ennemis que l'arrière-garde tenait à distance. Près de Soufflenheim, on aperçut des hussards prussiens qui n'approchèrent pas.

Une fois à Haguenau la marche continua à Reichshoffen. L'infanterie monta en chemin de fer. Durant le trajet qui s'effectua de nuit, on eut une alerte. Le bruit répandu que la voie était coupée et occupée par les Prussiens, amena quelque hésitation et occasionna du retard. La cavalerie poursuivit son chemin par la grande route.

Les deux bataillons du 36e et les escadrons du 11e chasseurs rejoignirent les brigades auxquelles ils appartenaient. Le 2e lanciers campa près de Reischoffen. Le 16e bataillon de chasseurs alla occuper les hauteurs à l'est de Niederbronn, avec la mission de couvrir la route de Bitche à Saverne.

L'armée se gardait du côté de l'ennemi par des avant-postes placés le long de la Sauer et de la route de Haguenau.

Tout en prenant ces dispositions, le maréchal appelait à lui une des divisions du 7e corps.

Le jour même du 4 avait commencé le mouvement de concentration de ce corps d'armée sur Mulhouse dont nous avons parlé.

Le soir du 4, le général Conseil Dumesnil avec sa 1re brigade était à Mulhouse ; deux batteries à Ensisheim

avec le 3e bataillon du 21e de ligne ; la 2e brigade avec
une batterie à Colmar [1].

Vers sept heures du soir, le général Conseil Dumesnil
reçut une dépêche du maréchal lui annonçant l'échec de
Wissembourg, et lui ordonnant de le rejoindre au plus
tôt à Haguenau avec sa division.

A peu près en même temps, le général Douay (Félix)
était informé à Belfort des ordres donnés directement à
la 1re division.

Le général Conseil Dumesnil prit aussitôt les mesures nécessaires pour que les fractions de sa division fussent em-
barquées le plus promptement possible en chemin de fer.

Pendant le trajet, Reichshoffen fut assigné au lieu de
Haguenau pour point de débarquement aux troupes
d'infanterie. Le 2e bataillon du 21e descendit de chemin
de fer à Haguenau, qu'il avait mission de défendre. La
1re brigade, général Nicolaï, arriva à Reichshoffen dans le
courant de l'après-midi du 5, et en repartit pour aller
camper à l'ouest d'Elsasshausen. La 2e brigade, général
Mairo, n'atteignit Reichshoffen que dans la nuit du 5 au 6.
Elle campa dans un champ voisin.

L'artillerie de la division devait descendre de chemin
de fer à Haguenau pour se rendre ensuite par la route de
terre à Reichshoffen. Par suite de l'encombrement exis-
tant à la gare, les batteries dûrent attendre longtemps
avant de débarquer, et ne purent atteindre le champ de
bataille assez tôt pour prendre part à la lutte. Il en fut de
même du 3e bataillon du 21e chargé de les accompagner.
Par suite des missions spéciales imposées au 2e et 3e
bataillons de ce régiment, la brigade Nicolaï se trouvait
réduite à cinq bataillons.

____

(1) *Le 7e corps*, par le prince BIBESCO, p. 15.

Le maréchal appelle à lui le 5ᵉ corps.

Aussitôt qu'au grand quartier général de Metz on eut connaissance de l'affaire de Wissembourg, l'invasion de l'Alsace ne fit plus aucun doute, et l'on voulut renforcer les troupes qui étaient de l'autre côté des Vosges. A cet effet, il fut aussitôt prescrit au général de Failly de porter à Bitche les deux divisions qu'il avait à Sarreguemines [1].

Depuis plusieurs jours on apercevait tout le long de la frontière nord-est, aussi bien à la division Lespart dans les environs de Bitche, qu'aux divisions Goze et de l'Abadie autour de Sarreguemines, de nombreuses patrouilles et des reconnaissances poussées par l'ennemi dans toutes les directions, sans autre résultat qu'un échange de coups de fusils entre les éclaireurs des deux partis. Si l'on ne pouvait savoir au 5ᵉ corps l'effectif des forces allemandes entre Sarreguemines et Bitche, on y était sûr que des troupes ennemies plus ou moins considérables se tenaient assez rapprochées de la ligne qui joint ces deux points.

Le général de Failly redoutant une brusque attaque n'osa pas transporter ses divisions en chemin de fer. Il veilla à ce qu'elles prissent, en se mouvant le long de la frontière, les précautions exigées par la proximité de l'ennemi. Ces mesures de prudence ont le mauvais côté de ralentir les mouvements. Dans le cas présent, elles eurent l'inconvénient de retarder la concentration du 5ᵉ corps.

Dès le 4 au soir, la division Goze, après avoir rallié ses détachements, prit la route de Bitche. Elle passa la nuit près de la ferme de Wissing.

Le 5 dans la soirée, la division Goze atteignit la ferme de Freudenberg près de Bitche, après avoir exécuté une

---

[1] Dépêche 16.

marche longue et pénible. Elle n'avait pas aperçu l'ennemi pendant tout le trajet depuis Sarreguemines.

Ce même jour du 5, vers midi, la brigade de Maussion, de la division l'Abadie, arriva à Rorhbach. Il y régnait une certaine émotion. La veille au soir, un régiment de cavalerie prussienne avait franchi la frontière et s'était rapproché de Rorhbach, après avoir fouillé plusieurs des villages environnants. Le 5ᵉ lanciers s'était porté à la rencontre de ce régiment qui avait fait demi-tour.

La brigade de Maussion venait d'arriver à Rorhbach avec la réserve d'artillerie, lorsque l'on annonça qu'on apercevait de la cavalerie et de l'infanterie ennemies. Une partie de la brigade prit aussitôt les armes et des tirailleurs avaient déjà commencé le feu, lorsqu'on s'aperçut que ces troupes n'étaient autres que le 5ᵉ lanciers et un détachement de réservistes du 68ᵉ, partis le matin en reconnaissance.

La pointe que l'ennemi avait exécutée la veille sur Rochbach faisant craindre de sa part quelques projets de ce côté, la brigade de Maussion y passa la nuit du 5 au 6, en partie sous les arbres.

L'autre brigade de la division l'Abadie d'Aydrein, la brigade Lapasset, ne devait partir pour Bitche en accompagnant le convoi du 5ᵉ corps, qu'après l'arrivée à Sarreguemines de la division Montaudon qui venait l'y remplacer.

Le 5, la division Montaudon n'atteignit Sarreguemines que tard dans la soirée. Le départ de la brigade et du convoi fut remis au lendemain. •

Le même jour l'ennemi coupa la voie ferrée et le télégraphe à Bliesbrucken entre Sarreguemines et Rorhbach (1).

---

(1) Dépêches 17 et 18.

Un officier du grand quartier général de Metz, le lieutenant-colonel de Kleinenberg, vint à Bitche et annonça qu'un corps d'armée prussien menaçait le général Frossart en avant de Forbach. Cette nouvelle attira l'attention du général de Failly de ce côté.

Le 5 enfin, le général de Failly fut placé sous les ordres du maréchal de Mac-Mahon qui se trouva dès lors avoir trois corps d'armée sous ses ordres [1].

La distance qui séparait en ce moment le 1er et le 5e corps était un danger, dont le général Ducrot était particulièrement frappé. On ne savait ce que l'ennemi était devenu depuis Wissembourg. Il pouvait s'introduire entre Bitche et Reichshoffen et séparer les deux corps d'armée. Rien ne l'empêchait de se porter sur Philippsbourg par diverses routes venant de la Bavière Rhénane qu'il avait à sa disposition, puis de s'avancer par Bœrenthal et Mouterhausen sur Lemberg; là il devenait maître de la route qui conduit de Rohrbach à Ingwiller, et de celle qui mène, en longeant la crête des Vosges, à la Petite-Pierre par Gatzenbruck et Meisenthal. Le 5e corps se trouverait alors dans la position la plus critique, sa jonction avec le 1er corps pourrait devenir impossible et sa retraite extrêmement difficile.

Aussitôt que le maréchal fut informé que le général de Failly était sous ses ordres, il lui enjoignit de le rejoindre [2] et d'occuper Lemberg [3].

Le général de Failly répondit au maréchal qu'il n'avait pour le moment à Bitche que la division Lespart, qu'elle partirait le lendemain·matin, et que les deux autres divi-

---

(1) Dépêches 19 et 20.
(2) Dépêche 21.
(3) Dépêche 22.

sions suivraient dès leur arrivée successive à Bitche [1]. Il ne comprit pas d'abord pourquoi le maréchal voulait faire occuper Lemberg, et croyant que celui-ci avait confondu avec Lembach, qui était beaucoup plus rapproché de Reichshoffen, il demanda des explications à ce sujet [2].

Le maréchal trouvant probablement l'envoi de la division Lespart insuffisant expédia au général de Failly la dépêche suivante datée de Reichshoffen, 5 août, huit heures dix minutes du soir [3].

« Venez à Reichshoffen avec tout votre corps d'armée » le plus tôt possible. Nous manquons de vivres, et si vous » avez à Bitche des approvisionnements, formez un convoi » spécial de vivres de toute nature que vous mettrez au » chemin de fer et qui arrivera cette nuit. Les troupes » viendront par la grande route, et j'espère que vous me » rallierez dans la journée de demain. Accusez réception. »

Cette dépêche arriva à Bitche à onze heures du soir. Comme il n'y avait pas d'approvisionnement à Bitche, le général de Failly télégraphia au général Montaudon à Sarreguemines de former un convoi de vivres et de le diriger sur Reichshoffen [4]. Le général prescrivait en même temps de débarrasser la brigade Lapasset de son convoi de vivres, s'il semblait nécessaire de lui donner toute sa liberté d'action, et il recommandait de ne la mettre en marche sur Bitche, que si l'on pensait qu'elle pût faire la route sans danger.

Le général de Failly ne crut pas pouvoir se porter le 6 avec tout son corps d'armée à Reichshoffen, selon la

---

(1) Dépêche 23.
(2) Dépêche 24.
(3) Dépêche 25.
(4) Dépêche 26.

demande du maréchal. Les espions et les habitants signalaient l'approche d'un corps d'armée ennemi venant de Deux-Ponts et de Pirmasens, et le général ne pensait pas pouvoir abandonner Bitche ainsi menacé. Il semble qu'il ait attribué une grande importance à la conservation de ce point, où les forces situées à l'est et à l'ouest des Vosges s'étaient jusqu'ici donné la main.

Le 5 au soir, le 5e corps occupait les positions suivantes : la division Lespart à Bitche et environs ; la division Goze à la ferme de Frendenberg ; la brigade de Maussion, réserve d'artillerie et le 5e lanciers à Rohrbach ; la brigade Lapasset et le 3e lanciers à Sarreguemines. Le 5e corps était donc séparé en plusieurs groupes éloignés que le général de Failly jugeait d'abord nécessaire de réunir à Bitche, avant d'entreprendre d'autres mouvements.

Ces différentes considérations déterminèrent le général de Failly à télégraphier au maréchal le 6, vers trois heures du matin, qu'il ne pouvait lui envoyer pour ce jour que la division Lespart déjà annoncée ; que le lendemain 7 la division Goze gagnerait Philippsbourg ; que le même jour la brigade de Maussion se rendrait à Reichshoffen par Lemberg et la vallée de la Zinzel en escortant la réserve d'artillerie ; que la route de Sarreguemines étant interceptée, la brigade Lapasset ne pouvait le rejoindre, et que, par suite, il était dans l'impossibilité de faire occuper Lemberg [1].

Nous ne pensons pas que le maréchal après avoir reçu ces communications du général de Failly, lui ait envoyé de nouvelles dépêches pour lui enjoindre de le rallier immédiatement avec tout ce qu'il avait de troupes avec

---

[1] Dépêches 27 et 28.

lui à Bitche. Nous croyons même que le 6 au matin le
maréchal était, par suite de nouveaux renseignements
entièrement faux, moins pressé que le 5 au soir de voir
arriver tout le 5e corps dans le courant de la journée.
Nous trouvons la preuve de cette assertion dans une
lettre que le maréchal écrivit le 6 au matin au général
de Failly et fit porter à Bitche par le commandant du
génie Moll. Il résulte aussi du contenu de cette lettre [1]
que le maréchal ne comptait pas sur une bataille pour
le 6, et ne croyait guère que la rencontre aurait lieu
à Frœschwiller. Voici d'après ce document intéressant
qu'elles étaient alors les idées qui dominaient en ce moment dans son esprit.

Le maréchal pensait que l'ennemi se porterait sur la
crête des Vosges pour séparer le 1er corps du 5e, en se
servant des routes qui longent la frontière ; ou bien qu'il
attendrait l'attaque des Français en prenant une forte
position de Lembach à Wissembourg, avec le gros de
ses forces dans la plaine. Dans le premier cas, l'ennemi
devrait être attaqué, pendant sa marche à travers les
défilés qu'il avait à parcourir, de front par le 5e corps, de
flanc par le 1er. Dans le second cas, le 5e corps viendrait
rejoindre le 1er par la route de Bitche à Reichshoffen, et
les Allemands seraient ensuite attaqués dans leurs
positions défensives. En vue de l'une ou de l'autre de
ces éventualités, le maréchal ne prescrivait pour le
moment que l'envoi d'une des divisions du 5e corps à
Philippsbourg. Ajoutons que cette lettre n'arriva à
Bitche que vers les deux heures, après le commencement
de la bataille, et qu'elle ne put exercer aucune influence
sur le général de Failly à propos des déterminations qu'il

---

(1) Supplément IX. Voir la table à la fin du volume.

aurait peut-être eu à prendre, au bruit du canon de Frœschviller, et en considération de la dernière dépêche expédiée la veille au soir à huit heures dix minutes par le maréchal.

Au 1er corps, la journée du 5 fut employée à s'installer au camp. Les troupes prirent un peu de repos. Il n'y eut que les deux escadrons du 6e lanciers, adjoints à la 4e division, qui furent sur l'ordre du général Lartigue employés à des reconnaissances. Ils constatèrent que l'ennemi occupait la forêt de Surbourg. Deux pelotons de ce régiment rencontrèrent du côté de Gunstett un escadron de uhlans qui les força de revenir au camp. Les chasseurs à pied et les turcos de la division Lartigue reçurent les uhlans à coup de fusil et en abattirent quelques-uns. Tout le jour on aperçut des éclaireurs à cheval qui circulaient de l'autre côté de la Sauer. Deux escadrons de hussards se rapprochèrent de Wœrth. Les avant-postes de la division Raoult, leur envoyèrent des balles et les contraignirent à s'éloigner.

Vers le milieu de la journée, une panique, dont la cause ne nous est pas suffisamment connue, se répandit parmi une partie des troupes campées aux alentours de Frœschwiller ; elle fut de suite réprimée et n'eut pas de conséquences.

Dans l'après-midi, le maréchal visita les troupes dans leurs campements, et indiqua approximativement aux divisions les positions qu'elles avaient à prendre en cas de combat.

Vers les quatre heures, on vit des colonnes d'infanterie ennemie en marche vers Dieffenbach.

Le 2e bataillon du 21e préposé à la garde de Haguenau, avait pris position au nord de la ville pour en interdire l'approche à l'ennemi. Dans la matinée du 5,

il se présenta un millier de cavaliers prussiens, hussards et ublans, arrivant par la route de Soultz. Le bataillon les força à rétrograder, sans qu'ils eussent pu
reconnaître ce qui se passait dans la ville et au sud de la
forêt.

L'ennemi, comme nous l'avons vu, n'avait pas inquiété
la division battue à Wissembourg pendant sa retraite.
Après le combat le Prince royal n'avait pas sous la main
sa division de cavalerie indépendante, retardée par le
passage d'autres colonnes. Il se contenta de diriger un
régiment de dragons sur Haguenau. Ce régiment s'avança
jusqu'à Soultz et revint sur ses pas après l'avoir trouvé
occupé.

Il ne découvrit naturellement aucune trace de la
division Douay sur cette route. Le 4 au soir, les Allemands ne savaient où elle avait dirigé ses pas, et igno-
raient également où se trouvait le gros de nos forces. A la
IIIe armée, le contact avec l'ennemi était complètement
perdu.

La lutte terminée, l'armée du Prince royal occupait
les positions suivantes :

Les corps qui avaient plus ou moins pris part à
l'action, IIe corps bavarois, V^e et VIe corps prussiens, sur
les hauteurs au sud de la ville et dans la plaine jusqu'au
Niederwald.

Le corps Werder à Lauterbourg.

Le Ier corps bavarois encore sur la rive gauche de la
Lauter, ainsi que la division du prince Albrecht qui était
près d'Altenstadt.

Le lendemain 5, la IIIe armée continue son mouvement en avant dans la direction de Strasbourg [1], en

Mouve-
ments des
Allemands
après Wis-
sembourg.

______

(1) *Opérations de la IIIe armée*, par HAUKE. p. 43.

rapprochant son aile gauche du centre, de manière à pouvoir se concentrer rapidement soit sur son aile droite face à l'ouest, soit sur son front face au sud, suivant les circonstances.

En avant de l'armée du Prince royal, marchait la division de cavalerie du prince Albrecht chargée de découvrir l'armée française. Cette division prit de grand matin la route de Strasbourg par Haguenau, en envoyant des escadrons sur ses flancs de manière à battre toute la plaine d'Alsace : un escadron de hussards vers le fleuve ; un escadron de uhlans dans la direction de Gunstett, en longeant le pied oriental du Hochwald ; deux escadrons de hussards sur Reichshoffen par Wœrth.

Nous savons comment le 2ᵉ bataillon du 21ᵉ à Haguenau empêcha la brigade de hussards et de uhlans, formant l'avant-garde de cette division de déboucher de la forêt. Nous connaissons l'accueil qui fut fait par la division Lartigue aux uhlans poussés sur Gunstett, ainsi que la manière dont furent reçus par les avant-postes de la division Raoult les hussards dirigés sur Reichshoffen par Wœrth.

Après avoir rapproché les uns des autres les renseignements transmis par la division de cavalerie, l'état-major de la IIIᵉ armée restait dans le doute sur ce qui se passait au sud de la forêt de Haguenau, mais il regardait comme certain que la division Douay s'était retirée par la route qui traverse le Hochwald par le col de Pfaffenschlick, et amène sur Frœschwiller par la vallée de la Sauer. Il admettait sans aucune hésitation que la masse des forces principales du maréchal se trouvait réunie aux alentours de Frœschwiller. Les vastes campements aperçus sur la rive gauche de la Sauer ne permettaient pas de doute à cet égard.

Le 5 au soir, la IIIe armée allemande occupait les emplacements suivants :

IIe corps bavarois à Lembach avec avant-poste à Mattstall.

Le Ve corps prussien, à Preuschdorff, avec avant-poste à Gœrsdorff, Dieffenbach et Gunstett.

Le XIe corps prussien, à Soultz ; le corps Werder à Aschbach, ces deux corps ayant poussé leurs avant-postes vers la forêt de Haguenau.

Le Ier corps bavarois, à Ingolsheim formant réserve.

La division de cavalerie à Hundspach.

La position choisie par le maréchal (voir la carte de Frœschwiller) consiste en un terrain ondulé, formant l'extrémité méridionale d'un contrefort des Vosges. L'armée faisait face à la Sauer. Les croupes du terrain s'abaissent brusquement pour rejoindre la vallée, tandis qu'à leur partie supérieure, elles ne présentent que des pentes assez faibles. Le sol portait des cultures variées, des céréales qui étaient coupées à cette saison, des vignes, des houblonnières, des vergers, des bois, dont deux surtout devaient devenir le théâtre de combats acharnés, ceux de Frœschwiller et du Niederwald.

Frœschwiller était la clef de la position. C'est un petit village qui domine tout le terrain environnant, si ce n'est du côté du nord.

Là se croisent plusieurs routes ou chemins qui permettaient de porter les troupes dans toutes les directions, vers Reichshoffen, Neehviller, Elsasshausen, Morsbronn, Wœrth ainsi que vers les positions que l'ennemi pouvait prendre. Il était évident que ce point devait être défendu à outrance, que ses abords devaient être très fortement occupés, et que sa prise par l'ennemi rendait impossible toute prolongation de résistance.

Les hauteurs de la rive gauche de la Sauer atteignent à peu près les mêmes altitudes que celles de la rive droite, tout en étant assez souvent commandées par elles. Les unes et les autres s'élèvent de 60 à 80 mètres au-dessus du lit de la rivière. La vallée, presque partout tapissée de vertes prairies, offrait un espace de plus de mille pas que l'assaillant avait à parcourir à découvert avant d'atteindre le pied des coteaux.

La raideur des pentes que les Allemands devaient gravir pour s'emparer de nos positions devait briser leur élan, et les obliger à rester longtemps exposés à un feu meurtrier.

On sait combien il est difficile de s'emparer de bois occupés par de bonnes troupes. Le Niederwald et le bois de Frœschwiller situés vers les deux extrémités du champ de bataille étaient de solides points d'appui.

Le maréchal avait donc fait choix d'une position très forte au point de vue défensif. Cependant elle présentait de sérieux inconvénients.

Au nord, l'ennemi pouvait s'approcher sous le couvert des vastes forêts du Jagœrthal et de Langensoultzbach jusque sur l'aile gauche de l'armée, puis l'attaquer en se formant sur des positions dominantes. Au sud, pour que l'armée ne fût pas exposée à être tournée par sa droite et prise à revers par l'ennemi, on eût dû accumuler sur le plateau situé au sud du Niederwald et dominant Mors-bronn, une masse de troupes, dont une partie aurait eu à s'opposer au mouvement tournant. Ainsi pour que l'armée pût combattre sans grands dangers là où elle se trouvait, il fallait qu'elle occupât fortement toute une ligne s'étendant au nord au-delà de Frœschwiller, vers Neehwiller, et se prolongeant au sud jusque vers Mors-bronn. Or de Neehwiller à Morsbronn, la distance à vol d'oiseau est au moins de sept kilomètres, et beaucoup plus considérable en suivant les sinuosités du terrain. La ligne qu'avait à occuper l'armée était donc trop longue pour son effectif.

Du moment que l'on était décidé à attendre les Allemands à l'est des Vosges, il aurait été préférable de prendre une position où l'on eût combattu adossé à la montagne même, le long de la route qui suit son pied, allant de Niederbronn à Saverne. Là on eût été à l'abri des mouvements tournants. En cas de défaite, l'armée, en marche sur les routes qui menaient à l'ouest des Vosges, se trouvait immédiatement engagée dans de longs défilés, et à même d'arrêter facilement et de suite la poursuite du vainqueur.

Peu de temps après l'expédition de la lettre portée par le commandant Moll, le maréchal était en train de conférer avec le général Ducrot, lorsqu'on entendit la canonnade éclater du côté de Wœrth. C'était la bataille qui commençait. Personne dans l'armée ne la prévoyait pour ce jour-là, ni les combattants ignorants habituellement de ce qui dépasse leur étroit horizon, ni les états-major d'ordinaire mieux informés, ni le commandant en chef lui-même.

6 août 1870.
Bataille
de Frœsch-
willer.

Toute la nuit du 5 au 6, la pluie était tombée à torrents, sans empêcher les avant-postes d'échanger des coups de fusil le long de la Sauer. Au jour la pluie cessa ; mais tandis que les hommes mouillés faisaient sécher leurs vêtements, le bruit de la fusillade devint presque continu. Des turcos de la division Lartigue qui allaient chercher de l'eau à la Sauer rétrogradèrent devant les balles parties du moulin de Morsbronn (marqué Bruck-muhl sur la carte). A partir de ce moment, il s'établit entre les avant-postes de la division Lartigue sur la grande route de Wœrth à Haguenau, et la grand'garde prussienne aux environs de Gunstett, une sorte de combat de tirailleurs qui dura jusqu'au moment des attaques sérieuses [1].

Une reconnaissance prussienne avance sur Wœrth.

Vers sept heures, une reconnaissance prussienne composée d'un bataillon et d'une batterie s'avança de Dieffenbach sur Wœrth. Elle prit position au sud de Dieffenbach, et se mit à tirer sur les campements du centre de l'armée, sur Wœrth où il se trouvait de nombreuses corvées envoyées par les régiments, sur des artilleurs qui y faisaient boire leurs chevaux, etc.

Chacun s'empressa de rejoindre son camp. Les deux batteries de 4 de la division Raoult ripostèrent à la batterie prussienne. Le bataillon ennemi pénétra dans Wœrth, qui était inoccupé, mais dont les ponts étaient coupés depuis la veille. Il engagea la fusillade avec les avant-postes de la division Raoult. Quelques Prussiens traversèrent la rivière à gué, et furent de suite obligés de la repasser.

On ignorait encore la portée du combat qui s'engageait. On apercevait de grands mouvements de troupes aux environs de Dieffenbach. Les divisions Ducrot et Raoult prirent les armes dès le début de la canonnade. Les autres les prirent peu de temps après sur l'ordre du maréchal, la division Lartigue la dernière.

Vers huit heures, les différentes fractions de l'armée occupaient ou gagnaient, de la gauche à la droite, les emplacements suivants :

La division Ducrot sur deux lignes entre Frœschwiller et Neehwiller, un bataillon à Jagœrthal.

La division Raoult occupant le bois de Frœschwiller .

---

(1) Grand état major prussien, voir page 220.

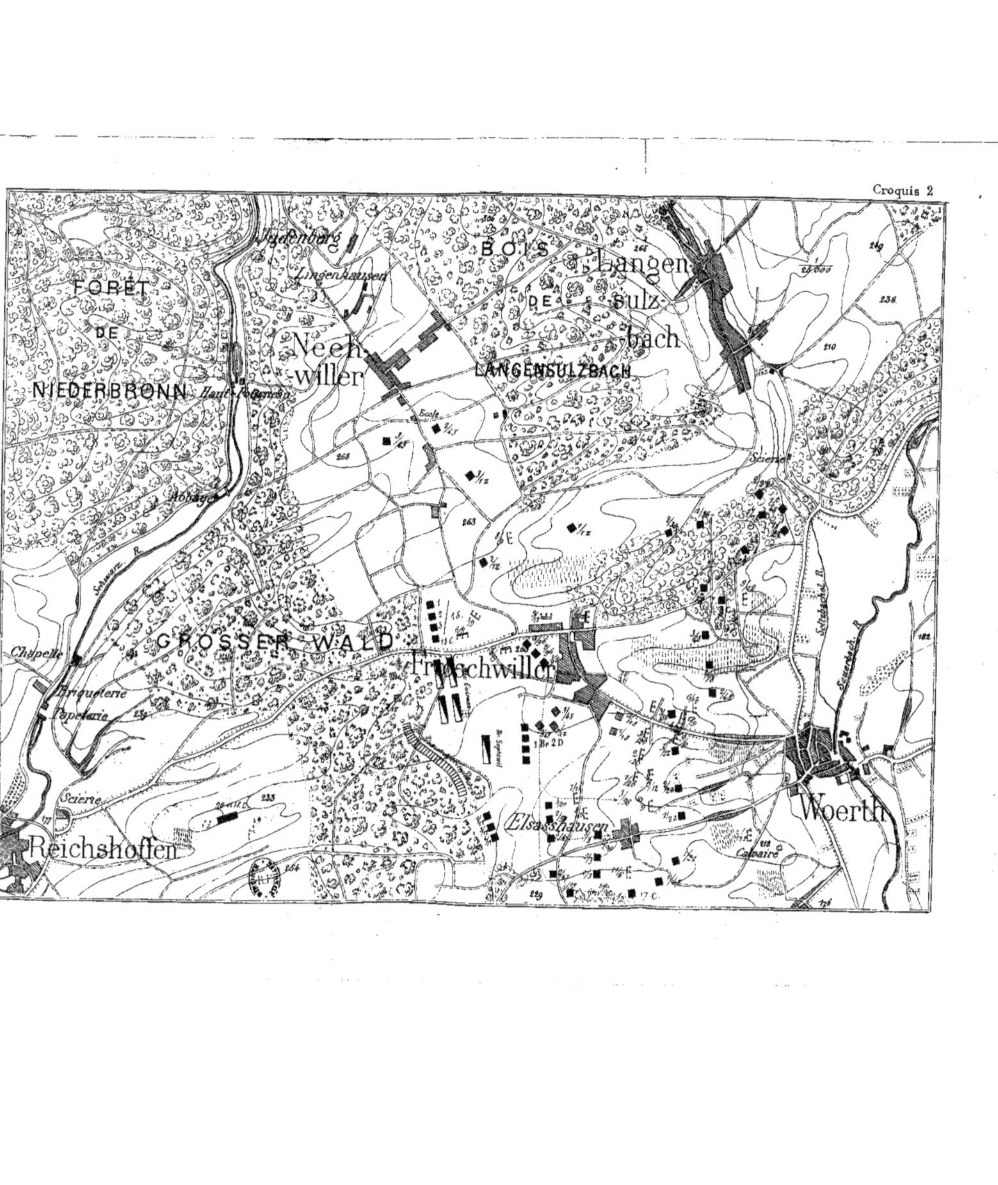
FORÊT
DE
NIEDERBRONN
Jägerberg
Lingenhausen
BOIS
DE
Langen
sulz
bach
Neeh
willer
LANGENSULZBACH
Ecole
GROSSER WALD
Chapelle
Briqueterie
Papeterie
Froeschwiller
Scierie
Reichshoffen
Elsasshausen
Woerth
Calvaire

avec la brigade Lefebvre ; la brigade l'Hérillier à cheval
sur la route de Frœschwiller à Vœrth.

La division Conseil Dumesnil, n'étant encore l'objet
d'aucune attaque, forma sa première brigade en position
d'attente, derrière le chemin de Frœschwiller à Morsbronn. Elle était maintenant commandée par le colonel
Champion, du 3ᵉ de ligne, remplaçant le général Nicolaï
très malade. L'autre brigade, général Maire, qui avait
bivouaqué pendant la nuit près de Reichshoffen, était en
marche pour rejoindre la première brigade.

La division Lartigue tenait la droite de l'armée. Elle
était dans le Petit-Bois, dans le Niederwald, sur le plateau
au sud de ce bois jusqu'à Morsbronn que gardaient deux
compagnies de turcos. La division n'avait en deuxième
ligne que le 56ᵉ d'infanterie (1). Il ne se trouvait à proximité, pour lui prêter appui, que la brigade des cuirassiers Michel. La division Lartigue occupait un espace
très étendu. La droite de l'armée ne consistait qu'en une
ligne extrêmement mince.

La division Pellé, ancienne Douay, encore sous l'influence de son récent échec, la division Bonnemains, la
brigade Septeuil et le 2ᵉ lanciers de la division Duhesme,
formaient une seconde ligne derrière le centre de l'armée.
C'étaient les seules réserves que le maréchal eût à sa disposition pour renforcer les points qui viendraient à faiblir.
Au cours de la bataille, le 1ᵉʳ turcos de la division Pellé
fut spécialement affecté à la division Conseil Dumesnil,
et la brigade Montmarie, 50ᵉ et 74ᵉ de ligne, à la division
Raoult.

De la réserve d'artillerie, les quatre batteries à cheval
prirent de suite position entre les deux brigades de la di-

____

(1) On se rappelle que la division avait laissé le 87ᵉ à Strasbourg.

vision Raoult à l'est de Frœschwiller, tandis que les quatre batteries montées allèrent se mettre à l'abri derrière ce village. Les batteries à cheval n'ayant pour le moment aucun rôle à jouer rejoignirent bientôt les batteries montées, sans avoir été engagées.

La bataille de Frœschwiller présente deux phases bien distinctes : la première, qui s'étend jusque vers midi où l'avantage est aux Français, la seconde, après midi, dans laquelle la victoire se décida en faveur des Allemands.

1re Phase.
Combat à
l'aile gauche
avec les
Bavarois.

La canonnade provoquée par la reconnaissance prussienne avait pris fin depuis quelques instants, lorsqu'elle reprit pour durer cette fois jusqu'à la fin de la journée.

Un peu après huit heures et demie, on vit de la division Ducrot des fantassins allemands déboucher du village de Langensoultzbach, extrémité sud, et filer dans le bois voisin. En même temps l'ennemi établissait une, puis deux, puis trois batteries sur la hauteur qui domine Langensoultzbach au nord-est. C'était la division Bothmer, du IIe corps bavarois, qui attaquait la gauche de l'armée.

Le général Ducrot prit alors les dispositions suivantes (croquis 2 et 3) :

Le 1er bataillon du 1er zouaves, commandant Marion, vis-à-vis de la lisière sud de la forêt de Langensoultzbach ; le 3e bataillon, commandant Desandré, vis-à-vis de la lisière occidentale ; le 2e bataillon, commandant Bertrand, en réserve. A gauche, jusqu'à Neehwiller, la ligne occupée par les zouaves était prolongée par deux compagnies du 45e et par trois compagnies du 96e. Les 7e et 8e batteries du 9e d'artillerie prirent position en arrière de la ligne des tirailleurs, au sommet du vallon découvert qui descend de Frœschwiller, et sépare les deux bois de Langensoultzbach et de Frœschwiller. La

6ᵉ batterie du 9ᵉ restant en réserve. Les bois voisins dérobaient les troupes de la division aux vues de l'artillerie bavaroise.

Le 1ᵉʳ zouaves et le 96ᵉ tirèrent d'abord sur l'ennemi débouchant du village. Au bout de peu de temps les Bavarois apparurent sur la lisière occidentale de la forêt, ainsi que sur la lisière sud, à quelques centaines de mètres de la pointe sud-ouest du bois. Les zouaves les accueillirent vigoureusement. La 7ᵉ batterie, capitaine Vernay, et une section de la 6ᵉ batterie qui était venue se placer un peu au nord de Frœschwiller, leur envoyèrent des obus à balles.

Peu à peu la ligne d'infanterie ennemie s'épaissit et s'étendit d'un côté jusque vers Neehwiller, vis-à-vis du 43ᵉ, de l'autre côté jusque vers le ruisseau du Soultzbach. Le 2ᵉ turcos, qui occupait la partie orientale du bois de Frœschwiller, s'engagea à son tour. Bientôt le 1ᵉʳ et le 2ᵉ bataillon du 36ᵉ, qui venaient d'atteindre le champ de bataille, allèrent s'établir sur le milieu de la lisière nord du bois de Frœschwiller.

Le feu des régiments de ligne restait insignifiant ou faible, celui des zouaves et des turcos était devenu très vif. Les turcos souffraient des obus lancés par les batteries de Langensoultzbach, et par une autre grande batterie qui s'établissait de l'autre côté de la Sauer.

À plusieurs reprises l'ennemi chercha à se porter du bois qui le couvrait sur celui occupé par les turcos. La 8ᵉ batterie du 9ᵉ, armée de mitrailleuses, capitaine de Mornac et la batterie Vernay, leur envoyaient des balles et des obus dès qu'ils se montraient à découvert. Puis les turcos s'élançant sur eux les forçaient à faire demi-tour, et les uns et les autres regagnaient leurs abris. La portion de la lisière est-nord-est n'étant pas garnie par les turcos, l'ennemi en profita pour pénétrer un instant dans le bois.

Quatre compagnies seulement de turcos du 2ᵉ bataillon, commandant Jodosius, luttaient sur la lisière nord du bois. On n'osait pas en envoyer davantage de ce côté à cause des mouvements de troupes que l'on apercevait au-delà de la Sauer; on ne voulait pas dégarnir la lisière sud, qui pouvait être attaquée d'un moment à l'autre. Le 1ᵉʳ bataillon du 48ᵉ alla momentanément appuyer le 2ᵉ bataillon du 1ᵉʳ turcos, et l'aider à expulser l'ennemi du point envahi. Trois compagnies du 36ᵉ allèrent également renforcer la gauche de ce bataillon.

La batterie de mitrailleuses de la division Raoult, 9ᵉ du 12ᵉ, prenant l'emplacement occupé primitivement par la section de la 6ᵉ batterie [1], concourait à maintenir les Bavarois immobiles.

Le combat durait depuis peut-être une heure et demie, lorsque les Bavarois faisant un vigoureux effort du côté de la lisière ouest parvinrent à s'avancer un peu dans la plaine.

La ferme contenance des zouaves et leur feu violent en imposèrent à l'ennemi. Celui-ci eut un moment d'hésitation dont les zouaves profitèrent pour rejeter les Bavarois sur leurs réserves.

Deux compagnies du 3ᵉ bataillon les poursuivirent à travers les taillis jusqu'à ce qu'elles eussent reçu l'ordre de revenir. L'ennemi ne parut plus de ce côté, du moins pour le moment. Le feu cessa peu à peu le long de la lisière sud, et à onze heures ce premier combat était terminé. Nos tirailleurs restèrent tranquillement en

---

[1] Cette section était allé rejoindre la batterie Vernay, 7ᵉ du 9ᵉ avec laquelle elle combattit toute la journée, tandis qu'une section de cette 7ᵉ batterie combattit avec la 6ᵉ du 7ᵉ.

position, ne répondant même pas à quelques coups de fusil qui partaient de temps à autre du bois de Langensoultzbach.

L'artillerie de la division n'avait pas riposté, à cause de la distance, aux batteries qui étaient au nord de Langensoultzbach et qui bientôt cessèrent à leur tour le feu.

Les artilleurs bavarois, ne voyant point les troupes de la division Ducrot, avaient tiré sur le village de Frœschwiller, sur le bois de même nom, au-dessus duquel s'élevait la fumée de la fusillade. Des obus passant au-dessus du village étaient tombés auprès de la réserve d'artillerie et l'avaient amenée à se porter un peu plus loin, au sud-ouest de Frœschwiller ; d'autres étaient arrivés sur la batterie de mitrailleuses de la division Raoult et l'avaient forcée à se retirer. D'autres enfin avaient fait subir quelques pertes au 2e turcos.

Durant ce premier combat, la division Bothmer avait perdu environ 600 hommes. Nos pertes devaient s'élever à peu près au même chiffre, portant presque toutes sur le 1er zouaves et le 2e turcos. Les commandants Marion et Jodosius de ces régiments étaient tués ; au 36e, le commandant Prouvost était blessé.

On jouit alors d'un temps de calme assez long à la division Ducrot. Cependant vers midi des Bavarois mêlés à des Prussiens réapparurent en divers points de la lisière ouest de la forêt. Les tirailleurs des zouaves et du 45e les forcèrent vite à rentrer sous bois.

La division Ducrot étant déjà aux prises avec les Bavarois, vers neuf heures, la division Lartigue prit l'initiative de l'attaque (1).

Commencement du combat à la division Lartigue.

Les avant-postes de cette dernière division tiraillaient

---

(1) Etat major prussien.

depuis longtemps avec ceux des Prussiens établis aux environs du moulin de Morsbronn, et auprès du pont voisin, que le génie n'avait pas fait sauter faute de poudre, lorsque le 1er bataillon de chasseurs, commandant Bureau, renforcé d'une compagnie du 3e zouaves, fut chargé d'expulser l'ennemi de cette position avancée. L'artillerie de la division, sous la direction du colonel Lamandé, eut ordre de soutenir l'attaque. La batterie de mitrailleuses, 10e batterie du 12e d'artillerie, capitaine Zimmer, se porta en avant en même temps que les chasseurs, et prit une position d'où elle pouvait les appuyer. La 11e batterie du 12e, capitaine Ducasse, placée près de la lisière sud du Niederwald, se mit à tirer sur le moulin; des fantassins en sortirent avec précipitation. La batterie de mitrailleuses envoya quelques décharges qui augmentèrent leur trouble. A peine l'artillerie de la division Lartigue avait-elle ouvert son feu, qu'on vit quatre batteries ennemies, accompagnées de leurs soutiens, venir couronner la hauteur au nord-ouest de Gunstett; elles appartenaient au XIe corps prussien, général de Bose.

Presque au même moment, cependant un peu après [1], une longue ligne d'artillerie commença à se former perpendiculairement à la route qui descend de Dieffenbach à Wœrth. A neuf heures et demie, les 84 pièces du Ve corps prussien s'y trouvaient en position, les unes à côté des autres, rejoignant presque les 24 pièces du XIe corps au sud, et se rapprochant au nord du village de Gœrsdorff. Une violente canonnade s'engagea alors entre les artilleries des deux armées. Un peu après dix heures, l'infanterie prussienne s'avançant par Wœrth et Spachbach attaqua les divisions Raoult et Conseil Dumesnil.

---

[1] *Opérations du Ve corps,* par von HEYDEKAMPF, p. 40.

Aussitôt que les batteries de Bose eurent pris position sur le plateau de Gunstett, elles ouvrirent le feu contre celles de la division Lartigue. Les deux batteries de 4 de cette division ripostèrent immédiatement. L'artillerie de Kirchbach, au fur et à mesure qu'elle arrivait en ligne, se mit à tirer sur les positions de la division Raoult, sur celles de la division Conseil Dumesnil, sur Wœrth, sur Elsasshausen où des incendies ne tardèrent pas à se déclarer, sur le Niederwald qu'occupait le 3ᵉ zouaves de la division Lartigue, etc. Les deux batteries de 4 de la division Raoult, 5ᵉ et 6ᵉ du 12ᵉ d'artillerie, sous les ordres du commandant de Noue, ripostèrent, ainsi que les quatre batteries à cheval de la réserve générale, placées sous le commandement du lieutenant-colonel Grouvel, qui venaient de se déployer entre Frœschwiller et Elsasshausen. Vers dix heures, 48 pièces de 4, 12 de la division Lartigue, 12 de la division Raoult, 24 de la réserve générale d'artillerie cherchaient à lutter contre les 108 bouches à feu que les Prussiens avaient en action sur la rive gauche de la Sauer.

Combat entre les artilleries des deux armées.

Les batteries de mitrailleuses n'essayèrent pas de se mêler au combat d'artillerie. Elles se bornèrent avec raison à tirer sur l'infanterie qui descendait des hauteurs opposées. Néanmoins dès que les Prussiens les découvraient, ils les prenaient à partie. Elles furent bientôt obligées d'aller chercher des positions mieux défilées que celles qu'elles occupaient.

L'ennemi tirait non-seulement sur les batteries, mais aussi sur l'infanterie et sur la cavalerie, partout où il apercevait une troupe quelconque.

L'obus prussien était alors armé d'une fusée percutante, qui ne détonnait que lorsqu'elle frappait un sol résistant. Le terrain étant détrempé par la pluie de la

nuit précédente, beaucoup de projectiles n'éclataient pas.
Ils s'enfonçaient dans le sol et produisaient relativement
peu d'effet. L'artillerie ennemie obligea néanmoins plusieurs troupes à se déplacer, notamment la brigade
Montmarie qui se rapprocha du Grosser-Wald, et la division de cavalerie de réserve qui appuya vers les sources
de l'Eberbach. Son irrésistible supériorité se manifesta
bientôt. Le nombre de ses pièces en action était plus que
le double de celui des nôtres. Ses obus tombaient tous
serrés les uns près des autres autour du point visé, té-
moignage évident de sa justesse. On connaissait l'étendue
de sa portée. Il fallait reconnaître l'infériorité de notre
canon, aussi bien sous le rapport de la précision que
sous celui de la distance. — Si la fusée des Prussiens
laissait à désirer, celle dont étaient armés presque tous
nos projectiles était vicieuse. C'était une fusée fusante.
On ne pouvait juger, par le point d'éclatement, si le tir
était long ou court, et il était impossible de le rectifier.
Cette fusée n'éclatait qu'à 1,500 ou 3,000 mètres. Il fallait être à peu près à l'une de ces deux distances de
l'ennemi pour que l'on eût chance de l'atteindre. Cette
circonstance faisait de l'évaluation des distances un élé-
ment ayant sur le résultat du tir une influence capitale,
et rendait le manque de cartes où l'on était encore plus
fâcheux. C'était seulement par hasard que l'on se mettait en batterie en un point convenablement éloigné du
but à battre, et que l'on pouvait atteindre une mince
ligne de troupes déployées. Aussi nous devînt-il bientôt très difficile de soutenir la terrible canonnade engagée. — Le grand parc n'avait pas atteint le terrain du
combat. Il fallait être économe des munitions amenées
dans les coffres des batteries et dans ceux des réserves
divisionnaires. Au lieu de s'entêter dans une lutte dé-

savantageuse, on résolut de réserver ce que l'on possédait encore de projectiles, pour s'en servir contre l'infanterie et la cavalerie, dans les nombreuses occasions qui ne pouvaient manquer de se présenter. Les batteries n'avaient du reste éprouvé jusqu'ici que des pertes légères en personnel et en matériel.

Vers dix heures et demie, ordre fut donné aux batteries de la réserve générale de cesser le feu, et de se retirer un peu en arrière du chemin de Frœschwiller à Morsbronn, en un point où elles étaient à l'abri des vues de l'artillerie ennemie. Les batteries divisionnaires restèrent sur les emplacements des divisions auxquelles elles étaient attachées. Elles effectuèrent quelques changements de position et allèrent prendre des emplacements, où, tout en étant moins exposées au feu des batteries prussiennes, elles découvraient bien le terrain des attaques de l'infanterie ennemie. La batterie de mitrailleuses de la division Raoult, 9e du 12e d'artillerie, capitaine Wolhffrom, après avoir tiré sur l'infanterie prussienne qui s'avançait vers la Sauer, avait dû quitter la position qu'elle occupait sur la lisière orientale du bois de Frœschwiller, où elle était écrasée par les batteries de Kirchbach. Elle s'était alors portée au nord de Frœschwiller et avait lutté, comme nous l'avons vu, de concert avec l'artillerie de la division Ducrot, contre les Bavarois. Les trois batteries de la division Lartigue remontèrent sur le sommet du plateau de Morsbronn près du chemin qui mène de ce village à Frœschwiller.

Les Prussiens continuèrent à tirer sur tous les points où ils apercevaient des troupes, bataillons, escadrons ou batteries, à lancer des obus dans les plis de terrain et sur les bois où des forces pouvaient être dissimulées, à battre les points où ils allaient diriger les attaques de leur infanterie. Leur feu ne se ralentit un moment que pour reprendre bientôt avec une plus grande violence.

Combat à la division Lartigue.

Le 1er bataillon de chasseurs, nous l'avons vu, était chargé, avec l'appui d'une compagnie du 3e zouaves, d'expulser la grand'garde prussienne qui se tenait au moulin de Bruck, et l'artillerie de la division devait préparer l'action de ce bataillon par son tir. La grand'garde reçut presque de suite un premier renfort d'un millier d'hommes. Au moment où l'artillerie ennemie ouvrait son feu de la hauteur nord-ouest de Gunstett, des masses allemandes débouchèrent en plusieurs points de la forêt de Surbourg. C'était la brigade d'avant-garde du corps de Bose qui arrivait sur deux colonnes de 2,000 à 3,000 hommes chacune. L'une de ces colonnes se dirigeait sur Spachbach par Oberdorf, l'autre sur Gunstett. La batterie de mitrailleuses tira sur la première et la força à se fractionner par compagnies. La seconde vint promptement porter à plus du double la force de l'ennemi en face du bataillon de chasseurs.

Ce bataillon, à peine en marche, se trouva exposé à un feu très vif. Il se forma en tirailleurs le long de la route de Wœrth à Haguenau, et engagea une violente fusillade avec l'ennemi. Les Prussiens embusqués le long de la rive gauche de la rivière, dans les vignes du mamelon de Gunstett, lui firent subir en peu de temps des pertes considérables. Le commandant Bureau et deux capitaines étaient tués. Le général de Lacretelle lança une compagnie en avant contre le moulin ; elle ne put franchir la Sauer et dut revenir sur ses pas. Malgré le feu croissant de l'ennemi, les chasseurs tenaient ferme dans leur position, quand l'infanterie prussienne, prenant l'offensive, déboucha par le pont près du moulin. La batterie de mitrailleuses tirait dessus avec vivacité, ainsi que la 7ᵉ batterie du 12ᵉ, capitaine Soubrat. Les chasseurs durent céder à la supériorité numérique et furent obligés de faire demi-tour.

Le général de Lartigue voyant le mouvement offensif de l'ennemi, appela en première ligne le 3ᵉ et le 1ᵉʳ bataillon du 56ᵉ. Puis le 1ᵉʳ bataillon du 3ᵉ turcos et une partie du second, ainsi que le bataillon de chasseurs, furent vigoureusement portés en avant à l'encontre de l'ennemi. Les bataillons du 56ᵉ formèrent échelon défensif à droite en allant s'installer près de la route de Haguenau. Les batteries de Gunstett tiraient avec succès sur nos bataillons qui s'avançaient dans la plaine. Malgré l'appui de leur artillerie, les Prussiens furent obligés de rétrograder et de repasser la Sauer.

Trois compagnies de turcos, entraînées par le colonel Gandil, franchirent le pont à la suite des Prussiens et les poursuivirent baïonnette dans les reins jusqu'aux premières maisons de Gunstett. Mais la plupart furent tués ou blessés. Un petit nombre repassa la rivière.

Les troupes qui avaient pris part à ce mouvement offensif s'établirent le long de la route de Wœrth à Haguenau, les deux bataillons du 56ᵉ tenant la droite (11 heures). Le combat se continua par une fusillade sans importance. L'ennemi repoussé se tenait sur la défensive du côté de Gunstett.

Quelques instants avant que l'ennemi eût passé la Sauer au moulin, la colonne en marche sur Spachbach avait franchi la rivière vis-à-vis cette localité. Elle l'avait traversée partie à gué, partie sur une passerelle improvisée, sous le feu de l'artillerie de la division Raoult. Une fois sur la rive gauche, les Prussiens fractionnés en plusieurs groupes se précipitèrent contre le Niederwald. Ce bois était occupé par le 3ᵉ zouaves, colonel Bocher. L'ar-

tillerie ennemie en préparait l'attaque en envoyant au
jugé des projectiles, en général inoffensifs. Des zouaves
placés en tirailleurs autour de la partie orientale du bois
tiraient avec vivacité sur les fantassins s'approchant à découvert. Une compagnie qui était de grand'garde dans
cette portion de la forêt reçut vigoureusement l'ennemi
et l'arrêta un moment. Puis elle fut obligée de rétrograder devant la force du nombre. Elle rencontra le gros
du 2e bataillon, commandant Pariset, qui se portait en
avant. Il s'engagea alors un violent combat au commencement duquel le commandant Pariset fut tué. Le colonel Bocher arriva sur ces entrefaites. Il savait le Niederwald beaucoup trop étendu pour que le 3e zouaves pût le
défendre convenablement à lui seul. En voyant l'importance que prenait la lutte dans ce bois dès le début, il
craignit d'être pris au dépourvu et envoya de suite le capitaine Hervé demander du renfort avant que tout le
régiment ne fût engagé.

La violence du combat allait toujours croissant, comme
les forces de l'ennemi arrivant par les lisières nord et
est. Après une fusillade de quelque durée, le colonel
Bocher tire son épée, fait mettre la baïonnette au canon,
battre la charge, et s'élance avec les zouaves contre l'ennemi. Les Prussiens cèdent, ils sont expulsés du Niederwald, poursuivis à travers la vallée et rejetés au-delà de
la Sauer sur Spachbach. Cette action, qui fut très brill-
lante, causa au 3e zouaves des pertes sensibles ; elle
coûta la vie au lieutenant-colonel Deshorties de Beaulieu.

Entre temps, le général Fraboulet de Kerleadec avait
envoyé en renfort au colonel Bocher le 2e bataillon
du 56e. Ce bataillon, en se présentant sur le flanc gauche
de l'ennemi engagé sous bois, avait contribué à détermi-
ner sa retraite.

Les zouaves ne suivirent pas l'ennemi jusqu'à la Sauer
et revinrent dans le Niederwald. De la lisière orientale
de ce bois, le 2ᵉ bataillon entretint une fusillade généralement assez nourrie avec l'ennemi placé de l'autre côté
de la rivière. Les choses durèrent ainsi assez longtemps,
jusque vers midi. Le général Bose se tenait sur la défensive sur tout son front de Spachbach à Gunstett.

Depuis longtemps on apercevait des mouvements considérables de troupes sur les hauteurs de Dieffenbach.
La division Lartigue étant déjà aux prises, on vit des colonnes prussiennes se diriger contre les positions des
divisions Raoult et Conseil Dumesnil. Elles descendaient
vers la Sauer pour la franchir et comprenaient ensemble
4,000 hommes environ.

Les troupes étaient ainsi réparties à la division Raoult :
entre les routes qui conduisent de Frœschwiller et d'Elsasshausen à Wœrth, le 2ᵉ zouaves, colonel Détrie. A
gauche des zouaves, le 3ᵉ bataillon du 36ᵉ, commandant Laman, et le 48ᵉ, colonel Rogier, qui rejoignaient
le 2ᵉ turcos, colonel Sussoni, placé dans le bois de
Frœschwiller, avec les 1ᵉʳ et 2ᵉ bataillons du 36ᵉ de
ligne, colonel Krien. Une partie de ces troupes était déjà
engagée avec les Bavarois. Du côté de la Sauer, la division était couverte par une ligne de tirailleurs fournis
par ces divers régiments.

A la division Conseil Dumesnil, le colonel Champion
avait amené le 3ᵉ de ligne à 200 mètres à l'ouest d'Elsasshausen. Le 17ᵉ bataillon de chasseurs avait suivi le
mouvement, en arrière de la droite de ce régiment. Au
sud-est d'Elsasshausen, le 1ᵉʳ bataillon du 21ᵉ de ligne,
commandant de Labeaume, se trouvait en grand'garde
depuis la veille. Dès que l'on vit l'ennemi s'avancer,
quatre compagnies de ce bataillon furent déployées en

tirailleurs de manière à couvrir les troupes de la division. Le 1ᵉʳ bataillon du 2ᵉ zouaves et le 1ᵉʳ bataillon du 21ᵉ de ligne se donnaient la main.

Aussitôt que les colonnes ennemies furent à bonne portée, l'artillerie de la division Raoult dirigea son feu contre elles, principalement pendant qu'elles passaient la Sauer.

En se rapprochant de la rivière, les tirailleurs qui couvraient le centre de l'armée engageaient le feu avec ceux de l'ennemi. Le 48ᵉ, le 36ᵉ (3ᵉ bataillon), le 2ᵉ zouaves entraient ainsi en action à peu près en même temps. Le 48ᵉ était en partie couvert par une tranchée abri construite la nuit précédente.

En ce moment, on jugea à propos de renforcer les troupes qui étaient en première ligne entre la route qui descend à Wœrth et le bois de Frœschwiller. Ce rôle fut assigné au 78ᵉ de ligne. Ce régiment, après avoir traversé Frœschwiller, descendait le coteau, formé en colonne de division, lorsqu'il fut tout à coup couvert d'obus. Il en résulta un certain trouble dans les bataillons. Le 1ᵉʳ et le 3ᵉ se jetèrent instinctivement sous bois. Le 2ᵉ, se déployant en tirailleurs dans les vignes, combattit mélangé avec des groupes du 48ᵉ.

Des maisons de Wœrth, l'ennemi dirigeait un feu des plus vifs sur les tirailleurs du 36ᵉ et du 2ᵉ zouaves. Au bout de peu de temps, ceux-ci reçurent l'ordre de rejoindre le gros de leurs bataillons. Pendant ce temps, le colonel Détrie avait porté son régiment un peu en avant jusqu'auprès des vergers qui le dissimulaient aux vues de l'ennemi. Le 3ᵉ bataillon du 36ᵉ était à l'abri, derrière une crête de terrain.

Les Prussiens débouchant de Wœrth après la retraite des tirailleurs s'élevaient à travers les vergers, le long et au sud de la route de Frœschwiller.

Quand ils se présentèrent sur la lisière des vergers, les zouaves les reçurent par un feu d'une rapidité excessive, et les forcèrent de suite à rétrograder. Au bout d'un quart d'heure, les Prussiens se présentèrent beaucoup plus nombreux, protégés par le couvert des arbres, et exécutant à leur tour un feu qui pouvait produire beaucoup d'effet.

Les zouaves demandaient au général L'Hérillier de se précipiter sur l'ennemi. L'ordre est donné de charger à la baïonnette. Un hurlement de « en avant » s'échappe des poitrines de ces impétueux soldats. Le 2ᵉ bataillon, commandant Soye, et le 3ᵉ, commandant Coiffé, s'élancent en avant en poussant des cris féroces.

Les Prussiens reculent en désordre. Tout cède. Près de Wœrth, en bas du coteau, une colonne ennemie forte d'environ un millier d'hommes attendait le moment de faire irruption. Cette masse fait immédiatement demi-tour, prend la fuite et rentre dans la ville. Les zouaves continuent à pousser de l'avant, pénètrent dans les rues. Des compagnies se portent même un instant au-delà de la Sauer. Toutes les maisons étaient remplies de Prussiens, mais elles étaient fermées, barricadées et on ne pouvait y pénétrer. Les zouaves ne recevaient que peu de coups de fusil des fenêtres au-dessous desquelles ils étaient placés, mais beaucoup des maisons plus éloignées. Ils y répondaient avec fureur. Cette lutte désordonnée devait durer quelque temps.

Le bataillon Laman du 36ᵉ avait suivi le mouvement en avant des zouaves, et concouru à repousser les Prussiens dans Wœrth ; mais il n'y avait pas pénétré. Il s'était arrêté à mi côte et de là entretenait la fusillade avec l'ennemi qui était dans la vallée.

A la division Conseil Dumesnil, les tirailleurs du 21ᵉ de ligne avaient défendu avec vigueur les pentes du mamelon du Calvaire. Comme ils ne pouvaient étendre leur chaîne jusqu'au Niederwald, une compagnie du 17ᵉ bataillon de chasseurs était venue la prolonger à droite. Ces tirailleurs se portèrent en avant en même temps que les zouaves, et rejetèrent également les Prussiens dans la vallée.

L'ennemi s'embusqua alors le long de la route de Haguenau, dans les fossés, derrière les haies. Il ne devait pas chercher de quelque temps à reprendre l'offensive en ce point. Le combat se convertit en une longue fusillade à laquelle vint bientôt prendre part le bataillon Billot du 56ᵉ de ligne. Ayant atteint la lisière nord du Niederwald au moment où les Prussiens venaient d'en être expulsés par le 3ᵉ zouaves, ce bataillon se porta en dehors du bois de manière à prêter son concours aux fractions engagées de ce côté.

Situation à midi. Plusieurs de nos batteries s'étant retirées du combat pour attendre les occasions de s'employer plus utilement, celles des Prussiens ayant diminué l'intensité de leur feu, parce qu'elles avaient moins d'objectifs à leur portée, il régna, à partir de onze heures, une sorte d'accalmie sur le champ de bataille.

Les Français avaient dû renoncer à lutter avec leur artillerie contre celle des Allemands très supérieure en nombre et en qualité, mais ils avaient victorieusement repoussé toutes les attaques de l'infanterie allemande. Les Bavarois engagés les premiers et vigoureusement reçus par les divisions Ducrot et Raoult, s'étaient retirés sur Langensoultzbach. Le corps Kirchbach se maintenait difficilement dans Wœrth et le long de la route de Haguenau, contre les divisions Raoult et Conseil Dumesnil. Le corps Bose se tenait sur la défensive le long de la rive gauche de la Sauer, vis-à-vis de la division Lartigue.

Freeschwiller
Elsasshausen
Woerth
Dieffenbach
Calvaire
Spachbach
Oberdorf
NIEDER WALD
Eberbach
Lansberg
Bruch M^n
Gunstett
Forstheim
Morsbronn
Durrenbach
Sauer
Eberbach
Bieberbach
1/25.000

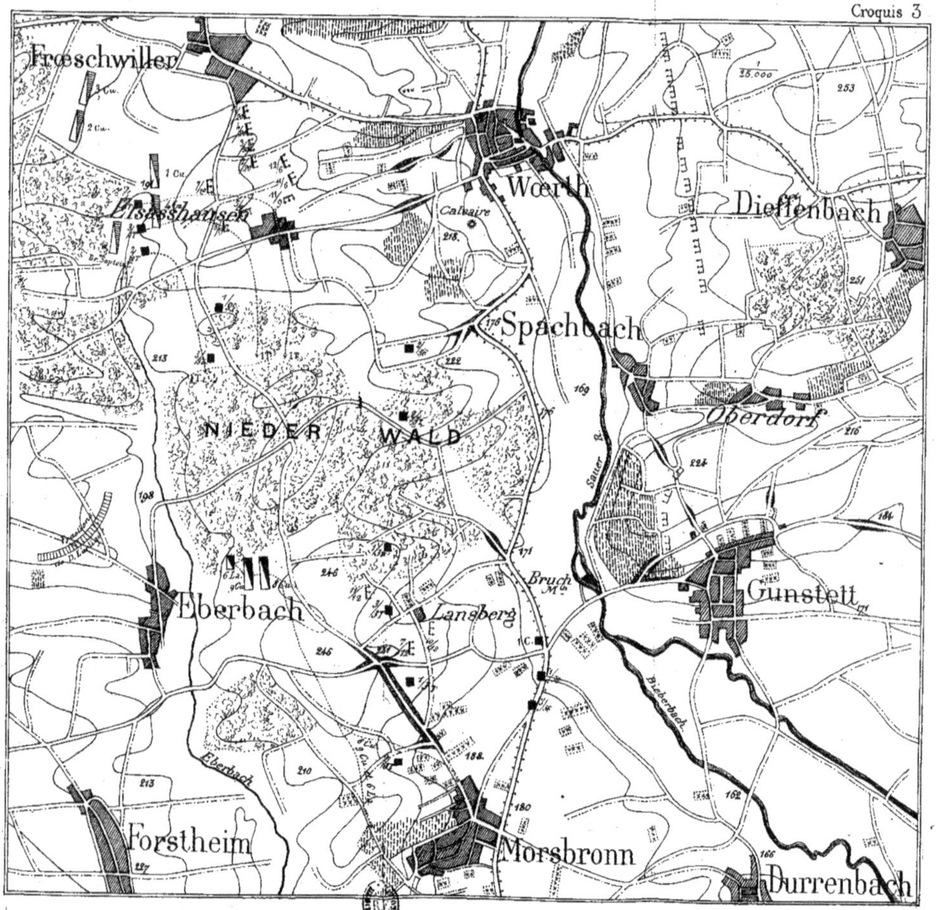

Il est certain qu'à midi le résultat obtenu était en faveur des Français.

Jusqu'alors les divisions Raoult et Conseil Dumesnil n'avaient eu à combattre que des troupes inférieures en nombre. Le général Kirchbach n'avait engagé que des fractions relativement faibles de son corps d'armée. A partir de ce moment, les grosses masses du V⁰ corps vont se précipiter, par Wœrth et Spachbach, contre le centre de l'armée; les bataillons arrivant successivement et rapidement en ligne, de manière à produire un effort toujours croissant. En même temps le I⁰ʳ corps Bavarois, général Von der Tann, se reliant par sa gauche à la droite de Kirchbach, viendra attaquer par Gœrsdorf, tandis que le corps Bose écrasera la division Lartigue, pour aller ensuite, de concert avec les Wurtembergeois, réunir ses efforts à ceux du V⁰ corps contre notre centre. Les Français, inférieurs en nombre, seront forcés d'évacuer successivement de la droite à la gauche les positions qu'ils occupent, pour se retirer sur Reichshoffen, jusqu'à ce que Frœschwiller tombe entre les mains de l'ennemi, et que l'abandon de ce village, marquant la fin de la bataille, couronne la victoire des Allemands.

Ce regard d'ensemble jeté sur les événements qui constituent la deuxième phase de la bataille, entrons dans le détail des moyens mis en œuvre.

Wœrth continuait à être le foyer d'une lutte ardente, le combat se réduisant ailleurs à une fusillade intermittente entretenue par les tirailleurs. A diverses reprises les Prussiens refoulèrent partiellement les zouaves en dehors de la ville; puis ils y étaient rejetés, et les uns et les autres, lorsqu'ils cédaient le terrain, perdaient beaucoup de monde. Le sol était jonché de morts et de blessés, tant Français que Prussiens, autour et à l'intérieur de Wœrth. Vers midi et demi les Prussiens reçurent de nouveaux renforts; les zouaves qui n'étaient plus que un contre trois durent quitter la ville, et revenir à la position d'où ils étaient partis. L'ennemi les suivit en les accompagnant d'une vive fusillade. Les zouaves, après avoir fait demi-tour, face à l'ennemi, recommencèrent la lutte. Les compagnies, les bataillons mêmes étaient confondus, les officiers cherchèrent à les reconstituer tout en combattant, mais n'y parvinrent qu'en partie.

Le bataillon Laman, du 36ᵉ, avait rétrogradé en même temps que les zouaves et était lui-même fortement éprouvé.

Pendant cette lutte, il y avait eu un calme à peu près complet pour le 48ᵉ et pour les troupes qui étaient dans le bois de Frœschwiller. Après l'échec des zouaves, les Prussiens qui les avaient suivis ayant pris au sud de la route de Frœschwiller, ceux qui débouchèrent ensuite du bourg prirent au nord de cette route, et le 48ᵉ, qui n'avait été jusque-là que faiblement et momentanément engagé, entra réellement en action. Le combat reprenait en même temps dans la partie basse du bois de Frœschwiller. Une colonne comprenant plus d'un millier d'hommes passait la Sauer et se portait contre la lisière orientale de ce bois. L'ennemi fut vigoureusement reçu par les troupes qui l'occupaient, ainsi que par celles qui étaient dans les vignes au sud. A partir de ce moment, le 18ᵉ, le 2ᵉ turcos et le 78ᵉ combattirent mélangés. Il est impossible d'apprécier séparément leur action, tellement elle fut commune. Le général de brigade Lefebvre dirigeait le combat sur cette partie du champ de bataille.

On apercevait alors des colonnes profondes qui s'avançaient de tous les points des hauteurs opposées, vers la Sauer par Wœrth, Spachbach et Gunstett, pour se porter contre notre centre et notre droite. Un peu plus tard des masses considérables descendant de Gœrsdorf commencèrent à traverser la vallée vis-à-vis de cette localité (1 heure passée).

Plusieurs de nos batteries tenues en réserve vinrent alors prendre les positions suivantes :

Les deux batteries de 4 de la division Pellé, 9e et 12e du 9e, sur la route de Frœschwiller à Wœrth ; la 5e batterie du 12e revenant au combat, au sud de cette route ; la batterie de mitrailleuses de la division Pellé, 10e du 9e, près d'Elsasshausen.

Ces batteries tiraient sur les colonnes d'infanterie pendant qu'elles descendaient les coteaux d'en face, qu'elles franchissaient la rivière, traversaient la vallée, et se rapprochaient des positions occupées. C'était seulement quand l'infanterie ennemie ne s'offrait pas en but à leurs coups qu'elles agissaient contre l'artillerie allemande. Celle-ci avait recommencé à tirer avec vivacité, et comme elle était assez nombreuse pour s'attaquer à tous les points à la fois, elle envoyait un déluge de projectiles en même temps sur notre artillerie et sur notre infanterie.

Les troupes qui traversaient la Sauer, à ou près de Wœrth, s'élevaient le long de la route de Frœschwiller et venaient renforcer les troupes déjà aux prises à mi-côte, soit avec la brigade l'Hérillier, soit avec la brigade Lefebvre. Sur tout le front de la division Raoult la lutte devenait plus ardente d'instant en instant. Le 8e bataillon de chasseurs (4 compagnies), commandant Poyet, fut envoyé en renfort dans le bois de Frœschwiller.

A la grande reprise de la bataille, après midi, les troupes qui débouchèrent les premières des environs de Spachbach se portèrent contre le Niederwald où se trouvait le 3ᵉ zouaves de la division Lartigue ; celles qui arrivèrent ensuite se dirigèrent contre la division Conseil Dumesnil. Le 1ᵉʳ bataillon du 2ᵉ zouaves, renforcé des deux compagnies du 8ᵉ bataillon de chasseurs encore disponibles, combattit à partir de ce moment plutôt avec les troupes de la division Conseil qu'avec celles de sa propre division. Les Prussiens, faisant entrer de nouvelles batteries en ligne, avaient porté à 72 le nombre de leurs pièces établies sur le mamelon de Gunstett.

Le bataillon Billot, du 56ᵉ, quitta le point situé au nord du Niederwald, d'où il tiraillait avec l'ennemi posté le long de la route de Haguenau, pour aller garnir la portion de lisière de bois qui était en arrière de lui.

Les compagnies du 21ᵉ de ligne et du 17ᵉ bataillon de chasseurs furent assaillies par un feu des plus vifs, ainsi que le 3ᵉ bataillon du 2ᵉ zouaves, commandant Figarol.

Des hauteurs opposées, les batteries allemandes préparaient les attaques de l'infanterie, en couvrant de projectiles les positions occupées par la division Conseil Dumesnil qui était, comme on le sait, dépourvue de son artillerie. Le colonel Sumpt, chef d'état-major de cette division, alla trouver le maréchal, et en obtint 2 batteries de la réserve générale, batteries de 12 du 6ᵉ régiment d'artillerie, commandant Venot. L'une d'elles, 11ᵉ du 12ᵉ capitaine Rivals, vint de suite prendre position et ouvrir son feu en avant du 3ᵉ de ligne, un peu au sud d'Elsasshausen tandis que l'autre, 12ᵉ du 12ᵉ, capitaine Dupuy se tenait en réserve. Après avoir tiré quelques salves, la batterie Rivals prise à partie par plusieurs batteries prussiennes se retira derrière le Petit-Bois.

Le colonel Morand, du 21ᵉ de ligne, jugea possible d'éteindre le feu de l'artillerie ennemie en portant en avant les deux compagnies de son bataillon, qui n'étaient pas en tirailleurs, et en leur faisant exécuter des feux au commandement.

Ces deux compagnies, ayant dépassé la crête de terrain qui les abritait, se trouvèrent exposées à un feu d'artillerie et de mousqueterie terrible ; elles perdirent leur sang-froid et se mirent à répondre par un feu à volonté des plus violents. Le lieutenant-colonel Doineau et le commandant de Labeaume , qui étaient avec les compagnies, furent tués. Pendant que la ligne des tirailleurs placée en avant rétrogradait devant un ennemi devenu trop supérieur en nombre, le colonel Bocher, qui voyait ce mouvement de retraite, faisait avancer le 3e bataillon du 3e zouaves, commandant Morland. Ce bataillon se déploya, partie dans la clairière qui sépare le Petit-Bois du Niederwald , partie dans le saillant de la forêt touchant à la clairière. Il recueillit les tirailleurs qui battaient en retraite, et obligea les groupes ennemis qui le poursuivaient à s'arrêter.

Le colonel Champion porta également en avant le 3e de ligne, les trois bataillons déployés sur une seule ligne et dans l'ordre naturel [1]. Le 17e bataillon de chasseurs vint occuper la lisière orientale du Petit-Bois. Dès que le régiment eut atteint la crête du terrain, il fut assailli par une grêle de balles parties du mamelon du Calvaire et des vignes voisines. Le colonel Champion fit alors coucher le régiment et commencer le feu. Au bout de peu de temps, il pensa qu'il serait préférable d'enlever à la baïonnette le terrain couvert qui abritait l'ennemi. Il ordonne donc

---

[1] Dans ce mouvement, le 3e de ligne partit de la position occupée en ce moment derrière Elsasshausen , et se porta en avant du 17e bataillon de chasseurs. C'est la position d'où partit le 3e de ligne qui est marquée sur le croquis 2 ; en se portant en avant, tout le régiment laissa Elsasshausen à gauche.

de cesser le feu et fait battre la charge. L'épée haute, près du drapeau, il commande en avant. Le 3ᵉ de ligne s'avance dans un ordre magnifique qui en impose aux Prussiens. Ils se replient en désordre et ne s'arrêtent que sur les pentes du mamelon et dans les vignes où ils trouvent un abri. Une lutte des plus vives, des plus meurtrières s'engage alors. Les Français cherchent à expulser les Prussiens des vignes où ceux-ci se maintiennent avec opiniâtreté. Tantôt on se fusille presque à bout portant, tantôt on s'élance les uns sur les autres à la baïonnette. Le 1ᵉʳ bataillon du 2ᵉ zouaves agit de concert avec le 3ᵉ de ligne. Les continuels mouvements de va et vient qui se produisent rompent les rangs et confondent les régiments. Le Calvaire est le centre d'un combat acharné, où luttent mélangés des hommes du 3ᵉ et du 21ᵉ de ligne, du 2ᵉ zouaves et du 17ᵉ bataillon de chasseurs. Cette petite éminence est prise et reprise plusieurs fois. Le colonel Champion, percé de trois balles, est obligé de quitter le champ de bataille, et cède le commandement de la 1ʳᵉ brigade au colonel Morand. Ainsi, le combat allait toujours en augmentant d'intensité, aussi bien à la division Conseil Dumesnil qu'à la division Raoult (1 heure et demie).

Suite du combat à la division Lartigue. Nous avons laissé la division Lartigue en face des troupes de Bose, qui se tenaient sur la défensive le long de la rive gauche de la Sauer. Si de ce côté le combat se réduisait alors à une fusillade sans importance, il était facile de prévoir qu'il n'en serait pas longtemps ainsi. Les nombreuses colonnes que l'on avait vu sortir de la forêt de Surbourg, et dont on suivait la marche depuis plus d'une heure, se rapprochaient de Spachbach, de Gunstett et de Durrenbach, dont le pont sur la Sauer était resté intact comme celui de Gunstett.

L'ennemi, après avoir passé la Sauer à Spachbach sur des ponts jetés à la hâte, se porta contre le Niederwald, puis contre les positions de la division Dumesnil, ainsi que nous l'avons déjà dit. Il franchit en même temps la rivière à Gunstett pour attaquer la division Lartigue par son centre, et à Durrenbach pour la tourner par sa droite.

Suivons le développement de ces différentes attaques.

Le 1er et le 2e bataillon du 3e zouaves occupaient la partie orientale du Niederwald, tandis que le 3e bataillon se trouvait près et à l'ouest du Petit-Bois.

Dès que l'on prévit le renouvellement de l'attaque, le bataillon Billot du 56e revint occuper la lisière de ce bois, concurremment avec les zouaves. Les tirailleurs, qui garnissaient le bord de la forêt, firent subir des pertes considérables à l'ennemi pendant sa marche à découvert à travers la vallée. Les zouaves ne purent arrêter l'élan des troupes, très supérieures en nombre, qui se précipitaient contre eux ; ils durent se retirer à l'intérieur du bois. Le 2e bataillon du 56e, moins violemment attaqué, se maintenait en position, et entretenait une vive fusillade avec l'ennemi posté dans des houblonnières voisines. Celui-ci ayant pénétré avec les zouaves dans le fourré, la lutte y acquiert bientôt une intensité extraordinaire. Le 1er bataillon, commandant Charmes, est aussi violemment engagé que le 2e, qui a reçu le premier choc.

Nous nous rappelons qu'au nord de la forêt, l'ennemi ayant fait reculer la ligne des tirailleurs de la division Conseil Dumesnil, le colonel Bocher avait fait entrer en ligne le 3e bataillon. Quatre de ses compagnies avaient occupé les emplacements indiqués ci-dessus, les deux autres ayant rejoint le gros du régiment sous bois. L'ennemi, maître de la portion orientale du Niederwald, ne pouvait s'emparer du saillant situé vis-à-vis du Petit-Bois, que défendait le commandant Morland. A plusieurs reprises, les Prussiens s'élancèrent à découvert pour se porter directement contre la lisière qu'occupaient les zouaves. Ils ne purent jamais l'atteindre. Ils durent toujours rentrer décimés dans le taillis. L'ardeur de la lutte, l'épaisseur du fourré, la nature accidentée du sol amènent bientôt le mélange des compagnies du 3ᵉ zouaves, rendent impossible toute direction, et toute action d'ensemble. Chaque officier, réunissant autour de lui le plus d'hommes qu'il peut, agit d'après sa propre inspiration et selon les nécessités du moment. Tantôt il se cramponne au sol avec son groupe, tantôt il se précipite avec fureur contre l'ennemi et le charge à la baïonnette. Cette lutte acharnée devait durer longtemps.

Pendant que ce combat se poursuivait sous bois, les choses tournaient au plus mal sur le plateau découvert au sud du Niederwald.

Les tirailleurs du 3ᵉ turcos, qui étaient en avant du front de la division Lartigue, durent d'abord reculer devant les forces qui débouchaient par le pont du moulin de Bruck. Les batteries de Gunstett préparaient l'attaque de l'infanterie ennemie, en inondant de projectiles le plateau de Morsbronn, la ferme du Lansberg et les batteries de la division. Celles-ci, alors placées près de la croisée des chemins allant de Frœschwiller à Morsbronn et d'Eberbach à Gunstett, changeaient fréquemment de position, pour se soustraire autant que possible à l'action de l'artillerie ennemie, et tiraient sur les Prussiens pendant qu'ils traversaient la vallée. Elles leur occasionnèrent quelques pertes.

Le 56ᵉ de ligne se maintenait sur la route de Haguenau, en entretenant une vive fusillade avec l'ennemi qu'il avait vis-à-vis de lui, le long de la Sauer et aux alentours de Gunstett.

Les colonnes ennemies qui passèrent la Sauer au pont du moulin s'avancèrent en laissant le 56ᵉ à leur gauche, et se portèrent contre les turcos. Ceux-ci assaillis par des forces très supérieures furent forcés de rétrograder sur le sommet des pentes qu'ils occupaient. De là, ils exécutèrent des feux rapides à 500 mètres qui arrêtèrent un moment les progrès de l'ennemi.

La compagnie du 1ᵉʳ bataillon de chasseurs, qui occupait la ferme du Lansberg, fut obligée de l'abandonner ; les bâtiments étaient criblés d'obus et brûlaient.

Les colonnes qui passèrent la Sauer près de Durrenbach, laissèrent, elles, le 56ᵉ à leur droite. Les unes se portaient sur Morsbronn et contre le flanc droit de l'armée, les autres prolongeaient le mouvement enveloppant entrepris par le général Bose, à qui Fortstheim servait de point de direction.

Le 56ᵉ, assailli par le feu de l'ennemi qui marchait sur Morsbronn, étendit sa ligne à droite, et l'infléchit en arrière pour garantir son flanc.

Un officier d'état-major fut envoyé prévenir le maréchal que la division Lartigue avait engagé jusqu'à son dernier homme, et qu'elle allait être impuissante à arrêter le mouvement enveloppant entrepris par la gauche de l'ennemi. Cet officier revient peu de temps après avec le colonel Broye, aide-de-camp du maréchal. Ils annoncent que la division de Lespart du 5ᵉ corps est partie de Bitche à quatre heures du matin. Les officiers d'état-major courent annoncer la nouvelle aux troupes, et portent l'ordre de tenir ferme. L'espoir que la division pourrait arriver à temps ranime tous les cœurs.

Le général de Lacretelle, qui observait du clocher de

Morsbronn , voyant qu'il était temps d'abandonner ce village, si on ne voulait pas y être pris à revers, ordonna aux deux compagnies de turcos qui s'y trouvaient de l'évacuer. Le colonel d'Andigné fit occuper par les turcos le bouquet de bois qui est au sud de l'Eberbach.

Les Prussiens entrèrent aussitôt dans Morsbronn, leur extrême gauche commençant à converser à droite, pour prendre par derrière ce qui restait sur le plateau. Le 56e était de plus en plus exposé dans la position avancée où il continuait à combattre, et d'où aucun ordre ne venait le rappeler.

Les turcos, auxquels étaient mélangés des hommes de tous les régiments de la division, cherchaient à se maintenir sur une ligne s'étendant du bois d'Eberbach au Niederwald, partie est. Mais les cartouches commençaient à manquer, et les rangs des combattants s'éclaircissaient rapidement ; une attraction invincible entraînait les hommes vers l'Eberbach. Les officiers ne pouvaient exercer qu'une faible action sur les débris de ces troupes confondues et décimées, qui voyaient toute lueur d'espoir s'évanouir.

Les batteries de la division, trop menacées par l'approche des tirailleurs ennemis, se retirèrent et allèrent prendre position sur les coteaux de la rive gauche de l'Eberbach.

Charge de la brigade Michel. Le général Lartigue, dans l'intention de protéger la retraite de sa division, envoya un officier demander au général Duhesme de faire charger un des régiments de la brigade Michel.

Le général Duhesme avait l'ordre d'obtempérer aux requêtes de cette nature qui lui seraient adressées. Il se prépara avec tristesse à exécuter le mouvement qu'exigeaient les circonstances, mais dont il entrevoyait les conséquences désastreuses.

Le terrain que la charge avait à parcourir allait en descendant vers Morsbronn. Il était couvert de vergers et de haies sur la gauche de la direction à suivre, coupé de vignes et de houblonnières aux alentours du village.

Lorsqu'arriva la demande du général Lartigue, la brigade Michel se trouvait toujours auprès du Niederwald, à la même position que le matin. Les deux escadrons du 6ᵉ lanciers formant la cavalerie divisionnaire du général Lartigue étaient près du 9ᵉ cuirassiers. Ce dernier régiment n'avait là que trois escadrons ; il en avait laissé un à la garde des bagages.

Le général Michel fit d'abord faire à sa brigade un changement de direction qui la plaça face au sud. Puis il la porta en avant, rangée dans l'ordre suivant : le 8ᵉ cuirassiers en première ligne, formé en colonne par pelotons ou escadrons ; le 9ᵉ en deuxième, déployé et débordant par sa droite le 8ᵉ. Le 6ᵉ lanciers suivit le mouvement de la brigade, en prenant la droite du 9ᵉ cuirassiers.

La colonne se trouva de suite exposée à un feu assez vif de tirailleurs venant de la gauche, qui jeta par terre quelques hommes et quelques chevaux.

Au-delà de la route d'Eberbach à Gunstett, le 8ᵉ cuirassiers, colonel Guyot de la Rochère, partit pour la charge tout en cherchant à se former par demi-régiment. Le 9ᵉ cuirassiers, colonel Waternau, et le 6ᵉ lanciers suivirent le mouvement. Le général Michel marchait en tête du 8ᵉ cuirassiers. Le général Duhesme, atteint de la maladie qui l'enleva quelques jours plus tard, pouvant à peine se tenir à cheval, ne put conduire la charge [1].

------

[1] Le général Duhesme mourut deux ou trois semaines après la bataille de Froeschwiller.

Sous les obus venant de Gunstett, sous le feu meurtrier partant des haies, des vignes et des houblonnières, les cavaliers s'élancent, puis le 8e cuirassiers appuie à gauche, le 9e cuirassiers et le 6e lanciers appuient à droite.

Les escadrons désunis arrivent devant des lignes d'infanterie déployées qui les couvrent de balles. Ils poursuivent leur course avec un admirable courage, passent à travers les intervalles des bataillons ennemis.

Le 8e cuirassiers atteint la route de Frœschwiller à Morsbronn près de ce village, que les Prussiens ont évacué pour se porter sur le plateau ; puis il se précipite au galop dans Morsbronn, le traverse de l'est à l'ouest et se dirige par groupes vers l'Eberbach.

Le 9e cuirassiers et le 6e lanciers joignent la route qui pénètre dans Morsbronn du côté ouest. Les Prussiens garnissaient les vignes des deux côtés de la route, et commençaient à rentrer dans Morsbronn. Ils avaient eu le temps de barricader les points par où ce chemin conduit dans le village. Les cuirassiers et les lanciers se trouvent arrêtés pêle-mêle sur la route, et dans l'impossibilité de se servir de leurs armes. L'ennemi les fusillait à bout portant des vignes et des maisons voisines. C'était une horrible boucherie d'hommes et de chevaux.

Les obstacles sont cependant écartés par quelques hommes démontés. Les rares cavaliers encore à cheval se précipitent dans le village ; mais ils le trouvent entièrement réoccupé par les Prussiens qui garnissent les maisons, gardent toutes les issues. Des fenêtres partent des coups de fusil qui abattent les cuirassiers galopant au hasard à travers les rues. Dans l'espoir de s'échapper, ces braves cavaliers tentent des charges désespérées dans toutes les directions. Le colonel Waternau se met à la tête de chaque groupe qu'il rencontre, et se rue avec lui sur l'ennemi. Vains efforts, il n'y a plus à combattre ; tout le monde est tué, blessé, démonté ou pris. Une quinzaine d'hommes du 9e cuirassiers, dont deux officiers, et à peu près égal nombre du 6e lanciers, voilà des cinq escadrons de ces deux régiments ayant chargé, ce qui peut échapper au désastre.

La charge des 8e et 9e cuirassiers leur a justement acquis l'honneur de la légende. Le 6e lanciers mérite d'être associé dans l'admiration publique à ces deux vaillants régiments, que l'usage s'est plu à nommer les cuirassiers de Reichshoffen ; — celui de cuirassiers de Morsbronn serait plus logique.

Après être sortis de Morsbronn, les débris du 8e cuirassiers rencontrèrent une ligne de tirailleurs ennemis, qui tenaient la gauche du grand mouvement tournant du XIe corps. Là ils essuyèrent encore au passage une fusillade meurtrière. Plus loin ils aperçurent des hussards prussiens. Ils arrêtèrent alors leurs chevaux essoufflés, se rangèrent sur une seule ligne, prirent leur sabre dans la main gauche, leur revolver dans la main droite et attendirent fièrement l'ennemi qui venait sur eux au galop. A 15 mètres de distance, officiers et soldats déchargèrent leurs armes ; les hussards surpris firent demi-tour. Les débris du 8e cuirassiers se remirent alors en marche, prirent un peu de repos auprès de Gumbrechtshoffen, atteignirent la route de Saverne, et se retirèrent sur cette ville, où ils arrivèrent dans la nuit avec le général Michel. Ce régiment était réduit de moitié.

La charge de la brigade Michel ne permit en aucune façon à la division Lartigue de rétablir le combat. Cependant elle atteignit en partie son but. Elle suspendit un moment les progrès de l'ennemi sur le plateau. Elle sauva probablement le 56ᵉ de ligne très compromis, et permit à la division de se retirer dans de moins mauvaises conditions.

En même temps qu'il était enjoint à la brigade de charger, des officiers portaient dans toutes les directions l'ordre de sonner la retraite.

Il eût été très difficile de se retirer sans se donner d'abord un peu d'air, sans refouler à quelque distance les Prussiens trop rapprochés.

Pendant la diversion des cuirassiers, on forma quelques groupes composés de turcos et d'hommes des autres régiments ; puis ces groupes furent lancés contre l'ennemi, qui dut rétrograder le long du versant oriental du plateau.

Deux compagnies du 3ᵉ zouaves avaient été jusqu'ici peu engagées. C'étaient les deux seules compagnies de la division qui ne fussent pas encore désorganisées.

Renforcées d'une centaine d'hommes, zouaves, turcos, etc., elles se portèrent à 5 ou 600 pas en avant au sud du Niederwald, et après le passage des cuirassiers, elles exécutèrent des feux de salves qui suspendirent momentanément la marche des Allemands débouchant de Morsbronn. Ces compagnies furent très éprouvées et le commandant Charmes qui les accompagnait fut blessé mortellement.

Pendant que la charge s'accomplissait, le colonel Ména jugeant qu'il était impossible de rester plus longtemps sur la route de Wœrth à Haguenau, prenait sur lui de ramener le 56ᵉ sur le sommet du plateau.

Peu à peu les fractions de corps demeurées sur le plateau allèrent rejoindre celles qui se trouvaient déjà au-delà de l'Eberbach. Le 56ᵉ tenait la queue dans cette marche rétrograde. Les Prussiens débouchant alors

en masse de Morsbronn, couvrirent de leurs feux le 56°
déjà fort maltraité; officiers et soldats tombaient à chaque
pas. Le colonel Ména fut frappé de six balles.

On chercha à rallier les hommes des divers corps
passés sur la rive gauche de l'Eberbach, et à organiser un prolongement de défense en ce point. Les généraux de la division, qui n'avaient cessé d'être aux
postes les plus périlleux, s'efforçaient de former autour
d'eux des groupes aussi nombreux que possible. Cependant le mouvement enveloppant des Prussiens continuait
par Fortstheim. Pour s'opposer au danger venant de la
droite, 5 à 600 turcos sous les ordres du lieutenant-colonel Barrué parvinrent à se déployer en tirailleurs sur la
crête qui s'étend d'Eberbach vers l'ouest, et sur laquelle
se trouvait l'artillerie divisionnaire. Mais, à bout de forces
et de munitions, ils quittèrent promptement la partie.
L'artillerie très menacée, reprit la marche en retraite. Le
général Lartigue, qui était dans un verger avec quelques
zouaves du 3ᵉ régiment, ne se décida à se retirer que
lorsque les Prussiens étaient sur lui. Les branches des
arbres hachées par les balles l'aveuglaient, lui et son
entourage ; le dernier lancier de son peloton d'escorte
tombait à ses côtés. Chez les vainqueurs, la fatigue arrêta
presque aussitôt la poursuite ; on répondit tout en marchant à leurs derniers coups de fusil. Il n'était plus possible de défendre aucune position. Les hommes étaient
harassés et sans munitions.

En arrivant auprès de Schirlenhoff, le 56ᵉ fut arrêté
pour rallier le 3ᵉ zouaves qui combattait encore dans le
Niederwald.

Les deux compagnies de ce régiment, dont le retour
offensif avait retardé les progrès de l'ennemi sur le plateau de Morsbronn, rétrogradèrent sur la lisière de la

Fin de la résistance de la division Larti-gue. Enlè-

vement du
Niederwald
par les
Prussiens.

forêt, pendant que les dernières fractions des autres corps de la division gagnaient l'Eberbach.

En même temps qu'ils dirigeaient leur extrème gauche contre les points momentanément occupés au-dessus de ce ruisseau, les Allemands qui se trouvaient en grand nombre sur le plateau, aux environs du Lansberg et au-dessus de Morsbronn, se précipitèrent contre le Niederwald. Le 3e zouaves fut dès lors en butte aux attaques d'une grande partie du corps Bose.

Nous avons laissé ce régiment aux prises avec des forces déjà supérieures en nombre, qui s'étaient emparées de la partie orientale de la forêt. Malgré sa résistance l'ennemi avait gagné du terrain sous bois. Le bataillon Billot du 56e menacé d'être entouré et pris, se retira vers l'Eberbach, puis sur Reichshoffen où il rallia le gros de son régiment. Les zouaves continuaient à lutter avec fureur en dépit de leurs pertes.

Les masses prussiennes qui couvraient le plateau de Morsbronn, s'élancèrent tambour battant contre la bordure sud du Niederwald. Les fractions du 1er bataillon du 3e zouaves qui la garnissaient exécutèrent des feux aussi rapides que possible, et ne firent demi-tour que lorsque les Prussiens furent à 50 pas.

Le bois fut envahi par tous les points de la lisière sud. Le colonel Bocher ordonna de cesser un combat qui ne pouvait amener que la destruction complète de son régiment. Le capitaine Saint-Marc chercha à rallier les zouaves sous la protection de groupes échelonnés. Les fractions qui purent être prévenues, rejoignirent avec le colonel le gros de la division, lequel avait quitté l'Eberbach et se dirigeait sur Reichshoffen.

Il restait dans le bois un grand nombre de soldats qui n'avaient pu être informés à temps de ce mouvement, et

qu'il était très pénible d'abandonner. C'est pourquoi le
56e fut arrêté auprès de Schirlenhoff pour les rallier.

Le capitaine Hervère descendit vers le Niederwald avec
un clairon et fit sonner la retraite dans toutes les directions. A cet appel, quelques groupes sortirent du bois conduits par des officiers pour la plupart blessés. D'autres se
virent la retraite coupée par l'ennemi, et continuèrent à
combattre. Tournant sur eux-mêmes, les malheureux
abandonnés passèrent plus d'une fois du découragement
à l'espérance, et de l'espérance au désespoir. Repoussé
de toutes parts, le capitaine Voisin rejoignit la partie du
bois où étaient réfugiés le capitaine Corps et le lieutenant Vermel : « Vous nous sauvez la vie, » dit ce dernier
au capitaine Voisin. — « Pas pour longtemps, » répond
le capitaine, « car nous sommes enveloppés de toutes
parts. »

Il était trop tard, en effet, et tous ces groupes tombèrent successivement entre les mains du vainqueur, après
avoir opposé la résistance la plus obstinée. C'est ainsi
que le commandant Morland, bien qu'entouré de tous
côtés, brûla jusqu'à sa dernière cartouche avant d'être
pris avec les 150 hommes encore debout autour de lui.
Dans cette dernière période de combats partiels, 8 officiers furent tués, 12 furent blessés.

Le combat du 3e zouaves dans le bois du Niederwald
sera un immortel titre de gloire pour ce régiment. Ses
pertes prouvent mieux son héroïsme que tous les éloges.

Il y eut 19 officiers tués, 21 blessés; sur 2,000 hommes
que le régiment comptait le matin, il ne s'en retrouvait
plus que 415 à l'appel fait le 7 au soir à Saverne.
1,500 environ avaient été laissés dans le Niederwald,
presque tous tués ou blessés, moins de 300 ayant été
faits prisonniers.

Continuation du combat au centre et à la gauche.

—

Entrée en action du 1er corps Bavarois.

Pendant que l'aile droite était ainsi écrasée, le centre était l'objet d'attaques de plus en plus violentes, et à l'aile gauche, l'entrée en ligne du 1er corps Bavarois donnait au combat une nouvelle importance.

Vers une heure et demie, en effet, trois batteries bavaroises prirent position près de Gœrsdorff, et prolongèrent vers le nord la formidable ligne de l'artillerie allemande. Elles ouvrirent aussitôt un feu des plus vifs sur le bois de Frœschwiller; puis le 1er corps Bavarois commença à passer la Sauer, sous la protection de ces batteries, vis-à-vis de Gœrsdorff. Des détachements traversant le mamelon boisé qui se trouve entre la Sauer et le Soultzbach franchirent ce dernier cours d'eau à la scierie.

Les régiments qui garnissaient le bois de Frœschwiller, 2e turcos, 78e, 48e, 36e, 8e chasseurs, couvrirent de leurs feux ces troupes durant leur marche en avant. La batterie de mitrailleuses de Mornac, 8e du 10e, tirait sur les fractions qui arrivaient par la scierie.

En agissant de concert avec les Prussiens qui avaient repris le combat sur cette portion du champ de bataille, les Bavarois voulaient s'élever le long du chemin du Vieux-Moulin à Frœschwiller et enlever le bois défendu par le général Lefèvre.

Le général Raoult, qui ne disposait plus d'aucune réserve, envoya demander du renfort au général Ducrot. Celui-ci lui céda le 13e bataillon de chasseurs et deux bataillons du 18e de ligne, le 1er et le 3e.

Le bataillon de chasseurs, commandant de Bonneville, alla se joindre aux troupes qui combattaient mélangées dans le bois de Frœschwiller, Les deux bataillons du 18e furent placés en deuxième ligne dans la partie haute de ce bois.

Sous le feu violent de l'artillerie, plusieurs maisons de Frœschwiller étaient en flammes depuis longtemps. Dans l'intention de protéger ce village, le général Ducrot fit placer la batterie Biffe, 6ᵉ du 9ᵉ, en avant et près de Frœschwiller pour remplacer la 7ᵉ batterie du 9ᵉ qui avait achevé ses munitions. Bientôt la batterie Biffe fut couverte de projectiles.

A la brigade L'Hérillier, la lutte devenait aussi difficile qu'à la brigade Lefèvre. Le 2ᵉ zouaves épuisé ne pouvait plus que difficilement se maintenir sur le terrain qu'il occupait.

Le général Ducrot, voyant les Allemands accentuer leur attaque contre notre gauche, ordonna au général du Houlbec de se porter avec le 1ᵉʳ et le 2ᵉ bataillons du 1ᵉʳ zouaves dans le bois de Langensoultzbach, et d'en expulser l'ennemi, qui n'avait jamais cessé de l'occuper, et y revenait maintenant plus nombreux. Le 1ᵉʳ zouaves devait ensuite prendre position le long de la lisière du bois, de manière à commander complétement la route de Langensoultzbach, et à menacer le flanc droit de l'ennemi.

Le 1ᵉʳ bataillon entra dans le bois par la lisière sud. Le 2ᵉ le suivit formant réserve. Ils avançaient sans hésitation au milieu d'une vive fusillade et au prix de pertes cruelles, et l'ennemi, en dépit de sa grande supériorité numérique, commençait à reculer, quand un ordre du général Ducrot rappela les zouaves au sommet du plateau. Celui-ci venait de recevoir l'avis que les événements prenaient une tournure de plus en plus grave du côté de l'aile droite.

Nous avons laissé le combat à la division Conseil Dumesnil au moment où le colonel Champion venait d'être blessé. Peu de temps après le 3ᵉ de ligne fut

Continuation et fin du combat à la division Conseil Dumesnil.

obligé de rétrograder. La batterie de mitrailleuses, 10e du 9e, se retira devant l'approche des tirailleurs prussiens.

Dans le but de soutenir le 3e de ligne, le commandant Merchier porta en avant le 17e bataillon de chasseurs qu'il engagea un peu à l'est du Petit-Bois, et le général Conseil Dumesnil fit entrer en action le 1er bataillon du 47e, commandant Lesur, à la gauche des chasseurs.

Malgré l'appui de ces renforts, l'ennemi continuait, lentement il est vrai, à gagner du terrain. Les troupes engagées dans cette lutte terrible, 2e zouaves (1er bataillon), 3e et 21e de ligne, 17e chasseurs, commençaient à être à bout de forces. Elles étaient très réduites par leurs pertes. Il devenait urgent de faire agir un puissant renfort, si l'on voulait empêcher l'ennemi d'enlever la portion de la ligne au nord du Niederwald.

Mouvement offensif de la brigade Maire.

Le maréchal suivait depuis longtemps la marche du combat d'auprès d'Elsasshausen. Voyant le danger, il ordonna à la brigade Maire tenue en réserve un peu en arrière d'Elsasshausen, d'opérer un vigoureux retour offensif avec sa brigade, en prenant Wœrth pour objectif. De cette brigade, le bataillon Lesur du 47e avait été le seul engagé jusqu'ici.

Le général Maire disposa ainsi ses régiments[1] : le 47e, colonel de Grammont, 2e et 3e bataillons, commandants Galland et de Ravel, à droite ; le 99e, colonel de Saint-Hilaire, 2e et 3e bataillons, commandants Petit et Prieur, à gauche. Les bataillons étaient formés en colonnes doubles. Le 1er bataillon du 99e, commandant Varné-Janville, fut laissé en réserve auprès du Petit-Bois, avec le lieutenant-colonel de Joinville.

---

[1] Croquis 2.

Le général Maire porte de suite sa brigade en avant, le 3ᵉ bataillon du 47ᵉ laisssant Elsasshausen à sa droite. Ce village est depuis longtemps en flammes. Aussitôt que les bataillons ont dépassé la crête du terrain, ils sont criblés de balles et d'obus. Bien que déployés sans plus de retard, ils subissent des pertes énormes. Le général Maire fait battre la charge sans s'arrêter pour répondre au feu de l'ennemi. Le commandant Lesur, entendant le tambour, réunit ce qu'il peut de son bataillon, et se joint au gros de son régiment dont il tient la droite.

Le 47ᵉ et le 99ᵉ se précipitent en avant, baïonnette au canon, chassent l'ennemi du plateau du Calvaire, et le rejettent dans Wœrth. Mais arrivés au bas des coteaux, ils sont en butte à un feu épouvantable partant des maisons et des jardins de Wœrth, des fossés et des haies qui longent la route de Haguenau.

Ils cherchent à riposter de leur mieux. Le général Maire est frappé mortellement, le colonel de Grammont a le bras emporté par un obus. Une foule d'officiers et de soldats tombent tués ou blessés. Les débris de la brigade battent en retraite en suivant à peu près le même chemin qu'au départ. Les Prussiens débouchant de Wœrth les poursuivent vivement, et les accompagnent d'une fusillade meurtrière.

Pendant que la division Conseil Dumesnil devenait impuissante à résister sur son front, un nouveau danger se produisait sur sa droite.

Après avoir expulsé les zouaves du Niederwald, les Prussiens apparaissaient sur toute la lisière nord de la forêt; de là ils faisaient un feu de plus en plus nourri, prenant par leur flanc droit les troupes de la 1ʳᵉ brigade, qui cherchaient encore à résister, ainsi que celles de la brigade Maire qui rétrogradaient. Le colonel de Saint-

Hilaire reçut en ce moment une balle venant du Niederwald.

Le 1er bataillon du 99e se déploya entre Elsasshausen
et le Petit-Bois pour recueillir les fuyards. Les officiers
cherchèrent à arrêter le plus de monde qu'ils purent des
divers corps de la division, sur la route de Frœschwiller
à Morsbronn, au nord comme au sud d'Elsasshausen, et
de là, sous la direction du colonel Morand, du commandant Galland déjà blessé, du colonel de Saint-Hilaire qui
l'était également, ces fractions mélangées opposèrent
encore une certaine résistance.

Dans le Petit-Bois se trouvaient, outre quelques compagnies du 17e bataillon de chasseurs encore constituées,
des hommes d'une foule de régiments, aussi bien de la
division Lartigue que de la division Conseil Dumesnil, du
3e zouaves, du 56e, du 21e, du 47e, etc. Ces soldats livrés
presque à eux-mêmes, la plupart des officiers étant hors
de combat, dirigeaient un feu violent contre le Niederwald, et empêchaient les Allemands d'en déboucher.

Les batteries de Gunstett avaient suivi les progrès de
l'infanterie de leur corps d'armée. Elles commençaient à
prendre position au nord du Niederwald et à tirer sur
Elsasshausen.

Retour offensif de la brigade L'Hérillier.

Pendant que la brigade Maire était ramenée, le général
L'Hérillier tentait un suprême effort.

A la brigade L'Hérillier, comme à peu près partout à
cette heure, compagnies, bataillons, régiments même,
étaient plus ou moins confondus : zouaves du 2e régiment,
soldats du 36e de ligne (3e bataillon) et du 8e bataillon de
chasseurs combattaient pêle-mêle sur une ligne qui se
rapprochait à chaque instant de Frœschwiller.

Le général L'Hérillier, après avoir cherché à remettre
un peu d'ordre dans les troupes qui tenaient encore,

lève son képi au-dessus de sa tête et commande en
avant. Il s'élance à cheval sur la route de Wœrth, suivi
de ses deux aides de camp. Tout le monde entraîné par
son exemple le suit au pas de course. On fait ainsi
quelques centaines de mètres sous un déluge de balles et
d'obus. Le général L'Hérillier et ses deux officiers d'état-
major sont blessés. Les faibles débris de sa brigade,
encore sensiblement amoindris par leurs pertes, voient
l'impossibilité de pousser plus loin et reviennent vers
leur première position.

Le maréchal, voyant le centre de l'armée de plus en
plus menacé, avait prescrit au général Colson, son chef-
d'état-major, d'aller chercher du secours. Celui-ci obtint
du général Ducrot le 96ᵉ de ligne de la brigade Wolff,
lequel n'avait presque pas encore été engagé.

Sur l'ordre du général Forgeot, commandant l'artillerie
du 1ᵉʳ corps, les deux batteries de la division de cavalerie
Bonnemains, commandant Astier, tenues jusqu'alors en
réserve, allèrent prendre position un peu à l'ouest
d'Elsasshausen et ouvrirent le feu contre l'ennemi qui
gravissait les coteaux.

Le 96ᵉ occupait encore le point où il s'était placé le
matin à Frœschwiller. « Le maréchal compte sur vous »
avait dit le général Colson au colonel de Franchessin, en
lui désignant Elsasshausen comme le point à atteindre.
L'entrée en action du 96ᵉ allait permettre de conserver
quelques instants de plus les emplacements de combat
de la division Conseil Dumesnil.

Ce régiment formé en colonnes par pelotons, la droite
en tête, prit en partant de Frœschwiller une direction à
l'ouest du chemin de ce village à Morsbronn. Il suivait
une dépression de terrain où il était à peu près à couvert
des feux de l'ennemi. Lorsque le centre du régiment

arriva à hauteur d'Elsasshausen, les bataillons se formèrent en colonnes doubles et tournèrent à gauche. Aussitôt qu'ils eurent atteint la crête du terrain et eurent été
aperçus par l'ennemi, ils furent couverts de projectiles.
Le 1ᵉʳ bataillon se dirigea sur le Petit-Bois avec le colonel,
le 2ᵉ sur Elsasshausen qui n'était pas encore occupé par
les Prussiens, le 3ᵉ à gauche de ce hameau.

Elsasshausen continuait à brûler. Les maisons qui n'é-
taient pas la proie du feu étaient encombrées de morts et
de blessés.

Les débris de divers régiments tenaient encore dans le
Petit-Bois. Lorsque le 1ᵉʳ bataillon du 96ᵉ y eut pénétré,
il se dirigea vers la lisière sud, et il ouvrit une fusillade
très vive sur l'ennemi qui occupait la lisière opposée du
Niederwald. Ce feu ne dura que quelques instants. Le
colonel de Franchessin, le faisant cesser, marcha résolù-
ment sur les Prussiens par la route de Morsbronn. Ceux-
ci furent étonnés de l'entrée en action de ces troupes
fraîches et encore organisées. La brusquerie de l'attaque
les surprit. Ils se replièrent sur leurs réserves qui s'a-
vançaient à l'intérieur du Niederwald. Mais ils se repor-
tèrent de suite en masse en avant. Le 1ᵉʳ bataillon du
96ᵉ, en présence de forces extrêmement supérieures, dut
rétrograder au moment où il atteignait la lisière du Niederwald. L'ennemi le suivit à travers la clairière, et pénétra
pêle-mêle avec lui dans le Petit-Bois dont il s'empara.

Le colonel de Franchessin avait été tué dans cette action qu'il avait menée de la façon la plus vigoureuse. Il
avait reçu quatre balles ou éclats d'obus.

Le 2ᵉ bataillon arrivait derrière le 1ᵉʳ dans le Petit-
Bois, quand celui-ci battait en retraite. Les deux bataillons se replièrent ensemble et furent ralliés par le colonel Bluem un peu en arrière d'Elsasshausen.

Le 3e bataillon avait été assailli d'un tel feu en atteignant la crête du terrain, qu'il s'était retiré peu après s'être déployé. Il se réunit aux deux autres.

Le général Colson se trouvait à cheval avec le maréchal auprès d'Elsasshausen et examinait le retour offensif du 96e, quand il fut tué par une balle.

Pendant que le 96e repoussé se ralliait, le 18e était retiré du bois où il se trouvait, traversait Frœschwiller, et venait se placer à l'extrémité sud du village, près de l'église.

Le 18e étant ainsi placé à la gauche du 96e dont il était séparé par un certain intervalle, le général Wolff fait battre la charge, et se porte avec ces deux régiments contre l'ennemi, qui atteignait presque le sommet des coteaux. Le 18e longe à droite la route qui descend à Wœrth, le 96e s'avance au nord d'Elsasshausen.

En même temps les régiments de la division Bonnemains étaient lancés à la charge ; le 1er bataillon du 99e, renforcé de soldats de divers régiments, et les deux batteries du commandant Astier tiraient à outrance sur le Petit-Bois maintenant occupé par les Prussiens.

Cette vigoureuse offensive obligea tout d'abord l'ennemi à reculer ; mais bientôt elle expira sous un feu épouvantable. Le 18e de ligne, après avoir dépassé les maisons qui bordent la route de Wœrth, chercha en vain à pousser plus loin et dut rétrograder. Le 96e, déjà fortement éprouvé, fut de même obligé de rebrousser chemin.

Après la retraite de la division Lartigue, après la défaite de la division Conseil Dumesnil, consommée par l'insuccès de la brigade Maire, après l'échec du général L'Hérillier, il était impossible de conserver aucun espoir sur l'issue de la bataille. Le maréchal devait avoir perdu toute illusion. On peut admettre sans témérité qu'il ordonna les retours offensifs de la brigade Wolff, que nous venons de raconter, et les charges que nous allons décrire, dans l'espérance non de ressaisir la victoire, mais simplement de protéger ainsi la retraite de son armée. La manière dont les régiments de la division de cavalerie de réserve furent engagés les uns après les autres prouve que le maréchal avait alors seulement l'intention de gagner du temps.

Lorsque le général Bonnemains reçut l'ordre de faire charger ses cuirassiers, sa division n'était plus à l'endroit où elle s'était mise le matin, adossée au Grosser-Wald, près et au sud de la route de Frœschwiller. Elle avait été obligée de changer de place à plusieurs reprises pour éviter les projectiles, et maintenant la première brigade, 1er et 4e cuirassiers, général Girard, se trouvait en arrière d'Elsasshausen, tandis que la deuxième brigade, 2e et 3e cuirassiers, général de Brauer, étaient à quelque distance à la gauche de la première. L'une et l'autre étaient défilées par les crêtes du terrain.

Le sol sur lequel allait agir la cavalerie lui était extrêmement défavorable. De nombreux fossés, des arbres, des vignes et des houblonnières présentaient des obstacles à son action en même temps que d'excellents abris à l'infanterie prussienne.

Le 1er cuirassiers, colonel de Vandœuvre, reçoit le premier l'ordre de charger. Chaque escadron se porte successivement au galop dans la direction de Wœrth et recommence deux fois le même parcours. On voyait, en passant, nos tirailleurs aux prises avec ceux de l'ennemi embusqués derrière les abris du sol. Le 1er cuirassiers n'aperçut pas à vrai dire de troupes prussiennes, cependant des balles nombreuses venaient s'aplatir contre les cuirasses. Ce régiment ne subit que des pertes très légères.

Le 4ᵉ cuirassiers, colonel Billet, entre à son tour en action. Ses quatre escadrons chargent successivement et à peu près dans la même direction que les précédents.

Le 1ᵉʳ escadron avait commencé le mouvement ; mais il dut bientôt s'arrêter en face d'une houblonnière dont la lisière était garnie de Prussiens qui faisaient un feu d'enfer. De même pour le 2ᵉ. Des tirailleurs, à l'abri derrière des haies, couvraient les escadrons d'une grêle de balles pendant l'aller et le retour ; en même temps, des batteries situées au sud-est d'Elsasshausen envoyaient des obus et de la mitraille. Ces deux escadrons firent des pertes sensibles.

Le colonel Billet se mettait successivement à la tête de ses escadrons pour charger.

Le général Girard ayant ordonné de pousser les charges plus à fond, le colonel Billet prend avec le 4ᵉ escadron une petite vallée située un peu à gauche et descendant sur Wœrth. Il est suivi à quelques centaines de mètres par le 5ᵉ escadron. Les balles, les obus et la mitraille produisent de larges vides dans les rangs. Les morts et les blessés marquent le passage des escadrons. Après avoir ainsi parcouru une certaine distance, le 4ᵉ escadron tombe dans un verger au milieu de tirailleurs embusqués. Les balles se croisent dans tous les sens, et il est impossible aux assaillants d'atteindre leurs adversaires. Le 4ᵉ escadron fait demi-tour. Le colonel Billet a son cheval tué, disparaît et passe pour mort. Le 5ᵉ escadron tourne bride en voyant revenir le 4ᵉ, et tous les deux reviennent vers le point de départ en subissant un feu terrible. Le 4ᵉ cuirassiers avait perdu 170 tués, bles-

sés et disparus, appartenant pour une bonne partie au
4ᵉ escadron.

La brigade Brauer chargea après la brigade Girard.
Les régiments étaient formés en colonne par demi-régiment.

Le 2ᵉ cuirassiers, colonel Rossetti, continua le mouvement après le 4ᵉ cuirassiers. Le 1ᵉʳ demi-régiment partit
le premier contre des tirailleurs montant de Wœrth, et
en arrière desquels marchaient des lignes épaisses d'infanterie. A la vue des cuirassiers, les tirailleurs ennemis
se jettent dans les vergers et dans les houblonnières.
Après avoir rencontré des hommes de nos divers régiments qui battaient en retraite, le 2ᵉ escadron arrive devant un fossé large de deux mètres bordé de pommiers.
En sautant cet obstacle, beaucoup de chevaux et de cavaliers tombent, et les balles pleuvent au milieu de cet
amas d'hommes et de chevaux.

Le 1ᵉʳ escadron, qui galopait un peu à la droite du 2ᵉ,
s'engagea sur un terrain de même nature, couvert de
Prussiens dont il fallut essuyer le feu à moins de trente
mètres. Le peloton de droite culbuta dans une houblonnière. L'escadron arriva ensuite dans une plaine balayée
par les obus et la mitraille. On fit alors sonner la retraite,
qui fut opérée sous le feu de l'artillerie ennemie.

Les 3ᵉ et 4ᵉ escadrons suivaient à quelques minutes
d'intervalle. Ils prirent leur direction un peu plus à
droite, mais ne furent pas moins éprouvés. Comme le
2ᵉ escadron, ils rencontrèrent un fossé qui leur fut fatal.
Quelques cavaliers arrivèrent isolément jusque sur un
canon prussien placé à l'angle d'un verger. Les artilleurs
qui s'étaient jetés derrière des arbres revinrent à leur
pièce dès que les cuirassiers se furent retirés. Très peu de
cavaliers avaient pu aborder l'ennemi.

Les pertes du 2ᵉ cuirassiers étaient presque aussi fortes que celles du 4ᵉ. Elles s'élevaient à 150 tués, blessés et disparus.

Le 3ᵉ cuirassiers, colonel de Lacarre, s'ébranlait à son tour lorsque le maréchal ordonna de cesser les charges. Le colonel de Lacarre reçut en ce moment un obus qui lui enleva la tête.

Ces charges avaient atteint jusqu'à un certain point le but cherché, en suspendant quelque peu les progrès de l'ennemi.

Pendant ces charges, les Prussiens, désorganisés par la première attaque du 96ᵉ, s'étaient ralliés dans le Petit-Bois, sur lequel le 1ᵉʳ bataillon du 99ᵉ et les batteries de la division Bonnemains dirigeaient un feu d'une extrême vivacité. Des batteries prussiennes de plus en plus nombreuses s'étaient établies à l'est d'Elsasshausen, sur le coteau qui porte le Calvaire. Elles couvraient d'obus le village et les débris de troupes qui occupaient encore ses abords. Tout d'un coup des masses de tirailleurs débouchant du Niederwald et du Petit-Bois se précipitèrent en avant en poussant des hurrahs formidables. Les fantassins qui tenaient encore furent obligés de se jeter dans le Grosser-Wald. Les deux batteries de la division de cavalerie durent abandonner un canon et quatre mitrailleuses entre les mains des Prussiens. La plupart de leurs officiers étaient hors de combat. L'ennemi s'empara sans difficultés d'Elsasshausen, où il n'y avait presque que des morts et des blessés.

Les deux batteries du commandant Astier se remirent en position à 500 ou 600 mètres du point qu'elles avaient quitté, tirèrent quelques coups à mitraille, puis reculèrent encore et allèrent prendre un troisième emplacement de combat auprès de la brigade Brauer, alors en train de charger.

On dirait que l'artillerie ait tenu à démontrer, dans cette dernière période de la bataille, qu'elle possédait l'esprit de sacrifice à un aussi haut degré que l'infanterie et que la cavalerie.

La division Bonnemains était encore en train de charger, lorsque la réserve générale d'artillerie, commandée par le colonel de Vassart, se déploya entre Frœschwiller et Elsasshausen pour chercher, de même que les cuirassiers, à ralentir les progrès des Prussiens. Le mouvement s'exécuta sous la direction du général Forgeot. Les huit batteries de la réserve vinrent à peu près simultanément prendre les emplacements suivants :

Les 5e et 11e batteries du 9e se mirent en batterie au nord d'Elsasshausen face au sud.

Les 1re, 2e, 3e et 4e batteries du 20e se portèrent au galop sur la crête du terrain face à Wœrth et au sud de la route de Frœschwiller à ce village.

Les 11e et 12e batteries du 6e s'intercalèrent entre les batteries du 9e et du 20e.

Voyons d'abord ce qui se passa aux batteries du 9e. Les Prussiens entraient dans Elsasshausen au moment où celles-ci s'établissaient en face de ce village. Continuant audacieusement leur marche, ils s'élancèrent sur les bouches à feu, qui leur envoyaient des décharges de mitraille à bout portant, et étaient au milieu d'elles, sans qu'on eût pu tirer plus de deux ou trois coups par pièce. Dans chaque batterie, ils s'emparèrent de trois canons qu'on n'avait pu remettre sur les avant-trains et emmener assez tôt. Le colonel de Vassart fut mortellement blessé auprès de la 11e batterie du 9e.

Les batteries du 6e et du 20e ne furent guère plus heureuses. En arrivant sur leurs emplacements de combat, elles se trouvèrent en face des tirailleurs prussiens ;

ceux-ci étaient suivis des fortes colonnes qui gravissaient les coteaux, montant vers Elsasshausen et Frœschwiller. Une pluie de balles et d'obus jeta en quelques minutes un grand nombre d'hommes et de chevaux par terre. La plupart des pièces parvinrent à remettre les avant-trains et à se dérober à temps. Cependant quatre pièces du 20ᵉ et trois pièces du 6ᵉ restèrent entre les mains de l'ennemi. Quelques pièces du 20ᵉ, en très petit nombre, se maintinrent en batterie un peu plus longtemps que les autres. Tirant à mitraille, elles purent arrêter quelques instants les Prussiens dont elles éclaircirent les rangs. Le lieutenant-colonel Grouvel ne leur donna l'ordre de la retraite que lorsque l'ennemi allait s'en rendre maître.

Les différentes batteries de la réserve se dirigèrent de suite sur Reichshoffen, soit par des chemins qui y mènent à travers le Grosser-Wald, soit par la route qui y descend de Frœschwiller.

On parvint néanmoins à remettre en position, avant d'arriver à cette route, quelques pièces appartenant à diverses batteries.

Les canonniers, sous la direction des lieutenants-colonels Grouvel et de Brives, envoyèrent les dernières boîtes à mitraille qui étaient dans les coffres, sur les colonnes prussiennes qui se rapprochaient de Frœschwiller.

Le 1ᵉʳ turcos n'avait pas encore donné. Ce n'était certes pas que son moral eût été ébranlé par les pertes qu'il avait éprouvées au combat de Wissembourg. On va s'en convaincre.

Retour offensif du 1ᵉʳ turcos.

Au moment où la réserve générale d'artillerie se déployait, ce régiment était formé en bataille un peu en arrière d'Elsasshausen, défilé par la crête du terrain, les bataillons disposés en ordre inverse.

Lorsque les tirailleurs prussiens débouchant d'Elsasshausen envahirent les batteries du 9ᵉ placées près de ce village, un frémissement d'impatience parcourut les rangs des turcos. Le 3ᵉ bataillon, commandant de Lammerz, se porta en avant contre les tirailleurs que suivaient de grosses masses sortant de tous les côtés des bois qui se trouvent au sud.

Les Prussiens s'arrêtent à cette vue et hésitent à faire demi-tour. Les 2ᵉ et 4ᵉ bataillons, commandants Sermensan et de Coulanges, se portent vivement à hauteur du bataillon Lammerz. Le régiment marchant en bataille, le cri de « En avant » se fait entendre d'un bout à l'autre de la ligne. Les turcos, poussant leur cri de guerre, se précipitent sur l'ennemi baïonnette baissée, et déterminent sa retraite sans tirer un coup de fusil. Les Prussiens fuient en désordre et vont se réfugier dans le Petit-Bois, puis dans le Niederwald. Les turcos reprennent les six pièces des batteries du 9ᵉ dont les Allemands s'étaient emparés, et qu'ils n'avaient pu encore emmener ; ils franchissent le Petit-Bois à la suite des fuyards, et arrivent en face du Niederwald dont la lisière est fortement garnie par les Prussiens refoulés. Alors éclate contre les turcos une fusillade terrible partant de tous les points ; en un instant, une foule d'officiers et de soldats sont frappés. Les turcos recevaient aussi des balles par leur flanc droit. Elles leur étaient envoyées par les troupes qui poursuivaient l'accomplissement du mouvement tournant contre la droite et les derrières de l'armée française, en remontant l'Eberbach. Après avoir perdu la moitié de son effectif, ce brave régiment dut se jeter dans le Grosser-Wald, et en border la lisière pour arrêter la poursuite des Prussiens. Ce n'est qu'à bout de forces et après avoir épuisé toutes ses munitions, qu'il battit en retraite à travers la forêt et gagna la route de Frœschwiller à Reichshoffen.

Dans ce mouvement qui causa une vive inquiétude aux Prussiens et qui fit l'admiration de tous les témoins oculaires, ennemis comme amis, le 1er turcos perdit en un clin d'œil 800 hommes, presque tous tués ou blessés. Il ajouta ainsi de nouveaux titres de gloire à ceux qu'il avait conquis à Wissembourg.

Les pièces qu'il avait reprises ne purent être ramenées faute d'attelages, et restèrent définitivement aux mains des Prussiens.

Pendant que les troupes de toutes armes faisaient au sud de la route de Frœschwiller des efforts désespérés pour écarter une défaite imminente, celles qui combattaient au nord de cette route s'épuisaient dans la plus opiniâtre des résistances.

Nous avons quitté la gauche de l'armée au moment où un retour offensif du 1er zouaves avait déterminé l'échec d'une première attaque tentée par la division bavaroise Stéphan. Celle-ci n'avait pas renoncé pour cela au combat. L'une de ses brigades continua à assaillir le bois de Frœschwiller avec une grande vigueur. Elle faisait tous ses efforts pour y pénétrer par le chemin qui va du Vieux-Moulin à Frœschwiller, et dont les turcos avaient fermé l'entrée au moyen d'une barricade construite avec leurs havre-sacs. L'autre brigade avait pris plus à droite. Elle cherchait à tourner les troupes qui combattaient dans le bois, en remontant le vallon de Frœschwiller à la Scierie, et en s'avançant à travers le bois de Langensoultzbach. Des bataillons prussiens encore frais étaient entrés en ligne à la gauche des Bavarois.

Dans le bois de Frœschwiller, ainsi que sur ses abords, nos troupes ne combattaient plus que par groupes plus ou moins nombreux, débris des divers régiments qui avaient été successivement engagés sur cette portion du champ de bataille. L'effort de l'ennemi avait rejeté sur la lisière sud du bois les fractions du 48ᵉ qui combattaient d'abord près de la route de Wœrth. Les hommes de ce régiment dominaient dans les groupes répandus maintenant le long de cette lisière. Le 2ᵉ turcos, le 8ᵉ et le 13ᵉ bataillons de chasseurs continuaient à lutter dans la partie basse du bois. Le 1ᵉʳ et le 2ᵉ bataillons du 36ᵉ étaient toujours sur la lisière nord, et dans le vallon qui descend vers la Scierie. Ces derniers cherchaient à arrêter le mouvement tournant entrepris par la brigade bavaroise. Soldats de la ligne, turcos, chasseurs, rivalisaient de courage et de ténacité. Qui pourrait dire combien de fois l'ennemi se porta à l'assaut, tantôt contre la lisière est, tantôt contre la lisière sud du bois? Ces attaques répétées et toujours plus violentes venaient se briser contre l'inébranlable constance de nos fantassins. Ceux-ci laissaient l'ennemi s'approcher à une faible distance, lui envoyaient à propos des décharges de mousqueterie, d'un effet aussi démoralisant que meurtrier, puis ils s'élançaient à la baïonnette et l'éloignaient pour un moment. Les turcos, arrivés au paroxysme de la fureur, se faisaient remarquer entre tous.

Retraite du 48ᵉ de ligne.

Cependant de l'autre côté de la Sauer, on apercevait de grosses colonnes allemandes qui s'avançaient pour renforcer les masses écrasantes que l'on avait sur les bras. Les forces humaines, le courage et le dévouement ont des limites au-dessus desquelles ne peuvent s'élever les troupes même les plus braves. Partout la majeure partie des officiers était hors de combat ; il n'y avait pour ainsi dire plus d'officiers supérieurs debout. Le colonel Suzzoni du 2ᵉ turcos, le chef de bataillon Poyet, commandant le 8ᵉ chasseurs à pied, étaient tués. Les pertes en hommes, au 2ᵉ turcos principalement, étaient énormes.

Les fractions qui combattaient au sud du bois avaient vu disparaître successivement du champ de bataille les troupes qu'elles avaient eues à leur droite. Des soldats, de petits groupes abandonnant le terrain du combat se dirigeaient sur Frœschwiller pour continuer ensuite sur Reichshoffen. Tout d'un coup ce qui formait le gros du 48ᵉ cède et s'échappe par le flanc droit. Le lieutenant-colonel Thomassin cherche en vain à arrêter les fuyards, en leur donnant pour point de ralliement son képi qu'il met sur la pointe de son épée. Des officiers et quelques hommes seulement répondent à son appel. Le lieutenant-colonel, relevant à peine d'une grave maladie et exténué, tombe de cheval. Il est pris par les Prussiens avec le petit nombre de braves qui l'entourent.

Le départ du 48ᵉ produisit un vide sur le plateau à l'avant de Frœschwiller. Les turcos et le 78ᵉ cherchèrent à étendre leur droite vers l'espace dégarni. Le 1ᵉʳ et 2ᵉ bataillons du 36ᵉ, bien qu'aux prises avec les Bavarois qui tournaient notre gauche, furent également portés sur ce point, où le péril semblait le plus imminent. Le colonel Carrey de Bellemare cherchait à former des groupes susceptibles d'opposer quelque résistance, au moyen des hommes qui remontaient vers Frœschwiller.

Sur l'ordre du général Ducrot, le colonel Krien et le colonel de Bellemare portèrent en avant les deux bataillons du 36ᵉ de ligne renforcés d'hommes de plusieurs régiments. Ces troupes marchaient baïonnette au canon, avec beaucoup d'entrain. Accueillies par un torrent de projectiles de toutes sortes, se croisant en tous sens, venant même du bois de Frœschwiller, elles furent bientôt contraintes à la retraite. Une deuxième charge fut aussi meurtrière et aussi infructueuse que la première.

Le général Raoult, qui s'était tenu toute la journée

du général
Raoult.
Situation
en ce mo-
ment , 4 h.

aux postes les plus périlleux, était en ce moment à cheval à l'entrée de Frœschwiller. Consterné, désespéré, il voyait les derniers moyens de résistance s'évanouir, et l'ennemi se rapprocher de tous les côtés du village, lorsqu'il fut mortellement frappé. Il était quatre heures.

Frœschwiller était rempli de morts et de blessés, parcouru en tous sens par les fuyards, encombré de voitures, sillonné par les projectiles ; des maisons en flammes s'effondraient ; l'église brûlait ; une multitude d'obus éclatait dans les rues, sur les toits, et rendait la confusion inexprimable. Une compagnie du 1er du génie, capitaine Gallois, était la seule troupe encore organisée présente dans le village, dont elle garnissait l'entrée du côté de Wœrth.

La route qui descend sur Reichshoffen et tous les chemins qui conduisent du champ de bataille vers les Vosges étaient couverts de soldats de toutes armes, de chevaux, de voitures battant en retraite avec précipitation. Les cuirassiers de la division Bonnemains, après avoir cherché à se rallier un moment auprès de la route de Reichshoffen, s'éloignèrent à travers le Grosser-Wald.

Au moment où les troupes de Bose repoussaient l'attaque du 1er turcos, elles recevaient un puissant renfort ; la brigade wurtembergeoise Starkloff, après avoir atteint le champ de bataille, s'était jointe à elles. Ces forces avaient repris leur mouvement sur Frœschwiller, dont elles n'étaient plus qu'à 1,000 ou 1,200 mètres. Elles s'avançaient sous la protection de 84 bouches à feu maintenant en batterie au nord d'Elsasshausen, et tirant à outrance sur Frœschwiller et sur les troupes qui en défendaient encore les abords.

Les masses du corps de Kirchbach couvraient les coteaux qui dominaient Wœrth à l'ouest.

La brigade bavaroise qui tournait notre gauche arrivait
de Frœschwiller par sa partie nord.

Cependant les troupes qui étaient dans la partie basse
du bois de Frœschwiller résistaient encore. Elles s'aperçurent de la retraite de celles qui avaient combattu à
leurs côtés seulement lorsqu'elles subirent à dos le feu
des Bavarois et celui des Prussiens, atteignant les uns et
les autres le village.

Les restes du 2ᵉ turcos sous les ordres du commandant
Mathieu, ceux du 78ᵉ conduits par le lieutenant-colonel
Girgois, les débris des 8ᵉ et 13ᵉ bataillons de chasseurs,
ainsi que de petits groupes du 36ᵉ et du 48ᵉ, se décidèrent
alors à remonter à travers bois sur Frœschwiller, où
l'ennemi avait déjà pénétré par le nord.

Ces troupes, en s'approchant des maisons, furent re-
çues par un feu épouvantable partant de tous les points
à la fois. Une masse de fuyards qui étaient dans Frœschwiller, et qui cherchaient à éviter l'incendie ou la captivité, se rabattit sur les fractions en retraite. Toute lutte
était impossible. Les glorieux débris massacrés, décimés,
se virent rejetés dans le bois de Frœschwiller, où ce qui
avait échappé à la mort tomba entre les mains de l'ennemi.

Le nombre des hommes perdus dans ce bois pendant
toute la durée de la bataille prouve surabondamment le
dévouement et le courage des troupes qui y combattirent. Les Allemands ne purent venir à bout de leur résistance qu'après les avoir entourées de toutes parts. Le
2ᵉ turcos était à peu près détruit. De 76 officiers et
2,200 hommes, 6 officiers et 340 hommes seulement
échappèrent au massacre. Presque tout le reste était tué
ou blessé, le nombre des prisonniers non blessés fait
par l'ennemi étant relativement très petit. Le 13ᵉ batail-

lon de chasseurs et le 78e de ligne ne présentaient que des débris ; du premier, il revint à peine 200 hommes, et du deuxième environ 300. Le 8e bataillon de chasseurs n'avait pas été plus heureux.

Deux batteries prussiennes qui étaient en position près d'Elsasshausen s'étant rapprochées à 600 ou 700 mètres de Frœschwiller, le 2e lanciers s'avança dans leur direction, au sud-ouest du village, dans l'intention de les charger. Il fut accueilli par un feu de mitraille qui coûta la vie au colonel Poissonnier et qui occasionna quelques autres pertes. Le régiment ne put atteindre le but qu'il s'était proposé.

Lorsque l'on vit tout espoir perdu sur l'issue de la bataille, vers le moment où la brigade Wolff tentait son retour offensif, le général Ducrot, afin de protéger la retraite, plaça le 3e bataillon du 50e et le 2e bataillon du 18e encore intacts le long de la frontière et du Grosser-Wald. Il se trouvait également sur cette bordure des débris, s'éclaircissant d'instant en instant, des régiments qui avaient été engagés en avant du bois. Ces troupes tirèrent sur les Prussiens et les Wurtembergeois s'avançant du sud vers Frœschwiller, mais leur faiblesse rendait cette démonstration inutile.

A peu près au moment où le 1er turcos exécutait son attaque contre les Prussiens débouchant d'Elsasshausen, le général Ducrot réunissait la brigade du Houlbec, et la dirigeait au sud de la route de Reichshoffen, qu'elle traversa entre Frœschwiller et le Grosser-Wald. Près et au sud de cette même route, le général Ducrot fit placer les 7e et 8e batteries du 9e, capitaines Vernay et de Mornac, la 7e près du Grosser-Wald, la 8e (mitrailleuses) près de Frœschwiller.

La brigade du Houlbec avait depuis le matin un de ses

bataillons, le 1er du 45e, détaché à Jagœrthal, où du reste il ne fut pas engagé. Ses cinq autres bataillons furent employés de la manière suivante : Le 1er et le 2e bataillon du 1er zouaves garnirent la lisière est du Grosser-Wald, au sud de la route de Reichshoffen. Le 3e bataillon du 1er zouaves marchant en bataille, et le 2e et le 3e bataillons du 45e ployés en colonnes derrière les ailes des zouaves se portèrent dans une direction sud-est. Arrivés au sud de Frœschwiller, ils doivent s'arrêter devant un feu épouvantable. Les deux bataillons du 45e cherchent à se déployer à droite et à gauche des zouaves. Les balles et les obus produisent en quelques minutes de tels ravages, qu'il est impossible de rester plus longtemps dans la position occupée. Les trois bataillons se retirent sur les deux bataillons de zouaves en position le long du Grosser-Wald.

Ces deux bataillons ne se trouvaient plus là au complet. Le 2e bataillon venait à peine d'y arriver que le général Ducrot avait pris deux de ses compagnies, et les avait placées fort à propos en dernier échelon sur la croupe située à l'ouest du Grosser-Wald et dominant Reichshoffen.

Les 7e et 8e batteries du 9e, après avoir pris la position indiquée par le général Ducrot, ouvrirent un feu aussi rapide que possible sur les masses allemandes qui se dirigeaient de Wœrth et d'Elsasshausen sur Frœschwiller. La 6e batterie du 9e, capitaine Biffe, après avoir tenu jusqu'à ce moment à l'est de Frœschwiller, vint se placer un peu au nord de la route de Reichshoffen, entre les 7e et 8e batteries.

Ces trois batteries et la brigade du Houlbec rendirent un service signalé, en arrêtant momentanément les progrès de l'ennemi, et en procurant à l'armée quelques instants de répit, dont elle profita pour s'écouler vers Reichshoffen.

Ces troupes, de la division Ducrot, les dernières qui tinrent sur le champ de bataille, prirent elles-mêmes la direction de Reichshoffen, lorsque l'approche des bataillons ennemis leur imposa la nécessité de la retraite, les zouaves marchant à travers bois, l'artillerie suivant la grande route.

Prise de Frœschwiller, 4 h. 1/2.

Il ne restait plus aucune troupe à opposer à l'ennemi pour retarder son entrée dans Frœschwiller. Les Prussiens de Bose et les Wurtembergeois, venant ensemble du sud, y rejoignirent les Prussiens de Kirchbach et les Bavarois qui y pénétraient par l'est et par le nord. Le village ne fut pas à vrai dire défendu. Le maréchal avait poussé la résistance jusqu'au bout, et ne disposait plus d'aucune ressource. Frœschwiller n'était plus occupé que par des soldats de divers régiments épargnés par le feu, et séparés de leur corps. Il était impossible d'obtenir aucun effort sérieux de ces hommes démoralisés et sans lien entre eux. Ils se précipitèrent vers les issues qui conduisent à Reichshoffen, quand les Allemands atteignirent le village. Beaucoup de ces infortunés, se trompant de direction, tombèrent entre les mains de l'ennemi. Quelques braves cependant cherchèrent à brûler leurs dernières cartouches avant de se résigner à la retraite. La compagnie du génie Gallois resta à son poste jusqu'au bout et ne suivit le mouvement général que lorsque l'ennemi arrivait sur elle.

Il régnait une inexprimable confusion sur la route qui descend à Reichshoffen. Les armes marchaient confondues, les voitures de toutes sortes s'enchevêtraient les unes dans les autres, n'avançaient que péniblement, malgré l'énergie des officiers et des conducteurs. Cependant le danger était imminent et les instants avaient une valeur inappréciable.

Le maréchal était resté jusqu'au dernier moment sur le champ de bataille. Il se trouvait encore près de la brigade Postis du Houlbec, lorsqu'elle garnissait la lisière orientale du Grosser-Wald. Quand il lui fallut enfin se retirer sur Reichshoffen, il s'arrêta d'abord à l'entrée de ce village, puis il se rendit à Niederbronn, où il mit pied à terre, près du point de croisement de la route de Saverne et du chemin de fer.

Le maréchal, confiant dans le succès, n'avait songé à la retraite que lorsque l'issue de la bataille n'était plus douteuse. Il résolut alors seulement de se retirer sur Saverne. Mais comme il n'avait donné préalablement aucune instruction dans ce sens, les débris de son armée éprouvaient de l'incertitude sur le chemin qu'elles devaient prendre. Le maréchal cherchait à faire savoir à tous que Saverne était le point de ralliement à atteindre, en en informant lui-même les troupes qui passaient près de lui, et en envoyant des officiers de son état-major prévenir dans toutes les directions.

Aussitôt après la prise de Frœschwiller, l'ennemi commença la poursuite. Un régiment d'infanterie, un autre de cavalerie et une batterie faisant partie du Ier corps bavarois prirent immédiatement la route qui descend sur Reichshoffen. En même temps les troupes des deux ailes achevaient les mouvements qui leur avaient été prescrits, et se rapprochaient de plus en plus de Reichshoffen qu'ils allaient atteindre.

Onze escadrons prussiens et wurtembergeois avec deux batteries d'artillerie se dirigeaient sur cette ville en venant du sud et du sud-ouest. Un régiment d'infanterie se portait à travers le Grosser-Wald contre la route qui descend de Frœschwiller sur Reichshoffen.

10

Du nord, arrivaient pour fermer le cercle destiné à entourer les Français une brigade d'infanterie, une brigade de cavalerie et d'autres escadrons appartenant au II⁰ corps bavarois. Ces troupes venaient par la route qui passe par Mattstall et Neewiller.

Prise du convoi de la division Lartigue.

Le général de Lartigue avait mis le convoi de sa division en retraite aussitôt que sa défaite lui avait paru certaine. Le convoi avait pris la route de Haguenau, au lieu de celle de Reichshoffen qui lui avait été indiquée, et avait eu l'imprudence de faire un temps d'arrêt près des forges qui sont au nord de Gundershoffen.

Cinq escadrons prussiens se jetèrent sur ce convoi, l'entourèrent et s'en rendirent maîtres.

Une batterie ennemie s'établit auprès de Gundershoffen et se mit à tirer sur Reichshoffen.

Des fractions de la division Ducrot avaient pris position sur les croupes qui dominent ce village à l'est. Le général Wolff y avait réuni sa brigade après sa retraite à travers le Grosser-Wald. Le général Ducrot y avait amené lui-même deux compagnies empruntées au 1ᵉʳ zouaves, lorsque celui-ci s'était établi le long de la lisière de la forêt. Ces troupes empêchèrent une batterie de venir s'établir sur une croupe rapprochée de celle qu'elles occupaient; elles firent rebrousser chemin à des escadrons qui l'accompagnaient. Le général Wolff fut bientôt forcé de se retirer devant l'ennemi qui s'approchait de toutes parts et qui menaçait de le cerner. Les troupes qui tinrent dans cette position extrême avaient retardé la poursuite et procuré quelques instants de répit fort utiles, pour l'écoulement de l'armée à travers les rues encombrées de Reichshoffen. C'est à elles qu'il convient d'attribuer les derniers épisodes de la résistance. Aussitôt après leur départ, la batterie prussienne qui avait déjà paru s'établit

sur la route d'Elsasshausen à Reichshoffen, et lança des
obus sur ce village et sur toutes les troupes en retraite.
Il régnait alors dans Reichshoffen une confusion inexprimable ; les rues étaient encombrées d'hommes à pied et
à cheval, de canons, de voitures de toutes sortes. Des
projectiles éclataient au milieu de ces masses confuses,
ou sur les maisons, et déterminaient la chute d'une pluie
de pierres et de tuiles. L'empressement à se soustraire au
danger était grand. Les efforts que chacun faisait n'abou-
tissaient, faute d'entente, qu'à retarder l'évacuation de la
ville. L'artillerie de la division Ducrot se trouva pendant
un instant à la queue de la colonne arrêtée à l'entrée du
village par des voitures du train. Six pièces tombèrent
entre les mains de la cavalerie ennemie.

Des escadrons wurtembergeois venant du sud entrèrent
les premiers dans Reichshoffen. D'autres escadrons y
arrivèrent de l'est, inondèrent le parc du comte de Leusse.
Les Bavarois venant du nord ne tardèrent pas à se joindre
à eux.

Lorsque l'ennemi pénétra dans Reichshoffen, le gros
de l'armée l'avait quitté. Il ne s'y trouvait plus que des
isolés en assez grand nombre dont l'ennemi s'empara.

La cavalerie allemande, après avoir franchi Reichshoffen, continua sur Niederbronn. Le 16e bataillon de
chasseurs, chargé de garder les routes de Bitche et de
Saverne, se déploya sur la hauteur qu'il occupait près de
cette ville, dès qu'il vit les Allemands s'approcher, et
dirigea contre eux un feu de tirailleurs qui leur imposa
un commencement de circonspection. L'arrivée de la
division Guyot de Lespart les décida à s'arrêter.

Ainsi que le général de Failly l'avait promis au maréchal, il avait mis la division de Lespart en marche pour
Reichshoffen, le 6 au matin. Au moment où cette division

Arrivée à
Nieder-
bronn de la
division
de Lespart.

était rassemblée près de Bitche et prête à partir, on avait signalé l'approche de forces ennemies considérables. La fausseté de ces nouvelles fut bientôt reconnue, mais le départ n'en avait pas moins été retardé, et la division ne prit la route de Reichshoffen qu'à sept heures et demie, lorsqu'elle entendait déjà le canon depuis quelque temps.

Le général de Bernis avec le 12ᵉ chasseurs précédait la division.

De nombreux chemins débouchaient sur la gauche de la route que l'on suivait, par lesquels le général de Lespart craignait d'être attaqué de flanc. Aussi ne s'avança-t-il qu'avec une prudence exagérée, faisant fouiller au loin le pays traversé, et chargeant souvent de cette mission des détachements d'infanterie. La colonne s'arrêtait jusqu'au retour des reconnaissances, affirmant qu'on pouvait continuer sans danger.

Des temps d'arrêt multipliés résultaient de cette manière d'agir, incompréhensible pour la troupe. Les officiers et les soldats excités par le bruit du canon s'impatientaient de ces lenteurs, et trouvaient pour le moins intempestives les précautions prises. En se rapprochant de Niederbronn, on rencontra des blessés, des fuyards, devenant plus nombreux à chaque pas, qui annonçaient la perte de la bataille.

Au moment où l'armée traversait Niederbronn, elle vit les troupes venant de Bitche qui arrivaient, et en tête desquelles marchait le 12ᵉ chasseurs.

Sur l'ordre du maréchal, la division de Lespart se forma à hauteur de Niederbronn, de manière à protéger la retraite des troupes en arrêtant l'ennemi. La brigade de Fontanges se déploya sur les hauteurs situées à droite de la route qu'elle avait suivie, la brigade Abbatucci sur celles placées à gauche ; l'artillerie de la division prit position.

L'apparition de ces troupes en imposa aux Allemands, qui ne poussèrent pas au-delà de Niederbronn.

Les pertes éprouvées étaient grandes des deux côtés. Pour les Allemands, elles s'élevaient à 10,500 hommes, dont 500 officiers tués, blessés et disparus. Elles portaient principalement sur le Ve corps.

Pour les Français, le chiffre de 20,000 doit être adopté, quelqu'élevé qu'il soit [1].

Il résulte, en effet, des appels faits le 8 août à Sarrebourg que c'était alors le chiffre d'hommes manquant à l'armée du maréchal, c'est-à-dire dans les premiers jours qui suivirent la défaite, et par conséquent au moment où elle était dans la position la plus difficile et la plus périlleuse. C'est donc ce chiffre qui doit être pris pour celui des pertes éprouvées à la bataille de Frœschwiller. Cela ne veut pas dire que le pays y perdit un nombre de combattants aussi élevé, car, après l'action, beaucoup d'hommes, isolément ou par petits groupes, se rendirent à Haguenau ou allèrent augmenter la garnison de Strasbourg, pour contribuer plus tard à la défense de la ville. Quelques fractions se réfugièrent à Bitche, d'autres se dirigèrent sur le camp de Châlons, où ils rentrèrent dans les rangs de l'armée.

Tournons maintenant nos regards du côté de l'ennemi et voyons comment les résolutions prises par les chefs de la IIIe armée allemande amenèrent les événements de la journée du 6.

Le Prince royal ne recherchait pas la bataille pour ce jour-là. Il voulait seulement, le 6, disposer son armée face à l'ouest, c'est-à-dire face à la position occupée par le maréchal, en faisant avancer et converser à droite ses

----

(1) Voir Supplément XII.

corps d'armée de gauche, qui étaient le plus en arrière. Le peu d'étendue des mouvements exécutés devait procurer à ses troupes une sorte de repos que les fatigues des jours précédents rendaient fort nécessaire.

Le soir du 5, les dispositions suivantes furent donc ordonnées pour le lendemain :

L'armée restera concentrée autour de Soultz, mais opérera un changement de front :

1° Le IIᵉ corps bavarois et le Vᵉ corps prussien resteront dans leurs positions d'Embach et de Preuschdorf ;

2° Le XIᵉ corps fera une conversion à droite et bivouaquera à Hœlschloch, ses avant-postes dans la direction de la Sauer. Il occupera Surbourg et la route de Haguenau ;

3° Le Iᵉʳ corps bavarois s'avancera dans les environs de Lobsann et de Lampertsloch, ses avant-postes dans la direction de la Sauer, par le Hochwald.

4° La division de cavalerie, tout en demeurant dans ses bivouacs, fera face à l'ouest.

5° Le corps Werder gagnera Reimerswiller, faisant face au sud ; ses avant-postes devant la forêt de Haguenau.

De forts avant-postes garderont la route de Kuhlendorf et le chemin de fer à Hoffen.

6° Le grand quartier général reste à Soultz.

Il fut en outre prescrit au général Hartmann d'attaquer avec le IIᵉ corps bavarois par Langensoultzbach et de retenir le maréchal, dans le cas où celui-ci ferait mine de quitter ses positions et de se retirer au-delà des Vosges. Il lui fut également enjoint de se jeter sur le flanc gauche de l'ennemi, dans le cas où le maréchal se porterait contre le Vᵉ corps, qui était le plus près de lui et qui se trouvait un peu isolé. Le général Hartmann prit pendant la nuit du 5 au 6 des emplacements qui lui permettaient de satisfaire à l'une et à l'autre de ces éventualités. Il fit avancer la 4ᵉ division bavaroise, général de Bothmer, jusqu'à Mattstall.

Le 6ᵉ corps commençait seulement à arriver dans le Palatinat. La 12ᵉ division avait débarqué à Landau. Elle dut se porter le 6 sur Pirmasens par Bergzabern et la vallée d'Annweiler pour établir la liaison avec l'armée du prince Frédéric-Charles.

Le 6, à sept heures, le général qui commandait la brigade d'avant-garde du Vᵉ corps envoya une reconnaissance sur Wœrth, pour découvrir si le maréchal n'avait pas quelques intentions de départ. Elle lança des obus sur les campements des Français. Le général fut vite convaincu que le maréchal n'avait pas l'intention de s'éloigner, et il fit rentrer la reconnaissance. Il était huit heures et demie.

Au bruit de la canonnade, le général Bothmer crut le Vᵉ corps attaqué. Conformément aux ordres qu'il avait reçus, il mit sa division en marche par Langensoultzbach, et la jeta contre l'aile gauche du maréchal, au moment où la reconnaissance faisait demi-tour.

Les Bavarois étaient déjà engagés vers le nord, lorsque les Français prirent l'initiative de l'attaque du côté opposé du champ de bataille et se portèrent contre le moulin de Bruck. Le XIᵉ corps entendait le canon en se rendant aux bivouacs qui lui étaient assignés. La 41ᵉ brigade qui formait son avant-garde aperçut le camp français, en débouchant de la forêt de Surbourg. Le général de Schachtmeyer, commandant de la 21ᵉ division, fit soutenir par cette brigade l'avant-poste qui était au moulin, aussitôt qu'il fut attaqué. Les quatre batteries de la 21ᵉ division prirent position sur le monticule qui domine Gunstett, et ripostèrent à l'artillerie ennemie placée au sud du Niederwald. La 42ᵉ brigade se déploya le long de la lisière occidentale de la forêt

Au moment où cette action s'engageait ainsi, le colonel von der Esch, chef d'état-major du Vᵉ corps, jugea opportun de reprendre le combat à Wœrth, afin d'empêcher les Français de porter peut-être toutes leurs forces contre l'une des ailes de l'armée allemande. Il ordonna de suite à la batterie qui avait pris part à la reconnaissance dirigée sur Wœrth de recommencer le feu. Le général de Schmidt, commandant de la 10ᵉ division, disposa toute son artillerie sur une ligne perpendiculaire à la route de Dieffenbach à Wœrth, et forma son infanterie à droite et à gauche de cette route, un peu à l'est de Dieffenbach. La 9ᵉ division se plaça derrière la 10ᵉ.

Ces dispositions furent de suite communiquées au général de Kirchbach, qui les approuva et qui vint prendre la direction supérieure du combat, malgré la blessure qu'il avait reçue à Wissembourg. A neuf heures et demie, toute l'artillerie de Kirchbach était en action, de sorte qu'en ce moment, 108 bouches à feu, 84 du Vᵉ corps et 24 du XIᵉ, canonnaient les positions des Français.

Un peu après dix heures, la supériorité de l'artillerie allemande étant constatée, lorsque le général de Kirchbach vit l'infanterie du Vᵉ corps sérieusement engagée vers sa gauche et le combat prendre sur sa droite plus d'intensité, il ordonna à sa brigade d'avant-garde d'enlever Wœrth et les hauteurs situées en arrière. Il informa de suite les corps des ailes de sa détermination en leur demandant leur concours.

La brigade du Vᵉ corps, après avoir franchi la Sauer, partie à Wœrth, partie à Spachbach, essaya de s'élever sur les coteaux qui portent Frœschwiller et Elsasshausen. De vigoureux mouvements offensifs exécutés par les Français la rejetèrent en bas des pentes dans Wœrth et au sud du village, le long de la route de Haguenau. Des renforts furent alors envoyés à Wœrth.

Pendant que Kirchbach attaquait avec violence le centre de l'armée française, le combat cessait à sa gauche. Vers dix heures et demie, un officier prussien, par suite d'un malentendu qui n'a pas été expliqué, apporta au général Hartmann l'ordre de cesser le combat. Celui-ci retira la division Bothmer de l'action alors fort vive où elle était engagée, et lui prescrivit de se rallier en arrière de Langensoultzbach.

En même temps le XIᵉ corps subissait un échec. La 41ᵉ brigade avait passé la Sauer, partie à Spachbach, partie au moulin de Bruck. La première fraction se porta contre le Niederwald, la seconde contre les troupes qui attaquaient le moulin. L'une et l'autre furent obligées de rétrograder, et de se retirer précipitamment sur la rive gauche de la Sauer, où elles durent se tenir sur la défensive jusqu'à l'arrivée du gros du XIᵉ corps.

La communication du général de Kirchbach arriva au général de Bose au moment où la 41ᵉ brigade était déjà engagée. Elle parvint au général Hartmann alors que celui-ci se retirait avec la division Bothmer. Le premier répondit que d'après ce qui lui était prescrit, sa seule brigade d'avant-garde devait atteindre la Sauer dans la journée du 6. Le second arrêta la division Bothmer dans la position où elle se trouvait, appela la 5ᵉ brigade bavaroise de Lembach, et envoya près du général de Kirchbach un officier qui devait lui rendre compte de la marche du combat au Vᵉ corps. Le général Hartmann informait en même temps qu'il était nécessaire de donner quelques instants de repos à celles de ses troupes qui avaient déjà combattu, et qu'il n'avait sous la main que très peu de bataillons immédiatement disponibles.

Quand le Prince royal avait entendu à Soultz la canonnade gronder du côté de Wœrth, il avait envoyé un de ses officiers aux informations. Ayant été mis au courant de l'état des choses, il expédia au général de Kirchbach l'ordre de ne pas accepter le combat, et d'éviter tout ce qui pourrait en amener la reprise.

Les réponses des généraux Hartmann et Bose, ainsi que l'ordre du Prince royal, parvinrent à de Kirchbach à peu près en même temps. En ce moment les bataillons qui étaient dans Wœrth avaient beaucoup de peine à s'y maintenir contre les zouaves ; ainsi le combat débutait mal au Ve corps de même qu'au XIe.

Le général de Kirchbach n'hésita cependant pas à continuer la bataille. Il ne recula pas devant l'énorme responsabilité qu'il encourait en agissant ainsi. Il pensait qu'il ne pourrait retirer son infanterie du combat sans subir de grandes pertes. La retraite des troupes du Ve corps sur la rive gauche de la Sauer, coïncidant avec les mouvements rétrogades accomplis par les corps des ailes, donnerait aux Français le droit incontestable de s'attribuer un succès qui aurait un puissant effet moral. Le roulement des trains que l'on avait entendu pendant la nuit du côté de Haguenau, et qui durait encore au jour, faisait penser que les Français recevaient de continuels renforts. Enfin on pouvait espérer un succès décisif d'une attaque de front immédiate, quand même elle ne serait soutenue que plus tard, par Langensoultzbach et Gunstett. Ces considérations l'emportèrent dans l'esprit du général de Kirchbach sur les raisons et les ordres contraires. Le général informa aussitôt de sa résolution le

Prince royal, et réclama de nouveau le concours des deux corps d'armée voisins. Il prit de suite dans son corps d'armée les mesures nécessaires pour la prolongation de la lutte.

Le général Bose, voyant que sa brigade d'avant-garde était repoussée, avait prescrit au gros de son corps d'armée d'avancer. Il répondit au général Kirchbach qu'il n'abandonnerait pas le V° corps. Il mit en batterie son artillerie de corps, et il chargea la 22° division d'attaquer la droite de la position ennemie.

Le général Hartmann employa ceux de ses bataillons qui n'avaient pas donné le matin à inquiéter la gauche des Français, en dirigeant contre elle des attaques partielles par le bois de Langensoultzbach.

Vers midi le Prince royal, entendant toujours à Soultz le bruit du canon, s'était décidé à monter à cheval et à se rendre vers le théâtre de l'action. L'officier envoyé par le général de Kirchbach, pour lui rendre compte de sa détermination, le rencontra arrivant suivi de son état-major.

A une heure, le Prince royal atteignit la hauteur de Dieffenbach et prit en personne la direction de la bataille.

Voici, d'une manière générale, qu'elle était alors la situation de la III° armée.

Le I°ᵉʳ corps bavarois avait l'ordre de venir à Lampertsloch. Lorsque la 1ʳᵉ division marchant en tête eut atteint ce point, le général de Stéphan qui la commandait se décida, en entendant le bruit toujours croissant de la canonnade, à la rapprocher du lieu du combat, et à une heure cette division était déployée au sud de Gœrsdorff. Sur ses ordres quatre batteries avaient pris position près de ce village, et prolongeaient la ligne formidable de l'artillerie du V° corps. Le reste du I°ᵉʳ corps d'armée bavarois était encore en marche et à hauteur de Lobsann. Au même moment le général von der Tann se rendait auprès de Kirchbach, pour arrêter avec lui les dispositions à prendre. La 5ᵉ brigade et la brigade de uhlans du IIᵉ corps bavarois, venant de Lembach, étaient encore à une demi-heure de Mattstall.

La division wurtembergeoise avait atteint Reimers-willer, lorsque le général de Werder fut informé, vers onze heures par le général de Bose, que le XIᵉ corps marchant au canon se portait sur Gunstett. En recevant cette communication, le général de Werder ne conserva à Reimerswiller que la 1ʳᵉ brigade wurtembergeoise, à laquelle il fut prescrit de se maintenir vigoureusement contre toute attaque venant de la forêt de Haguenau, et tout le reste de la division se dirigea vers Gunstett.

La division badoise à Hohwiller reçut l'ordre de se tenir prête à se mettre en marche.

Le Vᵉ et le XIᵉ corps étaient sérieusement engagés. 200 bouches à feu étaient en batterie de Gœrsdorff à Gunstett.

Le Prince royal jugea de suite qu'il n'y avait qu'un parti à prendre, c'était de pousser l'affaire à fond. Il donna immédiatement les ordres suivants :

Le IIᵉ corps bavarois agira contre le flanc gauche de l'ennemi, de manière à venir s'établir au delà, dans la direction de Reichshoffen. Le Iᵉʳ corps bavarois, laissant une division en arrière comme réserve, et accélérant la marche autant que possible, appuiera entre le IIᵉ corps bavarois et le Vᵉ corps prussien. Le XIᵉ corps se portera vigoureusement contre Frœschwiller, par Elsasshausen et le Niederwald. Dans le corps Werder, la division wurtembergeoise suivra par Gunstett le mouvement du

XI° corps au delà de la Sauer, la division badoise gagnera provisoirement Surbourg.

Communication de ces ordres fut immédiatement donnée au général Kirchbach avec l'invitation de surseoir à l'assaut définitif des hauteurs qu'il avait devant lui, jusqu'à ce que les corps d'armée des ailes fussent à même de lui prêter leur concours.

Nous avons vu comment l'exécution de ces ordres fut rendue possible par l'entrain avec lequel les généraux allemands s'étaient portés vers le champ de bataille dès qu'ils avaient entendu le canon, et comment ils obtinrent la victoire. Nous ne pensons pas devoir donner de plus amples détails sur la manière dont la bataille fut conduite du côté de l'ennemi. Ce serait refaire en partie le récit des événements déjà amplement racontés.

Nous ajouterons seulement que toutes les troupes du Prince royal portées vers le théâtre de l'action ne prirent pas part au combat. Il n'y eut pas lieu d'employer la 2° division bavaroise. La V° brigade bavaroise et la brigade de uhlans bavarois ne furent pas véritablement engagées. Elles débouchèrent de Neehwiller au moment où les Français se retiraient sur Reichshoffen. Elles augmentèrent les embarras de ceux-ci, en se portant à travers bois sur Reichshoffen et Niederbronn. De la division wurtembergeoise, la brigade Starkloff en vint seule sérieusement aux prises, après qu'elle fut venue se joindre au XI° corps débouchant d'Elsasshausen et se portant sur Frœschwiller. Le reste de la division, en se portant contre l'extrême gauche des Français et même contre leurs derrières, joua un rôle des plus efficaces en hâtant leur départ du champ de bataille. Il augmenta de beaucoup leurs pertes en agissant contre le flanc gauche des troupes en retraite.

Effectif des troupes engagées à la bataille de Frœschwiller.

D'après cela, les troupes du Prince royal que l'on doit considérer comme ayant véritablement combattu dans la journée du 6 août sont le Ve et le XIe corps prussiens, la 1re et la 4e division bavaroise, la division wurtembergeoise presque entière, comprenant ensemble 86 bataillons, 34 escadrons et 270 bouches à feu, ou 79,000 d'infanterie, 5,000 de cavalerie et 7,000 d'artillerie, soit en tout 100,000 combattants, chiffre rond [1].

Les Français n'eurent à leur opposer, par suite de divers détachements, et en tenant compte des pertes faites à Wissembourg, que 59 bataillons, 39 escadrons et 131 bouches à feu, ou 36,000 hommes d'infanterie, 4,800 de cavalerie et 3,300 d'artillerie, soit en tout 44,000 combattants, chiffre rond [2].

Ainsi les Français combattirent à Frœschwiller dans la proportion de moins de un contre deux.

Position occupée le 6 au soir par la IIIe armée.

Nous avons vu que les Allemands n'exercèrent pas de poursuite après la bataille au-delà de Niederbronn. Le soir du 6, la IIIe armée bivouaquait sur les points suivants :

Le Ve corps à Frœschwiller ;

Le XIe corps à Elsasshausen et Wœrth ; la cavalerie à Eberbach ;

Du Ier corps bavarois, la 1re division à Frœschwiller, la 2e à Preuschdorff, la brigade de cuirassiers à Lampertsloch, les troupes chargées de la poursuite à Reichshoffen ;

Le IIe corps bavarois à Lembach, Reichshoffen, Niederbronn ;

La division badoise à Gunstett ;

---

(1) Voir Supplément VII.
(2) Voir Supplément VI.

La 4ᵉ division de cavalerie à Gunstett.

Dans l'après-midi du 6, la 12ᵉ division arrivait à Dahn, après avoir fait une démonstration contre Bitche.

RETRAITE SUR CHALONS

Ainsi que nous l'avons déjà vu, l'armée du maréchal *Retraite sur Saverne.* prit à Niederbronn la route de Saverne. Cette route longe le pied des Vosges, traverse plusieurs villages, Oberbronn, Zinswiller, Rothbach, Ingwiller, Bouxwiller, Steinbourg et arrive enfin à Saverne.

Cependant tout le monde ne suivit pas cette direction. Des groupes plus ou moins nombreux appartenant aux 18e, 96e, 78e de ligne, au 1er turcos, au 17e bataillon de chasseurs, etc., s'engagèrent sur la route de Bitche, ainsi que la brigade Abbatucci. D'autres détachements se rendirent à Strasbourg, qu'ils contribuèrent à défendre, à Lichtenberg et à la Petite-Pierre. De nombreux isolés, appartenant à tous les régiments, s'échappèrent par les chemins et sentiers multipliés qui courent à travers les mamelons boisés des Vosges.

La division de Lespart quitta ses positions vers sept heures, après que toute l'armée eut défilé. La brigade de Fontanges s'engagea sur la route de Saverne à la suite du 1er corps d'armée, auquel elle servit d'arrière-garde. Le 68e de ligne marchait le dernier.

En passant à Oberbronn, la brigade Fontanges reçut quelques obus lancés par une batterie ennemie qui s'était avancée jusqu'auprès de Niederbronn. Ce furent les derniers coups tirés de la journée.

Combien fut pénible cette marche en retraite sur Saverne ! Toutes les armes, tous les corps s'en allaient pêle-mêle. La cavalerie, profitant de l'allure de ses chevaux, cherchait à gagner la tête de la colonne. Il fallait se garer des voitures de l'artillerie qui allongeaient le pas. La voie était encombrée de blessés, de matériel abandonné, de voitures d'administration et de fourgons à bagages bousculés. On ne s'occupait que de soi-même en suivant le flot humain. Les hommes avaient presque tous perdu leurs sacs, étaient sans vivres, exténués de fatigue et succombaient au sommeil.

A partir de onze heures ou de minuit, beaucoup se laissèrent tomber dans les fossés pour y prendre quelques instants de repos. Certains corps, possédant encore un assez grand nombre d'hommes réunis préférèrent, pour conserver quelque cohésion, s'arrêter une heure ou deux sur le bord du chemin, et n'arriver qu'un peu plus tard à Saverne.

La cavalerie, cuirassiers, hussards, etc., atteignit cette ville au milieu de la nuit vers deux heures du matin. Le maréchal, accompagné de son état-major, y fut également rendu de bonne heure. Le gros de l'armée n'y arriva qu'à sept heures du matin, et la brigade Fontanges la dernière sur les dix heures, après avoir fait ce qu'elle avait pu pour pousser les traînards en avant, pour réatteler les voitures abandonnées, etc.

L'ennemi n'inquiéta pas l'armée pendant sa marche. Au moment seulement où la brigade Fontanges eut quitté Bouxwiller, des éclaireurs allemands y entrèrent.

Les retardataires qui s'y trouvaient s'enfuirent en poussant des cris et rejoignirent précipitamment.

. Des lieux de rassemblement furent de suite désignés aux généraux et aux colonels pour réunir les débris des divisions et des régiments. Les officiers indiquaient ces points aux soldats à mesure qu'ils arrivaient.

La journée du 7 fut employée à reconstituer les compagnies et les régiments, à se compter, à se reposer un peu, à reprendre des forces. Les distributions ne purent pas être faites complétement. La générosité des habitants de Saverne fournit un supplément de ressources.

Le maréchal, après avoir informé l'Empereur de sa défaite, reçut dans le cours de la journée du 7 l'ordre de se retirer sur le camp de Châlons.

L'ennemi n'exerça aucune poursuite pendant la nuit, car il était difficile aux troupes allemandes de s'engager durant l'obscurité dans les défilés des Vosges. La retraite de la brigade Abbatucci sur Bitche fit d'abord croire à l'état-major de la III⁰ armée que le maréchal se dirigeait sur cette place avec le gros de ses troupes, pour se rallier ensuite à la masse principale de l'armée française qui était en Lorraine. En conséquence, un télégramme fut expédié dans la nuit du 6 au 7 à la 12ᵉ division prussienne à Dahn, lui prescrivant de pousser dans la matinée du 7 sur Bitche pour inquiéter la retraite des vaincus.

Les premiers renseignements fournis par la cavalerie vinrent encore confirmer le Prince royal dans cette supposition. Un régiment de hussards de la division du prince Albrecht, n'ayant trouvé à Gundershoffen sur la route de Haguenau aucune trace de l'armée battue, il parut démontré qu'elle ne s'était pas retirée vers cette ville. Ce régiment de hussards fut par suite seul poussé dans la direction d'Ingwiller, pendant que toute la division du prince Albrecht se rendait à Niederbronn, où se trouvait déjà la brigade de cuirassiers bavarois.

Des tirailleurs des corps en retraite se montrant à l'entrée des défilés en interdirent l'approche à la cavalerie allemande. Les observations recueillies à Niederbronn ne permettant pas de douter qu'une partie au moins des forces du maréchal n'eût pris la route de Saverne, le prince Albrecht se décida à suivre cette route, en s'adjoignant les cuirassiers bavarois. Un assez grand nombre de blessés, d'écloppés ou de traînards qui avaient accepté l'hospitalité offerte par les habitants furent ramassés par la cavalerie allemande. Dans la matinée, le Prince royal recevait d'Ingwiller l'avis que le gros des forces françaises s'était retiré par Niederbronn sur Bitche, mais qu'une notable partie avait pris par Ingwiller.

La cavalerie allemande poussa jusqu'à Bouxwiller, qu'elle atteignit avant midi. A cinq heures du soir, elle se remit en marche pour Saverne. A Steinbourg, des groupes d'hommes débandés lui refusèrent tout d'abord l'entrée du village, dont la possession ne lui fut pas sérieusement disputée. Elle était en train de s'établir autour de Steinbourg, quand, par suite d'informations fausses (huit heures), elle craignit qu'une attaque sérieuse ne fût dirigée contre elle de Saverne. Elle reporta de suite ses bivouacs en arrière à Bouxwiller.

Le chemin de fer de Strasbourg à Saverne ne fut coupé par l'ennemi que dans la soirée du 7, à Brumath. Des voyageurs venant de Strasbourg arrivèrent à Saverne vers cinq heures du soir. Ils avaient aperçu quelques escadrons allemands du côté de Steinbourg. Ils racontèrent avoir vu des forces ennemies considérables en marche sur Saverne. Le maréchal ordonna aussitôt à ses troupes de se mettre en marche sur Sarrebourg.

Par suite de la continuation de la retraite et du mouvement de recul de la cavalerie ennemie sur Bouxwiller, les Allemands avaient complétement perdu le contact avec les Français dans la soirée du 7, et quand, le lendemain, ils s'engagèrent dans les Vosges, ils ne trouvèrent plus personne devant eux.

Le maréchal divisa ses forces en deux colonnes pour les porter sur Sarrebourg. Les divisions Ducrot et Raoult sans leur artillerie s'y rendirent en suivant la voie du chemin de fer, et en passant sous les tunnels à travers lesquels on franchit les Vosges. Le gros de l'armée, la cavalerie en tête, prit la route qui va à Sarrebourg par Phalsbourg, et commence par une énorme montée à la sortie de Saverne. Le 11e régiment de chasseurs, qui avait d'abord été envoyé en reconnaissance du côté de Steinbourg, était promptement revenu sans avoir rien aperçu et formait l'arrière-garde.

La cavalerie ne s'arrêta pas à Phalsbourg et arriva à Sarrebourg pendant la nuit. L'infanterie et l'artillerie firent une halte de quelques heures à Phalsbourg, et atteignirent Sarrebourg dans le courant de la matinée du 8.

Le général Lebrettevillois, commandant du génie du 1er corps, proposa au maréchal de faire sauter les tunnels du chemin de fer entre Saverne et Sarrebourg. Les fourneaux de mine nécessaires étaient prêts depuis longtemps.

Le maréchal ne voulut pas qu'il fut procédé à cette destruction, en vue de retours offensifs, dont l'état actuel des circonstances ne lui enlevait pas encore l'espoir. Quelques jours plus tard le ministre de la guerre ordonna de faire sauter ces tunnels ; mais la chose n'était plus possible ; ils étaient occupés par les Allemands dont rien n'égala la joie lorsqu'ils découvrirent qu'aucun obstacle n'arrêtait leur marche dans la traversée de la ligne des Vosges.

Les fractions qui ne s'étaient pas retirées sur Saverne rejoignirent à Sarrebourg. Certaines d'entre elles, après s'être d'abord rendues à la Petite-Pierre, firent ensuite route avec le 5e corps qui, lui aussi, arriva à Sarrebourg le 8 août.

Retraite
du 5e corps
sur Sarre-
bourg.

Depuis le moment où nous avons laissé le général de Failly, le 6 au matin, il avait eu à passer par mille perplexités et à éprouver même de graves inquiétudes.

Pendant qu'il entendait le canon tonner à l'est des Vosges, on lui annonçait que l'ennemi se montrait de toutes parts du côté opposé et prenait l'offensive sur la Sarre.

Voyons d'abord ce qui s'était passé à Sarreguemines.

Le général de Montaudon, pour satisfaire à la demande de vivres que le général de Failly lui avait adressée au profit du 1er corps, avait fait préparer un train de subsistances de toutes sortes destiné à être expédié au plus tôt [1]. Il ne considérait guère qu'il fût possible de faire parvenir à Bitche le gros convoi du 5e corps, même en le faisant accompagner par la brigade Lapasset. Pour que celle-ci pût plus facilement rejoindre son corps d'armée, il lui rendit l'entière liberté de ses mouvements en la débarrassant de l'escorte du convoi, à laquelle il ne voulut consacrer que quelques faibles détachements.

Le 6 au matin, le convoi du 5e corps partit donc à tout hasard de Sarreguemines accompagné de quelques gendarmes et de deux compagnies du 97e. À 3 ou 4 kilomètres de Sarreguemines, on aperçut des uhlans. Les conducteurs qui étaient en tête éprouvèrent une panique.

---

[1] Dépêche 29.

Le prévôt du corps d'armée qui conduisait le convoi le fit rentrer à Sarreguemines.

Le général de Failly, après avoir d'abord reçu la dépêche du général de Montaudon, apprit successivement dans la première moitié de la journée du 6 :

Que les Prussiens étaient revenus pendant la nuit à Bliesbrucken, pour empêcher de rétablir le chemin de fer et avaient donné à entendre qu'ils allaient passer en grand nombre pour se diriger sur Rohrbach et sur Bitche [1] ;

Que le convoi du 5ᵉ corps après s'être mis en marche avaient été contraint par la présence de l'ennemi à rentrer à Sarreguemines [2] ;

Que le colonel du 3ᵉ lanciers avait aperçu, dans une reconnaissance poussée du côté de Wising, des troupes ennemies comprenant plusieurs escadrons et bataillons avec une batterie, et que le général de Montaudon, ne voulant pas exposer la brigade Lapasset, la retenait à Sarreguemines [3].

Vers deux heures, le commandant Moll arriva à Bitche avec la lettre dont le maréchal l'avait chargé. Ainsi que nous l'avons déjà vu, d'après le contenu de cette lettre, le maréchal était loin de s'attendre à une bataille pour le 6. En la lisant, le général de Failly dut se confirmer dans la résolution de ne pas abandonner à la légère Bitche et la position des Vosges que cette place protège. Il pensa probablement qu'il ne s'agissait sur sa droite que d'un engagement d'importance secondaire, pour lequel les troupes que le maréchal avait sous la main devaient être largement suffisantes.

---

(1) Dépêche 30.
(2) Dépêche 31.
(3) Dépêche 32.

Vers trois heures, le général de Failly reçut une dépêche du maréchal Lebœuf l'informant que le général Frossard et le maréchal Bazaine étaient attaqués sur la Sarre, et lui prescrivant de se tenir sur ses gardes à Bitche [1]. Cette dépêche inquiéta le général de Failly pour sa gauche. Craignant pour le détachement qui était à Rohrbach, il lui ordonna de revenir de suite à Lemberg. La brigade Maussion était en marche pour Bitche avec la réserve d'artillerie. Il ne restait plus alors à Rohrbach que le 3e lanciers et le 1er bataillon du 49e, que la brigade avait laissé au régiment de cavalerie pour l'appuyer [3].

Enfin sur les sept heures, le général de Failly reçut deux dépêches qui le surprirent extrêmement, et qui ne pouvaient laisser aucun doute sur le résultat de l'affaire engagée en Alsace : l'une du chef de gare de Banstein informant que l'ennemi était à Niederbronn et que l'armée du maréchal était en déroute [4], l'autre du général Abbatucci annonçant que la division Lespart était coupée, qu'il se retirait avec sa brigade sur Bitche, tandis que la brigade Fontanges se dirigeait sur Saverne [5]. L'échec du maréchal était donc certain. Le 5e corps risquait dès lors de se trouver enveloppé à Bitche. Il n'y avait pas de temps à perdre. Le général de Failly réunit de suite en conseil de guerre les généraux de division et les chefs de service auxquels furent posées les deux questions suivantes :

1° Doit-on accepter le combat dans les murs de Bitche ?

2° Doit-on suivre le mouvement de retraite du ma-

---

(1) Dépêches 33 et 34.
(2) Dépêche 35.
(3) Dépêche 36.
(4) Dépêche 37.
(5) Dépêche 38.

réchal en passant par la Petite-Pierre, point de défense
du passage des Vosges, au-dessous de Reichshoffen, pour
se diriger ensuite sur Phalsbourg et Saverne, autre défilé
des Vosges?

Après une discussion approfondie, la première question fut résolue négativement. Le conseil fut d'avis que
bien que le fort de Bitche pût-être considéré par sa position comme inexpugnable, il était impossible aux trois
brigades réunies sous ses murs de songer à combattre
avec avantage dans les positions qu'elles occupaient, la
plaine étant dominée de tous côtés. On conclut donc à la
retraite, par la crainte bien motivée de se voir fermer
la seule route qui fût encore libre, celle de la Petite-
Pierre [1].

Vu l'urgence des circonstances et afin de faciliter la
marche sur les mauvais chemins des Vosges, le conseil
décida qu'il ne serait pas emmené de voitures autres que
celles de l'artillerie. Tous les bagages, les chevaux de
main, même ceux du général en chef, les caisses des
corps, les fourgons de la poste et du trésor, l'ambulance
du quartier général furent laissés à Bitche et parqués sous
les murs de la place. On annonça à la troupe qu'on allait
faire seulement une pointe vers le sud-est, et qu'on re-
gagnerait ensuite les cantonnements autour de Bitche.

Un bataillon d'infanterie et quelques canonniers comme
instructeurs furent désignés, avec un capitaine d'artillerie,
un médecin et un sous-intendant, pour former la garnison
du fort, qui ne possédait pas d'autres troupes que trois
faibles compagnies formées des douaniers des environs.
Le fort était armé de 53 bouches à feu de divers calibres
(dont 12 seulement rayées).

____

[1] *Opérations et marches du 5ᵉ corps*, par le général DE FAILLY, p. 15.

En ce moment, la brigade de Maussion arrivant de Rohrbach était à la ferme de Freudenberg, où elle devait s'établir. Le 3ᵉ lanciers et le 1ᵉʳ bataillon du 49ᵉ étaient à Lemberg.

A neuf heures du soir, le corps d'armée se mit en route pour la Petite-Pierre en se dirigeant d'abord sur Lemberg. La division Goze marchait en tête précédée d'une avant-garde d'infanterie, la brigade de Maussion fermait la marche.

Le 3ᵉ lanciers et le 1ᵉʳ bataillon du 49ᵉ s'adjoignirent à la colonne quand elle passa à Lemberg.

Lorsqu'on s'approcha de Gœtzenbruck, on se demanda si les nombreuses lumières que l'on apercevait n'étaient pas des feux de bivouacs, et un moment on crut à une rencontre avec un corps ennemi. Cette erreur fut vite dissipée.

La route que l'on suivait se rapproche de la plaine d'Alsace à Wimmenau, puis elle remonte à la Petite-Pierre. L'artillerie eut souvent à suivre des chemins défoncés, sablonneux où les roues enfonçaient profondément. A maintes reprises les fantassins durent pousser les voitures.

Le 5ᵉ corps arriva seulement au jour à la Petite-Pierre après une marche des plus pénibles. Des détachements du 1ᵉʳ corps battant en retraite y étaient déjà arrivés. Le général Ducrot s'y trouvait également et avait fait préparer des vivres.

Des mesures furent prises de suite pour fortifier le sommet qui domine le fort. Un fossé jadis creusé par Turenne fut rétabli. L'ennemi était à tort signalé à Ekartswiller. Le général de Failly alla reconnaître une position au nord de la Petite-Pierre.

Aussitôt que l'évacuation de Bitche et que la retraite

vers le sud avaient été décidées, le général de Failly en avait prévenu le général Abbatucci, battant en retraite de Frœschwiller. En arrivant à Philippsbourg, celui-ci tourna à gauche, se dirigea sur Phalsbourg en suivant la ligne des crêtes, et n'arriva dans cette ville que le 7 au soir. Certaines fractions de troupes avaient parcouru 120 kilomètres en 38 heures, par des chemins très-difficiles.

Le 7, le général de Failly reçut plusieurs dépêches du grand quartier général de Metz par lesquelles on l'informait que l'Empereur allait rassembler l'armée du maréchal au delà de la Marne, et où on lui prescrivait de se diriger sur le camp de Châlons avec les débris du 1er corps, alors réunis à Bitche, qu'il emmenait avec lui [1].

Conformément à ces ordres, le général de Failly arrêta sa marche sur Phalsbourg, et prit le 8 de grand matin la route de Sarrebourg. Pendant le trajet, le général frappé de l'extrême privation qu'imposait à tous l'abandon des bagages à Bitche, essaya de les envoyer chercher par la division de cavalerie Brahaut, qui retournerait dans la ville qu'on venait de quitter en passant par Lorentzen et Rohrbach. Le colonel de Flogny avec le 5e hussards marchait en avant du gros de la division. Mais la cavalerie du prince Frédéric-Charles, vainqueur à Spickeren, avait déjà gagné Rohrbach et lancé des pointes sur Lorentzen. En arrivant près de cette localité, le 5e hussards constata la présence de l'ennemi. La division Brahaut fit alors demi-tour et rentra à Sarrebourg qu'elle n'atteignit que que dans la soirée du 8.

Lorsque le 5e corps arriva à Sarrebourg, le 1er corps s'y trouvait déjà. La division de Lespart fut reconstituée et rendue à son corps d'armée.

---

[1] Dépêches 39, 40 et 41.

Le maréchal et le général de Failly se virent à Sarrebourg et convinrent des dispositions à prendre en vue de la continuation de la retraite. La question très importante des vivres fut prise en considération, et il fut décidé que le 1er corps irait à Lunéville, en suivant la grande route qui passe par Blamont, tandis que le 5e corps serait fractionné en deux parties, et s'y rendrait par deux routes : une partie comprenant la division Goze, la division l'Abadie d'Aydrein privée de la brigade Lapasset, et la réserve d'artillerie passerait par Réchicourt, ainsi que l'état-major du corps d'armée : tandis que l'autre composée de la division Lespart et de la division Brahaut passerait par Cirey et Baccarat.

On voit que les deux colonnes du 5e corps étaient séparées par celle que formait le 1er.

Dès le 8 dans la journée, les divisions Duhesme et Bonnemains qui devaient toujours marcher en tête du 1er corps partirent pour Blamont, où elles passèrent la nuit sur un terrain fortement détrempé par des pluies continuelles.

9 août. Le 9, ces divisions gagnèrent Lunéville, et le 1er corps arriva à Blamont. Le 5e corps se porta, la colonne de droite à Réchicourt, la division Lespart à Cirey, et la division Brahaut à Badonviller.

Vers les sept heures du soir, le général de Failly reçut du quartier impérial l'ordre de marcher sur Nancy.

Dans la nuit du 9 au 10, le commandant Perrotin monta sur une locomotive, et se rendit à Dieuze. On y disait que l'ennemi était en marche sur Château-Salins.

10 août. Le 1er corps arriva à Lunéville ainsi que la colonne de droite du 5e corps, qui ne pouvait parcourir en une seule journée la distance qui sépare Réchicourt de Nancy. La colonne de gauche de ce corps d'armée atteignit Baccarat.

Des renseignements venus de divers côtés signalaient la marche de l'ennemi sur Nancy et sur Lunéville, ainsi que la présence de ses avant-postes à Dieuze, Château-Salins et Marsal [1]. Le maréchal n'avait pas comme le général de Failly l'ordre exprès de se rendre à Nancy. L'ordre de se retirer sur le camp de Châlons continuait à être celui qu'il avait à exécuter. Afin d'éviter encore plus sûrement une rencontre avec l'ennemi, que l'état actuel de désorganisation de son corps d'armée devait faire redouter, le maréchal se décida à appuyer à gauche, et à se porter le 11 sur Bayon, où il envoya de suite sa cavalerie.

Le général de Failly vit le maréchal à Lunéville. Il lui rendit compte de l'ordre qu'il avait reçu d'atteindre Nancy le plus tôt possible, et ajouta que malgré les inconvénients et les dangers qu'il voyait à l'exécution d'un tel mouvement, il se préparait à obéir.

Le général de Failly regardait comme dangereux de se rendre directement de Lunéville à Nancy ; si, pendant cette marche accomplie le long de la rive gauche de la Meurthe, les Allemands venaient, ~~comme ils le pouvaient~~, attaquer le 5ᵉ corps par son flanc droit, quelques batteries ennemies établies le long de la rive droite de la rivière suffiraient pour jeter le désordre dans ses rangs ; le général croyait donc préférable d'allonger un peu la marche en passant par Toul, où le 5ᵉ corps, actuellement fractionné en deux colonnes, se réunirait, et d'où il marcherait sur Nancy par les hauteurs, avec chance de repousser l'ennemi en l'abordant de front. En cas de revers, on pourrait tenir dans la forêt de Haye et gagner Metz ; au besoin se retirer sur l'Argonne [2].

---

(1) *Opérations et marches du 5ᵉ corps,* par le général DE FAILLY, p. 19.
(2) *Opérations et marches du 5ᵉ corps,* par le général DE FAILLY, p. 23.

Le général de Failly avait déjà donné l'ordre à sa colonne de droite de se rendre le 11 à Nancy en suivant la vallée de la Meurthe, et à sa colonne de gauche, qui était à Baccarat, celui d'y arriver le 12, en s'y portant par Blainville, lorsque vers dix heures du soir il reçut de nouvelles instructions qui lui laissaient plus de latitude sur le parti à prendre selon les circonstances.

11 août.   Le 11, le 1er corps se mit en route pour Bayon, qu'il atteignit dans la journée. Les divisions de cavalerie Duhesme et Bonnemains couchèrent à Colombey-les-Belles.

Le danger que présentait la marche le long de la Meurthe, le fractionnement du 5e corps en deux colonnes séparées par une distance de 24 heures, qui rendait une rencontre avec l'ennemi encore plus dangereuse, déterminèrent le général de Failly à appuyer à gauche. Le 11 au matin, le 1er corps étant déjà en marche sur Bayon, il dirigea le 5e corps sur Charmes. De là le 5e corps pouvait suivre le maréchal dans sa retraite ou se porter sur Toul.

Le général de Failly rendit aussitôt compte au grand quartier général du parti qu'il venait de prendre, en demandant s'il ne devait pas marcher sur Toul (1).

Le 11, le général de Failly, avec la colonne de droite, arriva à Charmes. La division Brahaut ne poussa que jusqu'à Gerbéviller, et la division Lespart jusqu'à Saint-Genest.

Le même jour, Nancy fut abandonné sur l'ordre du maréchal. Il s'y trouvait une foule d'isolés de tous les corps, qui s'y étaient réfugiés après la perte de la bataille de Frœschwiller ou, pendant la retraite, pour se soustraire aux épreuves de la marche.

12 août.   Le 12, la cavalerie du maréchal fit séjour à Colombey-

____

(1) Dépêche 43.

les-Belles. Le 1er corps arriva à Haroué sur le Modon. Le génie fit sauter deux ponts sur la Moselle, l'un à Flavigny, à 15 kilomètres en aval de Bayon, l'autre près de Charmes, sur lequel passe le chemin de fer d'Epinal à Nancy. Le lendemain 13, il brûla le pont en bois de Bayon. Le détachement qui détruisit le pont de Flavigny aperçut une reconnaissance ennemie.

Dans la matinée, le général de Failly reçut un télégramme du grand quartier général lui ordonnant de marcher sur Toul aussi vite que possible [1]. Puis dans le courant de la journée, il en reçut un second annulant le précédent, et lui enjoignant de se diriger sur Paris par la route qui lui paraissait la plus convenable. Le général de Failly prit alors pour point de direction Chaumont, où il pouvait embarquer son corps d'armée en chemin de fer, et le transporter ainsi à Paris, soit en passant par Châlons, soit en passant par Troyes. Le 5e corps coucha le 12 à Mirecourt. Le même jour, la cavalerie prussienne entrait à Lunéville et à Nancy.

Le 13, la cavalerie du maréchal était à Neufchâteau, le 1er corps à Vichery. Le 5e corps couchait à Vittel et Bulgnéville.

13 août.

Le 14, le 1er corps arriva à Neufchâteau. De là l'infanterie fut transportée au camp de Châlons en chemin de fer, en passant par Bologne et Blesme; la cavalerie et l'artillerie s'y rendirent par étapes.

Transport en chemin de fer des 1er et 5e corps.

Le 20e de ligne, qui faisait partie du 12e corps, fut expédié du camp de Châlons pour veiller à la sécurité de la ligne dont on allait faire usage [2]. Deux bataillons s'installèrent près de la gare de Blesme. L'autre bataillon fut échelonné de Blesme à Chaumont.

---

(1) Dépêche 44
(2) Dépêche 45.

L'embarquement du 1er corps commença à Neufchâteau le 14. Toute l'infanterie avait atteint le camp de Châlons le 17.

La cavalerie et l'artillerie firent étapes le 14 à Poissons, le 15 à Saint-Dizier. Sur le bruit que des forces ennemies se trouvaient du côté de Blesme, la colonne rétrograda le 16 sur Vassy [1]. Là, elle reçut l'ordre de reprendre sa direction primitive. Elle arriva le 17 à Frémicourt près Vitry, le 18 à Châlons, le 19 au camp.

Le 5e corps était à Lamarche le 14, le 15 à Montigny-le-Roy. Il arriva à Chaumont le 16.

Le 20e de ligne était désormais tout à fait insuffisant pour protéger la voie. De toutes parts on apprenait que l'armée du Prince royal s'approchait, précédée au loin de fortes colonnes de cavalerie. La division Goze et la division de cavalerie Brahaut furent chargées d'assurer la sécurité du chemin de fer [2]. La division Goze commença à s'embarquer à Chaumont dans la journée même du 16. La brigade Nicolas alla s'établir à Blesme. L'état-major de la division s'installa à Saint-Dizier, ainsi que le gros de la brigade Saurin qui plaça des détachements tout le long de la voie, de Chaumont à Bologne, à Vignory, à Joinville et à Chevillon.

De la division Brahaut, le 5e hussards avait ses escadrons attachés aux divisions d'infanterie, et le 3e lanciers était rentré à Metz avec la brigade Lapasset.

Ses deux autres régiments, le 12e chasseurs, colonel de Tucé, et le 5e lanciers, colonel de Boério, furent, le premier transporté en chemin de fer aux environs de Joinville et de Saint-Dizier, le second employé dans les environs de Chaumont et de Bologne.

---

(1) Dépêche 46.
(2) Dépêches 47, 48, 49 et 50.

Le 18, la brigade de Septeuil fut envoyée à Vitry [1], pour concourir au service assigné à la division Brahaut, le 3e hussards, colonel d'Espeuilles, à Blesme, le 11e chasseurs, colonel Dastugues, à Saint-Dizier.

Le 20e de ligne rentra à son corps d'armée [2].

La cavalerie éclairait le pays jusqu'à 20 kilomètres à l'est de la ligne du chemin de fer, au moyen de reconnaissances poussées dans toutes les directions. Le 19, le commandant de Bonne, avec deux escadrons du 11e chasseurs, rencontra dans les environs d'Ancerville des patrouilles de cavalerie ennemie, auxquelles il enleva quelques prisonniers. Il dut ensuite rétrograder devant des forces de cavalerie considérables [3].

Le 17, le maréchal donna l'ordre au général de Failly de réunir son corps d'armée à Vitry-le-Français. Ce jour même, le général de Failly y transporta son corps d'armée, et les embarquements continuèrent à Chaumont pour cette destination. Mais ils ne purent aller aussi vite qu'il eût été désirable, par suite de l'insuffisance du matériel dont on disposait en ce lieu, et de la mauvaise installation de la gare. Ces raisons déterminèrent à envoyer, le 19, la réserve d'artillerie s'embarquer à Bar-sur-Aube, d'où elle rejoignit en passant par Troyes et Paris [4].

Ce même jour du 19, la division l'Abadie quitta Chaumont pour Vitry, la division Goze se rassembla à Blesme et la cavalerie se replia, des différents points qu'elle occupait, dans la direction de l'ouest [5].

Dans le courant de la journée, le maréchal ordonna au

---

(1) Dépêche 51.
(2) Dépêche 52.
(3) Dépêches 53 et 54.
(4) Dépêches 55 et 56.
(5) Dépêche 57.

général de Failly de venir le rejoindre au camp de Châlons [1]. La veille, celui-ci avait déjà été prévenu de se tenir prêt à exécuter ce mouvement, que l'approche de l'ennemi ne permettait plus de différer, et qui commença de suite pour la division Goze. Celle-ci se rendit dans la soirée à Châlons.

Le 18, on avait reçu la nouvelle qu'une armée ennemie de 150.000 hommes se trouvait à Bayon, et, le 19, plusieurs dépêches informaient qu'il existait, entre Saint-Mihiel et Sampigny, une réunion de troupes prussiennes considérables.

Le 20, le général de Failly transporta son quartier général au camp, où se trouvaient l'Empereur et le maréchal de Mac-Mahon, avec les 1er et 12e corps.

L'Empereur avait confié au maréchal le commandement de la nouvelle armée que l'on y réunissait, et qui se composait des 1er, 5e, 7e et 12e corps et des divisions de cavalerie de Bonnemains et Margueritte. Il fut résolu que l'on n'attendrait pas au camp de Châlons l'ennemi qui s'avançait à grands pas, et le 21, les troupes qui s'y trouvaient déjà partirent pour Reims. A cette date, il n'était encore arrivé au camp qu'une faible partie du 5e corps. Le 20, les fractions qui n'avaient pas encore rejoint furent informées de cette détermination. Le 5e corps ne put être complétement reformé qu'auprès de Reims vers le 22, pendant le temps que l'armée passa aux environs de cette ville. La plupart de ses régiments n'eurent pas le moyen de se ravitailler au camp de Châlons, ni d'y prendre un peu de ce repos que les fatigues d'une longue marche, accomplie le plus souvent sous la pluie, avaient rendu si nécessaire.

---

[1] Dépêches 58 et 59.

Nous avons laissé le 7ᵉ corps, le 4 août, en train de se concentrer sur Mulhouse, et au moment où la division Conseil Dumesnil partait pour aller renforcer le 1ᵉʳ corps.

Dans les journées du 5 et du 6, le gros du 7ᵉ corps arriva à Mulhouse; il comprenait la division Liébert, la réserve d'artillerie, la brigade de cavalerie Cambriel. Ces troupes campèrent à l'est de la ville.

Dès le soir du 6, les rumeurs les plus contradictoires commencèrent à circuler. Des dépêches arrivaient de tous les côtés à Mulhouse. L'une d'elles annonçait une grande victoire du maréchal. A mesure que les télégrammes se succédaient, leur ton devenait moins rassurant. Enfin à 3 heures du matin, dans la nuit du 6 au 7, une dépêche de Bâle annonçait la défaite du 1ᵉʳ corps. Le 7 au matin, à sept heures, une dépêche du maréchal fit connaître positivement l'issue de la lutte. Une heure après, un télégramme de l'Empereur, ainsi conçu, arrivait au général Douay : « Jetez, si vous pouvez, une division dans Strasbourg, et, avec les deux autres, couvrez Belfort. »

L'exécution de cet ordre était impossible, puisque la division Dumont était encore à Lyon, et que la division Conseil Dumesnil était allée rejoindre le maréchal; le général Douay n'avait plus que la division Liébert sous la main. Il se décida à retourner immédiatement à Belfort avec les troupes qui étaient à Mulhouse, pour prendre les dispositions de défense que la situation comportait.

Le jour même du 7, ces troupes levèrent le camp et furent formées en deux colonnes qui prirent des routes différentes. La division Liébert et la cavalerie campaient le soir à Altkirch; la réserve d'artillerie et le convoi à Dannemarie.

Le 8, les deux colonnes étaient réunies autour de Belfort, où le général Douay réinstalla son quartier général.

Cette marche sur Belfort fut pénible de toutes manières.

On était parti de Mulhouse trop rapidement, avant que les distributions fussent achevées. La chaleur était accablante. De la précipitation du départ, le soldat concluait que le danger était grand. A Altkirch, le général Douay reçut une dépêche absolument fausse du sous-préfet de Schlestadt annonçant que les Prussiens passaient le Rhin à Markolsheim. Cette nouvelle augmenta encore le trouble des esprits. Les hommes marchaient comme si l'ennemi eût été à leurs trousses. Le 4e hussards, qui était à l'arrière-garde, eut fort à faire pour arrêter le désordre qui se mettait dans la colonne.

La division Dumont arriva de Lyon du 10 au 12 par le chemin de fer.

Les troupes prirent autour de Belfort les positions qu'elles devaient défendre en cas d'attaque, et qui étaient les suivantes : la division Liébert sur les glacis du fort de l'Espérance, à Bellevue, au fort des Braves et sur le terrain qui s'étend en avant et à droite de ce fort ; la division Dumont aux Perches, à cheval sur la route de Bâle, sa gauche appuyée au camp retranché, sa droite aux glacis de la place sur la Savoureuse.

Une partie de la cavalerie éclairait le corps d'armée dans la direction d'Altkirch ; l'autre partie était campée près du chemin de fer.

Le général Douay, rentré à Belfort, fit tout ce qu'il put pour mettre la ville dans un état de défense satisfaisant, et pour y réunir de grands approvisionnements, au moyen de réquisitions levées sur tout le pays environnant. C'est ainsi que l'église fut remplie de blé. Les divisions d'infanterie travaillèrent très activement aux fortifications, surtout aux forts des Hautes et des Basses-Perches, qui devaient jouer un rôle très important pendant le siège. Les mesures prises par le général Douay contribuèrent à rendre possible la longue défense de Belfort.

Le 16 août, une première dépêche du ministre de la guerre vint apprendre au 7ᵉ corps qu'il allait quitter Belfort, pour rallier l'armée du maréchal de Mac-Mahon ; trois heures plus tard, une deuxième dépêche, datée de cinq heures du soir, donnait au général Douay l'ordre de se rendre à Châlons.

Le tronçon de Chaumont à Châlons par Blesme étant employé au transport des 1ᵉʳ et 5ᵉ corps, on ne pouvait s'en servir pour le 7ᵉ. Il fallait que ce corps d'armée fît un détour pour se rendre à Châlons.

Il fut décidé qu'il passerait par Paris. Dans le but de faciliter l'embarquement, la réserve d'artillerie et la cavalerie allèrent prendre le chemin de fer à Montbéliard, et passèrent, pour aller à Paris, par Besançon et Dijon. Les deux divisions d'infanterie s'y rendirent de Belfort par Langres, Chaumont et Troyes.

Les premiers trains arrivèrent à Paris le 20 et prirent, pour continuer sur Châlons, le chemin de fer de Strasbourg ; à Epernay, ils furent dirigés sur Reims. Dans la nuit du 20 au 21, on fut avisé au ministère de la guerre que l'armée quittait le camp de Châlons et se portait sur Reims. A partir de ce moment, les trains qui arrivèrent furent expédiés sur cette ville par Soissons.

Le 22, le 7ᵉ corps était réuni près de Reims, où le général Douay retrouva la division Conseil Dumesnil, arrivée avec le 1ᵉʳ corps.

Ainsi, nous venons de voir comment les 1ᵉʳ, 5ᵉ et 7ᵉ corps, placés à des dates différentes sous le commandement du maréchal de Mac-Mahon, se trouvèrent pour la première fois réunis tous les trois, le 22 août, près de

Reims. Nous devons examiner maintenant ce que firent les Allemands pour empêcher cette concentration, et pour rejoindre les troupes battues à Frœschwiller.

Nous avons laissé l'armée du Prince royal campée le 6 août au soir sur le champ de bataille de Frœschwiller ou aux environs. Durant la période écoulée depuis le 2 août, elle avait eu à supporter de grandes fatigues. Des marches pénibles, des bivouacs sous une pluie torrentielle, deux combats violents avaient épuisé ses forces et rendu une journée de repos très nécessaire. Le 7 août, les troupes demeurèrent pour la plupart dans leurs cantonnements. Il ne fut exécuté que des mouvements partiels de peu d'étendue : le IIᵉ corps bavarois se rassembla à Niederbronn, la 2ᵉ division bavaroise se porta à Oberbronn et la division badoise à Haguenau. Nous avons vu comment la cavalerie du Prince royal se trouvait en grande partie à Bouxwiller dans la soirée de ce jour, ayant perdu tout contact avec les troupes battues, et comment les renseignements qu'elle avait transmis donnaient à penser que le gros des forces du maréchal s'était retiré sur Bitche. La retraite bien réelle du général Abbatucci vers cette localité fit admettre cette supposition.

En même temps que les Allemands remportaient une victoire à Frœschwiller, ils battaient le général Frossard à Spickeren et entraient en France de ce côté. Les informations fournies le 7 au matin par la cavalerie du prince Frédéric-Charles indiquaient que Sarreguemines était fortement occupé. Ce fait, rapproché de la retraite présumée du maréchal sur Bitche, fit croire à l'état-major du roi Guillaume, comme à ceux du Prince royal et du prince Frédéric-Charles, que les Français voulaient défendre la ligne de Bitche à Sarreguemines, et les dispositions adoptées furent la conséquence de cette hypothèse.

Dans le grand mouvement d'invasion qui s'opérait par la basse Sarre, la II⁰ armée, commandée par le prince Frédéric-Charles, marchait à la gauche de la Iʳᵉ placée sous les ordres du général de Steinmetz.

Dans la supposition que le maréchal atteindrait Bitche le 7, il fut décidé que le prince Frédéric-Charles lui opposerait, le 8 à Rohrbach, sa cavalerie et son aile gauche.

Pour lors, il fut prescrit au IIᵉ corps de se trouver le 8 à Rohrbach avec une brigade de cavalerie; à une division d'infanterie de la garde et à la 5ᵉ division de cavalerie d'être le même jour à Gross-Rederching; au général Voigts-Rhetz de prendre une direction plus à l'ouest; au IIIᵉ corps d'attaquer Sarreguemines. Si le maréchal eût pris pour se retirer la direction de Bitche, il n'eût pu échapper à une nouvelle et complète défaite.

Sarreguemines évacué fut occupé sans coup férir dans la journée du 7. Le 8, la cavalerie de la IIᵉ armée lancée au loin rencontra des détachements de la IIIᵉ armée au lieu de découvrir des colonnes françaises. Il devint dès lors évident que le maréchal avait pris une ligne de retraite plus au sud. Le 8, le IVᵉ corps, formant la gauche de la IIᵉ armée, atteignit Sarralbe et plaça son avant-garde à Lorentzen. Ce fut probablement cette avant-garde que la division Brahaut aperçut dans sa tentative de retour à Bitche.

Le grand état-major allemand supposait que l'empereur Napoléon était avec son armée sur la Moselle, aux environs de Metz. Il décida que la Iʳᵉ armée l'y attaquerait de front, pendant que la IIᵉ envelopperait sa droite. Conformément à cette résolution, et par suite de la position qu'occupaient les deux armées sur la basse Sarre, la Iʳᵉ armée, formant pivot, dut ralentir son mouvement, et la IIᵉ accélérer le sien.

Le 9 cependant, le IVe corps, qui était à l'extrême gauche de l'aile marchante, resta à Sarralbe, parce qu'il fallait, avant d'opérer résolûment ce vaste mouvement de conversion, donner le temps de serrer aux corps de la IIe armée qui étaient en arrière.

A partir de ce moment, le déploiement de la IIe armée sur la Sarre pouvait être considéré comme terminé. Rien ne s'opposait plus à la continuation du mouvement offensif général projeté vers la Moselle. Les instructions suivantes du général de Moltke réglèrent d'une manière générale la marche d'invasion qu'accomplirent les armées allemandes :

« Les renseignements recueillis font supposer que l'ennemi s'est retiré derrière la Moselle ou la Seille.

» Les trois armées prendront cette direction.

» Les routes suivantes leur sont respectivement affectées, savoir : IIIe armée, les routes de Sarrunion, Dieuze et au sud ; — IIe armée, les routes de Saint-Avold, Nomeny et au sud ; — Ire armée, les routes de Sarrelouis, Boulay, les Etangs et au sud.

» Afin de couvrir ce mouvement, la cavalerie devra être lancée au loin et soutenue par des avant-gardes à grande distance, de manière à laisser aux armées le temps de se concentrer en cas de besoin.

» La journée du 10 août peut être mise à profit par la Ire et la IIe armée, pour laisser reposer les troupes ou pour les amener sur les routes qui leur sont affectées.

» L'aile gauche ne pouvant atteindre la Sarre avant le 12, les corps de l'aile droite n'auront à accomplir que des marches relativement courtes. »

Nous allons suivre rapidement les mouvements prescrits par ces instructions, en examinant l'influence qu'ils purent exercer sur la retraite des 1er, 5e et 7e corps.

Nous n'aurons rien à dire de la Ire armée, alors aux environs de Forbach et de Sarrebruck, trop éloignée de l'armée du maréchal pour l'inquiéter. Nous aurons au contraire à parler de la IIe et surtout de la IIIe armée.

Le 10, l'aile gauche du prince Frédéric-Charles était à Sarralbe et à Sarrunion. Sa cavalerie poussait des patrouilles jusqu'à Sarrebourg et Château-Salins. Le gros de ses forces se trouvait entre Saint-Avold et Puttelange. Aucun corps de la IIe armée n'était éloigné de Nancy de moins de 80 kilomètres.

Comme c'est le 10 que fut prise la grave détermination d'arrêter la marche des 1er et 5e corps vers Nancy, dans la crainte d'être attaqué pendant le trajet de 28 kilomètres qui sépare cette ville de Lunéville, il convient de revenir actuellement à la IIIe armée, pour voir si les emplacements qu'elle occupait à cette date justifiaient mieux les appréhensions conçues.

Le Prince royal, supposant que le maréchal se retirerait sur Bitche, ne devait évidemment s'avancer à travers les Vosges que par les routes qui sont au nord de Saverne. Il lui fallut d'abord amener ses colonnes de gauche en face de l'entrée des défilés. Les routes étaient en général en mauvais état et barrées par des places fortes. Le bruit courait que la population avait pris les armes. On pouvait s'attendre à trouver les Français concentrés à l'ouest des Vosges.

Ces considérations firent adopter le parti de s'avancer sur la Sarre avec beaucoup de circonspection, et, comme on l'a déjà vu dans les instructions précitées du général de Moltke, il fut convenu que le 12 seulement serait le jour où toutes les colonnes de la IIIe armée atteindraient la Sarre, à peu près simultanément entre Sarrunion et Sarrebourg.

Le 8 août, la IIIe armée commença, sur un large front, sa marche vers la Sarre, les deux corps bavarois formant l'aile droite, les deux corps prussiens l'aile gauche, la division wurtembergeoise marchant en avant du Ve corps, la division de cavalerie du prince Albrecht, en arrière du XIe corps, qui était à l'extrême gauche. A l'extrême droite marchait la 12e division, avec la mission éventuelle d'assister la IIe armée, si celle-ci s'engageait avec le maréchal du côté de Rohrbach. Il était recommandé aux colonnes de se maintenir en contact latéral, et de se prêter un mutuel appui en cas de combat.

Le 8, le IIe corps bavarois eut à compter avec la place de Bitche. Quand, dans l'après-midi, sa tête de colonne déboucha dans la zone des feux de la forteresse, elle fut accueillie par un tir très vif. Une batterie répondit en lançant des obus sur la ville. On reconnut la nécessité de tourner cette petite place que sa situation rend presque imprenable. Dans ce but, on améliora les mauvaises communications latérales dont il fallait se servir. Le 9, le IIe corps bavarois continua son chemin en passant au sud de Bitche, et en laissant provisoirement devant la place un bataillon et un escadron.

Le 9, la division wurtembergeoise s'empara, non sans pertes, du petit fort de Lichtenberg mal armé et pourvu d'une garnison de 200 hommes seulement. Un détachement du Ve corps occupa la Petite-Pierre qui avait été évacuée.

Le 10, le XIe corps somma Phalsbourg. Le commandant Taillant, chargé de défendre cette place, refusa énergiquement de se rendre, et répondit qu'il acceptait le bombardement. Une fraction du VIe corps, qui suivait le XIe corps, bloqua Phalsbourg. Ce jour-là aucun des corps d'armée du prince Frédéric-Charles n'avait atteint la Sarre. Celui qui était le plus rapproché de Lunéville, le XIe, s'en trouvait à 84 kilomètres, à Metting. La IIIe armée n'était donc pas davantage en mesure que la IIe de troubler les forces en retraite dans leur mouvement, si elles eussent continué à marcher sur Nancy.

Le 11, la division de cavalerie du prince Albrecht, qui avait toujours été en seconde ligne, passa en avant du front de l'armée et vint à Heming. Elle était chargée de reconnaître les environs de Lunéville et de Nancy.

Le 12, pendant que l'armée française atteignait le Modon, la IIIe armée arrivait sur la Sarre, à Pistorf, à Sarrebourg, et les grosses masses qui se mouvaient sous les ordres du prince Frédéric-Charles et du général Steinmetz étaient échelonnées ainsi : 4 corps d'armée en première ligne de Boulay à Morhanges, 5 en deuxième ligne de Boucheporn à Fénestrange. La IIIe armée sur la Sarre formait comme un troisième échelon dans cette vaste répartition des forces que dirigeait le général de Moltke.

En avant du front, un épais rideau de cavalerie cachait les mouvements des Allemands. Des brigades composées de hussards, de dragons, etc., avaient leur gros ou leur avant-garde à Bettange, Raville, Rémilly, Raucourt, Oron, Dieuze. Elles expédiaient au loin et dans toutes les directions des détachements qui tenaient sous leur surveillance perpétuelle les forces réunies autour de Metz, et poussaient au sud de cette ville jusque sur la Moselle.

Ce même jour du 12, un escadron de hussards prit possession de Lunéville qui était évacué. Un autre escadron entra dans Nancy qui l'était également. Des dragons et hussards, s'étant avancés jusqu'à Pont-à-Mousson, y rencontrèrent les chasseurs d'Afrique de la division Margueritte, qui leur firent payer cher leur témérité et en débarrassèrent la ville. Peu de cavaliers revinrent de cette expédition.

Un escadron chargé de détruire le pont de Frouard rencontra un détachement d'infanterie française qui le força à rétrograder.

13 août.

Le 13 août, la IIIe armée était sur la ligne Dieuze-Blamont, l'aile gauche de la IIe armée à Château-Salins. La cavalerie investit Marsal et fut remplacée le jour même par un détachement bavarois comprenant des troupes de toutes armes. Elle s'empara de Pont-à-Mousson, s'élança au-delà de la Moselle à Dieulouard et détermina à rétrograder quatre trains transportant à Metz des bataillons du corps Canrobert. La division du prince Albrecht était à Moncel près de Nancy.

A partir de ce moment, les mouvements de la IIe armée ne purent plus avoir aucune influence sur la retraite. Les batailles des 14, 16 et 18 août (pour les Français : Borny, Gravelotte et Saint-Privat, — pour les Allemands : Colombey-Nouilly, Mars-la-Tour et Gravelotte), arrêtèrent la Ire et la IIe armée autour de Metz, et la distance qui les séparait des corps français rétrogradant sur le camp de Châlons s'accrut chaque jour davantage.

14 août.

La IIIe armée occupait, le 14, la ligne Moyenvic-Lunéville. La division de cavalerie du prince Albrecht coucha à Nancy, d'où elle lança des reconnaissances vers la Moselle. La place de Marsal, mal armée, complétement dépourvue d'artilleurs, se rendit aux Bavarois.

15 août.

La IIIe armée s'étendait de Saint-Nicolas sur la Meurthe à Bayon sur la Moselle, avec ses avant-postes le long du Modon.

La division de cavalerie resta à Nancy et se trouva désormais soulagée dans son service par la 2e division de cavalerie, qui arrivait à Saint-Georges, après avoir parcouru 264 kilomètres en neuf jours.

Le 16, le IIᵉ corps bavarois était à Nancy, la gauche de la IIIᵉ armée à Blamont.   16 août.

La cavalerie lançait des détachements sur le flanc gauche vers Baccarat et en avant du front vers Colombey-les-Belles. Des escadrons s'étant avancés du côté de Toul remarquèrent qu'une action était engagée au nord de la Moselle. Une brigade de uhlans bavarois se porta à Dommartin avec une batterie qui ouvrit son feu contre Toul, pour empêcher la garnison de cette ville d'aller prêter main-forte aux troupes françaises qui se battaient à proximité. Le combat qui se livrait en ce moment n'était autre que la bataille de Gravelotte (pour les Français).

Le Prince royal n'était pas alors parfaitement fixé sur la ligne de retraite suivie par le général de Failly. Il pensait que le 5ᵉ corps seul se dirigeait vers le sud. Il était au contraire certain que des forces considérables se réunissaient au camp de Châlons. La cavalerie saisissait chaque jour un grand nombre de lettres et de journaux, qui ne pouvaient laisser aucun doute à cet égard. On supposait que l'armée du maréchal Bazaine elle-même se retirait vers Châlons.

Le Prince royal ne pouvait manquer d'atteindre l'armée du maréchal de Mac-Mahon dans peu de jours, si elle restait au camp de Châlons. La portion du cours de la Marne qui s'étend de Saint-Dizier à Joinville fut celle qu'il choisit pour franchir cette rivière.

A partir de ce jour, la IIIᵉ armée marcha sur trois colonnes, la 4ᵉ division de cavalerie à une ou deux journées de marche en avant du front, la 2ᵉ division chargée de couvrir le flanc gauche que pouvait menacer le 5ᵉ corps. Le front de l'armée ne dépassait pas 20 à 22 kilo-   17 août.

mètres, ce qui rendait facile la concentration des forces en cas de combat.

Le 17, la IIIe armée était sur le Modon. La 2e division de cavalerie arrivait à Gerbéviller, et apprenait d'une manière certaine que le général de Failly s'était dirigé vers Chaumont. La 4e division poussait jusqu'à Vaucouleurs, d'où elle faisait rayonner ses avant-postes dans la région comprise entre la Meuse et l'Ornain. Elle s'empara à Saint-Mihiel de lettres qui fournirent des renseignements précis sur le rassemblement effectué au camp de Châlons, sur la formation des 12e et 13e corps sous les ordres des généraux Trochu et Vinoy, sur les efforts qui se faisaient dans toute la France et à Paris en vue de la résistance, etc.

18 août.

La IIIe armée était entre Toul et Colombey, la 4e division sur l'Ornain à Demange-aux-Eaux, d'où des partis de cavalerie poussaient jusque sur la Saulx et même jusque sur la Marne à Chevillon, où ils furent accueillis à coups de fusil. On apprenait que le maréchal de Mac-Mahon était au camp de Châlons, avec le 1er corps transporté en chemin de fer depuis Neufchâteau. Le 17, le 4e corps prussien ayant en vain essayé d'enlever Toul au moyen d'un coup de main énergique, le Prince royal chargea de l'investissement de cette place un détachement de toutes armes du 11e corps bavarois, comprenant une brigade d'infanterie.

19 août.

Le 19, la IIIe armée débouchait sur la Meuse. La cavalerie avait un engagement peu important à Ancerville avec deux escadrons de chasseurs français.

20 août.

Le 20, la IIIe armée était sur l'Ornain à Ligny, et en amont la 4e division de cavalerie à Stainville, d'où elle jetait des postes vers Bar-le-Duc et tout le long de la Marne.

Le 20, le Prince royal reçut à son quartier général de Vaucouleurs un ordre du général de Moltke, indiquant une nouvelle répartition des forces allemandes.

Le Prince royal, se conformant aux dispositions qui lui étaient prescrites, maintint pendant les journées du 21 et du 22 la IIIe armée sur l'Ornain, sa cavalerie continuant à pousser au loin des reconnaissances dans toutes les directions. Ce fut seulement le 23 que la IIIe armée reprit sa marche en avant à la poursuite du maréchal de Mac-Mahon, parti le 21 pour Reims avec son armée.

Tout le monde sait que le maréchal se porta de Reims vers Metz au secours du maréchal Bazaine, et que la bataille de Sedan fut la conséquence de ce mouvement.

FIN.

GUERRE FRANCO-ALLEMANDE

DE 1870-1871

SUPPLÉMENT I

Dépêches télégraphiques et lettres.

Nᵒ 1.

Le général de Failly au maréchal de Mac-Mahon.

De Bitche, 17 juillet.

Je suis à Bitche avec 17 bataillons d'infanterie. Envoyez-moi de l'argent, or, pour pouvoir faire vivre les troupes. Les billets n'ont pas cours. Point d'argent dans les caisses publiques des villes environnantes. Point d'argent dans les caisses des corps.

Nᵒ 2.

Le général de Failly au maréchal Bazaine.

De Bitche, 17 juillet.

..... Nous manquons de tout sous tous les rapports.

Vous pouvez envoyer les voitures pour l'état-major. Personne n'en a. Envoyez-moi les cantines d'ambulances.

13

Il y a urgence d'occuper Sarreguemines pour la sûreté du chemin de fer et du fil télégraphique.

Le service de la poste est interrompu depuis 36 heures, les trains militaires ne prennent point de courrier

N° 3.

Le ministre au général de Failly.

18 juillet.

La 3ᵉ des divisions de votre corps (division de Lespart), actuellement en mouvement de Lyon sur Bitche, est arrêtée à Strasbourg avec son artillerie et placée momentanément sous les ordres du général Ducrot. Ainsi, à Bitche, vous n'aurez d'abord que deux divisions, les premières parties de Lyon.

N° 4.

Le maréchal Bazaine au général de Failly, à Bitche.

Metz, 23 juillet, 9 h. 30 soir.

D'après l'ordre de l'Empereur, transmis par le major-général, portez demain vos deux divisions, réunies à Bitche, à Sarreguemines et appelez à Bitche votre 3ᵉ division, qui est à Haguenau. Je préviens le général Frossard que son détachement de Sarreguemines sera relevé par vos troupes.

Accusez-moi réception de ma dépêche immédiatement

N° 5.

Le général Nicolas au général de Failly.

24 juillet.

Le général Guyot de Lespart est arrivé de sa personne à Bitche à 3 heures. La 1ʳᵉ brigade arrive ce soir avec 2 batteries, la 2ᵉ demain matin, venant de Niederbronn. Le 61ᵉ réoccupera ce soir les positions de la nouvelle route de Deux-

Ponts Demain matin, nous les quittons pour nous rendre à Sarreguemines, où nous arriverons avant midi. Ces dispositions éviteront au 61ᵉ une marche et un bivouac de nuit à Rohrbach sans rien retarder.

N° 6.

Le maréchal Bazaine au général de Failly.

Boulay, 27 juillet, 10 h. 15 soir.

La division Douay occupe Haguenau, la division Ducrot, près de Reichshoffen, couvre le chemin de fer de Strasbourg à Bitche, la division Ducrot occupera avec une brigade la ligne qui a sa droite au col du Pigeonnier, près de Wissembourg, sa gauche à Frœschwiller ; elle détachera un poste au Jagœrthal, au-dessus de Niederbronn.

D'après le major-général, vous devez occuper les passages principaux que l'ennemi serait obligé de prendre pour couper le chemin de fer de Niederbronn à Bitche ; ce sont Sturzelbronn et Neunhofen, dans la vallée du Jagœrthal. La droite de vos avant-postes se reliant sur le village de ce nom à la division Ducrot.

Je vous demanderai de me faire connaître le lieu où ces troupes seront en position, et s'il est possible de faire ce que demande le maréchal de Mac-Mahon, avec la division que vous avez à Bitche.

Les deux autres divisions du 1ᵉʳ corps et le 7ᵉ corps sont en formation à Strasbourg et à Belfort.

N° 7.

Le général commandant la 1ʳᵉ division d'infanterie au maréchal commandant le 1ᵉʳ corps, ou, en son absence, au chef d'état-major général.

30 juillet, 5 h. 5 minutes. Reichshoffen.
Urgence. Strasbourg

Voulez-vous m'autoriser à placer trois compagnies du 96ᵉ

et deux escadrons du 2e lanciers à Wissembourg? Cela nous permettra de mieux surveiller les mouvements de l'ennemi, et tiendra ses patrouilles à distance. L'établissement du Pigeonnier, où nous nous établirons solidement, donnera toute sécurité à ce détachement.

Général Ducrot.

N° 8.

Maréchal commandant le 5e corps au général commandant 1re division.

Reichshoffen, 30 juillet, 8 h. 15.

Je ne vois pas de nécessité à mettre de l'infanterie à Wissembourg; j'y vois même un danger, car il résulte des renseignements recueillis par le major-général que l'ennemi avait formé le projet d'enlever Wissembourg, s'il avait été occupé. Bornez-vous à envoyer de fréquentes patrouilles de cavalerie à Wissembourg.

Maréchal DE MAC-MAHON.

N° 9.

Maréchal de Mac-Mahon au général Douay.

Strasbourg, 3 août, 12 h. 10 matin.

D'après les nouvelles que vous me donnez, mettez-vous en route demain matin le plus tôt possible avec toute votre division, à l'exception de deux bataillons détachés à Seltz, pour vous porter sur Wissembourg. Vous prendrez à Soultz le 3e hussards. Emmenez également les escadrons du 11e chasseurs de Haguenau. Le détachement de Seltz vous rejoindra le 4 après qu'il aura été relevé.

Le général Ducrot, qui porte également une partie de sa division à Lembach, vous rejoindra en route et vous indiquera la manière de vous relier avec la 1re division. Accusez réception.

Signé : MAC-MAHON.

N° 10.

Maréchal de Mac-Mahon au général Douay.

Strasbourg, 4 août, 5 h. 27 matin.
(Expédiée à 6 h.)

Avez-vous ce matin quelques renseignements vous faisant croire à un rassemblement nombreux devant vous ? Répondez immédiatement. Tenez-vous sur vos gardes, prêt à vous rallier, si vous étiez attaqué par des forces très supérieures, au général Ducrot, par le Pigeonnier. Faites prévenir le général Ducrot, en route par Lembach, d'être également sur ses gardes.

N° 11.

Climbach, le 4 août 1870, 11 h.

A Monsieur le général Ducrot.

MON GÉNÉRAL,

J'ai l'honneur de vous rendre compte que l'ennemi tire le canon sur Wissembourg ; on me dit que le feu s'est déclaré dans plusieurs maisons. Cet avis nous est donné par le poste du Pigeonnier.

Le 78° vient d'arriver. Je fais ployer mes bagages et lever le camp. Je ne me mettrai en route qu'à midi.

Je suis avec un profond respect, mon général, votre très humble serviteur.

Signé : Le colonel DE FRANCHESSIN.

N° 12.

Gare à gare. — De Wissembourg à Strasbourg.

4 août, 8 h. 25 matin.

J'ai fait arrêter le train 20-39 à Soultz ; on tire en ce moment sur la ville ; les boulets arrivent jusqu'à la gare.

N° 13.

Maréchal de Mac-Mahon au général Raoult.

De Strasbourg, 4 août, 9 h. 45, à Reichshoffen.

Je reçois l'avis d'une attaque sur Wissembourg. Que vos troupes se tiennent prêtes à marcher au premier ordre. Je pars pour Soultz, d'où je me porterai sur la ligne des avant-postes.

N° 14.

Maréchal de Mac-Mahon au général Raoult.

4 août, 10 h. 25 matin.

Je pars pour Wissembourg en chemin de fer. De Wissembourg, j'irai à cheval visiter les postes jusqu'à Reichshoffen, où je compte vous rencontrer.

N° 15.

Maréchal de Mac-Mahon à l'Empereur.

Reichshoffen, 5 août, 10 h. 50 matin.

Je suis concentré avec mon corps d'armée à Frœschwiller, étendant ma droite jusqu'à la forêt de Haguenau. Si l'ennemi, se voyant menacé sur sa droite, ne dépasse pas Haguenau, je suis en bonne position ; s'il dépasse Haguenau, je suis obligé de prendre position plus au sud pour garder les défilés de la Petite-Pierre et de là à Saverne.

S'il vous est possible de disposer d'un des corps d'armée de la Moselle, venant me rejoindre par le chemin de Bitche ou par la route de la Petite-Pierre, je serai en état de reprendre l'offensive avec avantage.

N° 16.

Le major-général au général de Failly.

De Metz à Sarreguemines, 4 août.

Soutenez avec vos deux divisions celle que vous avez à Bitche.

N° 17.

Sous-préfet de Sarreguemines au général de Failly, à Bitche.

5 août.

Ce que j'avais prévu et annoncé depuis trois semaines est enfin arrivé ; les fils télégraphiques et la ligne de fer viennent d'être rompus à Bliesbrucken par les Prussiens.

N° 18.

Le général de Maussion au général de Failly.

De Rohrbach à Bitche, 5 août.

La gare de Bliesbrucken est occupée par un détachement de cavalerie prussienne. Ils ont coupé les fils télégraphiques des deux côtés de la station.

N° 19.

Le major-général au général de Failly.

5 août.

Par ordre de l'Empereur, à partir de ce jour, les 1er, 5e et 7e corps de l'armée, sont placés, en ce qui concerne les opérations militaires, sous les ordres directs du maréchal de Mac-Mahon ; les 2e, 3 et le 4e sont sous ceux du maréchal Bazaine.

N° 20.

Le major-général au maréchal de Mac-Mahon.

5 août. Urgence. Reichshoffen, 5 h. 30 m.
De Metz, 3 h. 30.

Le général de Failly, avec trois divisions, est aujourd'hui à Bitche. L'Empereur l'a placé sous vos ordres, disposez de lui; ma dépêche de ce matin onze heures vous l'annonçait; l'avez-vous reçue?

N° 21.

Le maréchal de Mac-Mahon au général de Failly.

De Reichshoffen. 5 août, 5 h. 14, à Bitche.

Faites-moi connaître quel jour et par où vous me rallierez. Il est indispensable que nous réglions nos opérations.

N° 22.

Le maréchal de Mac-Mahon au général de Failly.

5 août, 5 h., à Bitche.

Si cela vous est possible, occupez immédiatement la position de Lemberg. C'est de la dernière urgence.

N° 23.

Le général de Failly au maréchal de Mac-Mahon.

5 août.

La division Lespart est seule à Bitche et partira le 6 au matin pour vous rejoindre. Les autres divisions suivront aussitôt leur arrivée successive à Bitche.

N° 24.

Le général de Failly au maréchal de Mac-Mahon.

De Bitche, 5 août, 9 h. du soir.

Renseignements pris, j'ai lieu de penser que ce n'est pas le poste de Lemberg, gare du chemin de fer au sud de Bitche, qu'il s'agit d'occuper ; il n'y a rien d'anormal dans cette direction.

Il s'agit peut-être de Lembach, à 32 kilomètres est de Bitche ?

Faites-moi connaître l'effectif des troupes à y envoyer.

Demain, à 10 heures seulement, je pourrais, par suite du mouvement de concentration qui s'opère sur Bitche, disposer de la division Lespart.

En cas de départ, la réserve divisionnaire d'artillerie devra-t-elle marcher, ainsi que le convoi auxiliaire ?

Il est impossible à cette division de faire 32 kilomètres dans la journée, si elle doit marcher militairement, avec chance de rencontrer l'ennemi ; je viens d'en faire deux fois l'expérience.

N° 25.

Le maréchal de Mac-Mahon au général de Failly.

De Reichshoffen, 5 août, 8 h. 10, à Bitche.

Venez à Reichshoffen avec tout votre corps d'armée le plus tôt possible. Nous manquons de vivres, et si vous avez à Bitche des approvisionnements, formez un train spécial de vivres de toute nature que vous mettrez au chemin de fer et qui arrivera cette nuit. Vos troupes viendront par la grande route, et j'espère que vous me rallierez dans la journée de demain.

No 26.

Le général de Failly au général de Montaudon.

De Bitche, 6 août, 4 h.

Suivant les événements qui se sont passés à Bliesbrucken et les renseignements que vous pouvez avoir, veuillez transmettre l'ordre au général Lapasset de laisser son convoi à Sarreguemines Envoyez les denrées sans les voitures par un convoi de chemin de fer, dès qu'il sera préparé, sur Reichshoffen. Vous apprécierez si le général Lapasset, avec sa brigade débarrassée du convoi, peut rejoindre sûrement Bitche; si vous avez des doutes, maintenez-le à Sarreguemines et donnez-moi avis à Bitche de votre décision. Même ordre pour le régiment de lanciers qui doit suivre la destinée du général Lapasset.

No 27.

Le général de Failly au maréchal de Mac-Mahon.

De Bitche, 6 août, 3 h. matin.

Je ne puis disposer que d'une division, je la réunis et je la dirige sur Reichshoffen. Il est possible qu'elle soit obligée de s'arrêter à Niederbronn. Je vous envoie, faute d'approvisionnements, la réserve de la 3e division par le chemin de fer. Elle partira seulement demain. Je donne des ordres pour former un second convoi. Bliesbrucken est occupé par l'ennemi; le télégraphe de Sarreguemines est coupé.

No 28.

Le général de Failly au maréchal de Mac-Mahon.

Bitche, 6 août, vers 3 h. matin.

La division Lespart doit arriver à Reichshoffen aujourd'hui, la division Goze partira demain de très grand matin pour se porter à Philipsbourg.

La brigade Maussion, de la division l'Abadie, doit se porter demain sur Lemberg et escorter, par la vallée de Mouterhausen, Bœrenthal, Zinzwiller et Reichshoffen, 6 batteries de réserve et le parc d'artillerie qui ne peuvent rester à Lemberg, la 2ᵉ brigade de cette division est à Sarreguemines et a ordre de ne pas me rejoindre, la route étant interceptée.

Je ne peux donc occuper Lemberg malgré mon désir, à cause des neuf batteries que je ne peux engager dans le défilé de Niederbronn (*sic*) et à cause de la réduction de la 2ᵉ division à une brigade.

N° 29.

Le général de Montaudon au général de Failly.

De Sarreguemines à Bitche, 6 août, 6 h. 40 mat.

Le convoi de vivres va être mené en gare pour être expédié en temps opportun ; le général Lapasset, avec sa brigade et le régiment de cavalerie (3ᵉ lanciers), partira à midi pour aller coucher à Rohrbach.

N° 30.

Sous-préfet de Sarreguemines au général en chef, à Bitche.

6 août, 10 h. matin.

Les Prussiens qui ont rompu cette nuit le poste télégraphique de Bliesbrucken ont laissé entendre qu'ils allaient passer en grand nombre par Rohrbach, pour se diriger sur Bitche.

Tout le convoi vient de rentrer à Sarreguemines, moins 4 voitures et 2 gendarmes.

N° 31.

Le prévôt du 5ᵉ corps au général de Failly.

6 août, 10 h. 55 matin.

Parti ce matin avec le convoi général de Neukirchen, ayant aperçu des vedettes ennemies, j'ai dû le faire rétrograder et il est rentré à Sarreguemines. Des gendarmes accompagnant des voitures ont été surpris et ont dû se défendre dans une briqueterie.

Des dispositions ont été prises par le général. Beaucoup de troupes en avant.

N° 32.

Le général de Montaudon au général en chef, à Bitche.

6 août, midi 20.

Le colonel du 3ᵉ lanciers rentre de reconnaissance. Il a vu, vers 8 heures et demie du matin, à 500 mètres en arrière de Wising, 3 régiments de cavalerie, 2 bataillons d'infanterie et une batterie d'artillerie. Rohrbach paraît également menacé. Dans ces conditions, je crois devoir retenir la brigade Lapasset, pour ne pas la compromettre.

N° 33.

Le major-général au général de Failly.

6 août, 2 h. 05 soir.

Le chemin de fer est coupé entre Sarreguemines et Bitche. C'est à Strasbourg que les troupes d'Alsace doivent se réapprovisionner ; le général Frossard et le maréchal Bazaine sont attaqués. Tenez-vous sur vos gardes.

N° 34.

Le major-général au général de Failly, à Bitche.

De Metz, 6 août, 4 h. 40 soir.

L'Empereur demande de vos nouvelles et de celles du général de Lespart. La brigade Lapasset est restée à Sarreguemines, la route étant interceptée. Le 2ᵉ corps, soutenu par le 3°, est fortement engagé en avant de Rohrbach.

N° 35.

Le général de Failly au général de la Morlière, à Rohrbach.

Dirigez immédiatement sur Lemberg, où il prendra position et se retranchera, le bataillon d'infanterie resté à Rohrbach.

Une heure après son départ, le régiment de cavalerie fera une démonstration à courte distance et se retirera également sur Lemberg, sous la protection du bataillon.

N° 36.

Le général de Failly au général l'Abadie.

Vous ne m'avez pas fait connaître par le télégraphe si vous êtes arrivé à Rohrbach.

Pendant la journée de demain, laissez provisoirement un bataillon à Rohrbach jusqu'à l'établissement de la brigade Lapasset.

Faites couvrir tout le terrain au nord de Bitche, comme aujourd'hui, par le régiment de lanciers.

Si Lapasset arrivait trop tard, pour que le bataillon laissé par vous en arrière pût rejoindre la ferme de Freudenberg avant la nuit, ce bataillon ne se mettrait en route que le lendemain. Vous établirez la brigade Maussion à la ferme de Freudenberg avec une batterie d'artillerie. Dès que cette brigade aura pris position, vous avertirez le régiment de la division Goze qu'il peut descendre à Bitche.

N° 37.

Chef de gare de Banstein à Bitche.

6 août, 6 h. 30 soir.

L'ennemi est à Niederbronn : tout est en déroute.

N° 38.

Le général Abbatucci au général de Failly, à Bitche.

6 août, 5 h. soir.

La division est coupée. La brigade de Fontanges se retire sur Saverne et moi sur Bitche.

N° 39.

Le major-général au général de Failly.

De Metz à la Petite-Pierre, 7 août.

Magenta arrive ce matin à Phalsbourg.

Emmenez les 3,000 hommes qui se sont ralliés à la Petite-Pierre. L'Empereur réunit l'armée sous le même maréchal en arrière de la Marne.

Un officier, parti de Metz hier soir, doit vous rejoindre pour vous porter des instructions. Paris est très dévoué; les Chambres seront réunies le onze.

N° 40.

L'Empereur au général de Failly (non reçue).

7 août.

Retirez-vous avec votre corps d'armée sur le camp de Châlons.

N° 41.

Le major-général au général de Failly.

De Metz à la Petite-Pierre, 7 août,
7 h. 53 soir.

L'Empereur maintient les ordres qu'il vous a déjà envoyés
et d'après lesquels vous devez vous retirer avec vos troupes
sur le camp de Châlons.

N° 42.

(A été supprimé.)

N° 43.

Le général de Failly au major-général.

11 août.

Je demande à marcher sur Toul, où le 5ᵉ corps se réunirait, occuperait la vallée de la Moselle, protégerait Frouard,
marcherait sur Nancy (par plusieurs routes) en suivant les
hauteurs et la forêt de Hayes, où l'on pourrait repousser l'ennemi en l'abordant de front. En cas de retraite forcée, on
pourrait tenir dans la forêt de Hayes ou gagner Metz, ou au
besoin se retirer dans l'Argonne.

N° 44.

Le major-général au général de Failly.

11 août.

Par ordre de l'Empereur, ne continuez pas votre marche
pour vous jeter dans l'Argonne.

Marchez droit sur Toul aussi vite que possible, vous n'êtes

pas menacé; le chemin de fer de Toul à Nancy n'est pas interrompu.

Suivant les circonstances, vous serez appelé à Metz ou dirigé sur Châlons.

N° 45.

Le général Abbatucci au général de Failly.

De Joinville à Vitry, 17 août, 11 h. 40 soir.

Le 20ᵉ de ligne garde la ligne du chemin de fer depuis Blesme jusqu'à Joinville. Le régiment est fractionné en trois parties.

N° 46

Le sous-préfet de Vassy au préfet de Chaumont.

16 août.

Les deux divisions Bonnemains et Duhesme partent demain matin pour Vitry.

N° 47.

Le général de Failly au maréchal de Mac-Mahon, au camp de Châlons.

15 août.

Bar-le-Duc est probablement occupé par l'ennemi. On a des inquiétudes sur l'embranchement de Blesme. Faites-moi connaître si vous défendez cet embranchement pour assurer le passage de vos divisions. J'ignore où vous êtes, et je crains que la brigade d'infanterie que je vais tâcher d'envoyer avec une batterie d'artillerie n'arrive pas à temps à Blesme.

N° 48.

Le ministre de la guerre au général de Failly.

17 août, 8 h. 27 soir,

Occupez Blesme, si vous le pouvez, avec une brigade jusqu'à l'arrivée de la tête de colonne du corps du général Douay qui rallie Châlons.

N° 49.

Le ministre de la guerre au général de Failly.

17 août, 11 h. 10 soir.

Eclairez-vous à une distance suffisante tout autour de la gare de Bologne et des gares adjacentes. On ne signale pas de forces prussiennes dans le voisinage, mais il est prudent de se tenir en garde.

N° 50.

Le commandant du détachement de Bologne au général de Failly.

17 août.

Les Prussiens auront, le 18, le gros d'une armée à Neuf-château.

N° 51.

Maréchal de Mac-Mahon au général de Failly.

18 août, 5 h. 56 matin.

L'ordre est donné au général Duhesme de mettre à votre disposition un régiment de dragons et un régiment de lanciers.

N° 52.

Le général Nicolas au général de Failly.

De Blesme à Vitry, 18 août, 2 h. soir.

Le 20e de ligne, appelé au camp, est remplacé à Joinville par 3 compagnies du 46e. On signale une avant-garde de 6,000 Prussiens en arrière de Bar.

14

Le général demande des instructions et des renforts pour tenir à Blesme.

N° 53.

Le colonel du 11e chasseurs à cheval au général de Failly.

De Saint-Dizier à Vitry, 19 août.

A Ancerville, le chef d'escadron de Bonne a eu un engagement avec des dragons prussiens. Je viens de recevoir un blessé et un prisonnier.

N° 54.

Le colonel du 11e chasseurs au général de Failly.

19 août, 7 h. 10 du soir.

Le commandant de Bonne n'a pu se tenir en avant d'Aulnois en Perthuis. Il s'est retiré sur Ancerville. On signale 600 à 700 cavaliers ennemis sur sa droite. Les uhlans se sont montrés à Saint-Dizier.

N° 55.

Le général de Failly au général Liédot, à Chaumont.

19 août.

Portez-vous avec votre réserve à Bar-sur-Aube.

Procédez immédiatement à son embarquement et dirigez-vous en toute hâte par Paris sur le camp de Châlons.

Avis en est donné au ministre.

N° 56.

Le général Liédot au général de Failly.

16 août, 8 h. soir.

Arrivée sans encombre à Bar-sur-Aube de la réserve d'artillerie; embarquement régulier; départ en ordre des convois.

N° 57.

Le général de Failly au général Goze.

De Vitry-le-Français à Saint-Dizier, 18 août.

Le général de l'Abadie m'annonce son départ de Chaumont à 9 heures. Pour éviter une longue étape en quittant Saint-Dizier, arrêtez-vous et campez militairement, à cheval sur la route, à hauteur du village d'Escriennes.

La cavalerie resterait à Perthes.

Demain, vous vous dirigerez sur Vitry, ou, à moins d'ordres contraires, vous camperez. Vous êtes éclairé à Blesme par un régiment de cavalerie.

N° 58.

Le maréchal de Mac-Mahon au général de Failly.

19 août. 12 h. 35 soir.

Tout le 5ᵉ corps doit être dirigé sur le camp de Châlons.

N° 59.

Le maréchal de Mac-Mahon au général de Failly.

19 août, 8 h. 46 soir.

Votre dernière brigade ne devra quitter Vitry que le 21 de grand matin.

N° 60.

Le maréchal de Mac-Mahon au général Douay.

7 août, matin.

J'ai été attaqué dans mes positions par des forces supérieures. J'ai perdu la bataille et fait de grandes pertes. Je prends les ordres de l'Empereur. Je vous les ferai connaître.

N° 61.

L'Empereur au général Douay.

7 août.

Jetez, si vous pouvez, une division dans Strasbourg, et, avec les deux autres, couvrez Belfort.

NAPOLÉON.

SUPPLÉMENT II

Strasbourg, 19 septembre 1867.

Mon cher Général,

Je serai très heureux de trouver l'occasion de causer quelques instants avec vous, et, lorsque vous le voudrez, je suis à vos ordres.

Les Bavarois évacuent la place de Landau et font même sauter les fortifications; ils déploient dans ce travail une très grande activité et une plus grande activité encore dans l'achèvement du tronçon de voie ferrée qui doit relier Germersheim à Rastatt par Kandel et Maxau. De plus, ils dirigent sur Germersheim tout le matériel de Landau et y font des travaux considérables. Il suffit de jeter les yeux sur la carte pour se rendre compte du but de ces dispositions : créer à l'Allemagne, sur notre flanc droit, une large et solide base d'opérations dont la droite est appuyée à Mayence, la gauche à Rastatt, et qui permet d'opérer en toute sécurité sur l'une et l'autre rive du Rhin, sur l'un et l'autre versant des Vosges, par les voies ferrées Mayence, Kreuznach, Wendel et Forbach, — Mayence, Manheim, Neustadt et Landau ou Germersheim, lesquelles voies sont reliées par la voie transversale Manheim et Spire, Neustadt, Kaiserslautern, Hombourg. Tout cela établit donc une situation formidable contre nous, et je ne vois pas bien ce que nous faisons pour équilibrer les forces. La nécessité d'un vaste camp retranché vers Nancy et

Frouard paraît de plus en plus démontrée ; mais, ce qu'il faut surtout, c'est être toujours en mesure de prendre une vigoureuse et rapide offensive sur la rive droite du Rhin, ayant pour premier objectif la magnifique position d'Heidelberg qui deviendrait le pivot de toutes nos opérations ultérieures, en même temps qu'une grosse armée tiendrait la ligne de Neustadt, Kaiserslautern, Birkenfeld, sa droite soutenue par des postes retranchés à Nothweiler et Seltz, sa gauche par le camp retranché de Nancy. Plus j'étudie cette position de Seltz, plus je suis convaincu de sa haute importance ; je ne l'ai pas découverte, car lors de la création du fort Louis, Vauban avait proposé Seltz comme offrant beaucoup plus d'avantages ; mais Louis XIV, ayant déterminé lui-même l'emplacement du fort Louis, persista dans son idée, malgré les observations de l'illustre maréchal. Une armée passant le Rhin entre Strasbourg et Seltz peut occuper, le jour même, l'excellente position de Bruchsal (32 kilomètres de Seltz à Bruchsal), où elle établit fortement sa gauche, pendant que le gros de l'armée, passant au sud-est de Rastatt (bloquée par un corps), s'avance par les belles routes de Kuppenheim, Ettlingen, Bade, Gernsbach, Rothensold, Forzheim, Butten, Eppingen. Toute notre armée se trouve alors en ligne, la droite à Eppingen, la gauche à Bruchsal et pivotant autour de cette excellente position, se porte sur Heidelberg en s'échelonnant par sa droite. Une fois là, elle prend à revers toute la base d'opérations de l'ennemi, peut, par Manheim, donner la main à l'armée des Vosges, et, suivant les circonstances et les plans arrêtés d'avance, se porter sur Francfort, ou mieux encore, couverte par un corps en position à Heidelberg, se porter résolûment dans la position de Vurzbourg, de manière à opérer sa jonction avec l'armée autrichienne, qui a pu arriver facilement en s'aidant du chemin de fer Pilsen, Nuremberg et Bamberg.

Ce plan se résume en quelques mots : conserver une solide défensive de Manheim à Metz, se porter par une vigoureuse et rapide offensive sur le haut Mayn, se relier ainsi à l'armée

autrichienne au cœur de l'Allemagne, séparant immédiatement de la Prusse tous les Etats du sud et les forçant, dès le
début de la guerre, à se prononcer en notre faveur ou à subir
nos conditions. Ce premier résultat obtenu, nous pourrions à
volonté suivre le plan de campagne de 1806, c'est-à-dire nous
porter sur l'Elbe par les défilés de la Franconie, ou bien, longeant le versant occidental des montagnes de la Thuringe,
nous porter vers Eisenach sur la grande route de Francfort à
Berlin, envahir le Hanovre, où nous donnons la main à notre
corps de débarquement qui aura remonté entre Elbe et We-
ser, et prendre une nouvelle base d'opérations à la mer, dont
notre supériorité maritime nous assure toujours la possession.
Je suppose que pendant ces opérations le siège de Rastatt a
été poussé activement et que cette place est tombée en notre
pouvoir Mais, dans tous les cas, en occupant fortement par
des postes retranchés les excellentes positions de Heidelberg,
Rothensold, Gernsbach et Renchen, nous conserverons toujours une ligne d'opérations suffisante pour assurer notre retraite sur Strasbourg et Neuf-Brisach.

Je n'ai pas perdu mon temps depuis que j'ai eu le plaisir
de vous voir, j'ai continué à étudier et faire étudier tout le
théâtre probable de la guerre, et j'ai réuni bien des documents sur toutes ces positions importantes de Heidelberg,
Bruchsal, Rothensold, Gernsbach et sur toutes les routes qui
sillonnent la Forêt-Noire, de même que sur les bases d'opérations du Palatinat, Hornbach, Pirmasens, Annweiler,
Hombourg, Kaiserslautern et Neustadt.

Je ne connais plus les secrets de notre politique, mais je
suis attentivement la marche des événements, les dispositions
de l'Allemagne, et je considère la guerre comme inévitable
dans un avenir plus ou moins rapproché, je dirais même que
je la considère comme indispensable pour le salut de notre
pays..... Plus nous ferons de concessions, plus nos adversaires se montreront arrogants et audacieux. Aujourd'hui
encore la Bavière et le Wurtemberg hésiteraient à se prononcer en faveur de la Prusse au début de la guerre, ils fe-

raient en sorte d'attendre les premiers résultats de la lutte pour se ranger du côté du vainqueur. Dans dix-huit mois ou deux ans, les armées du Sud seront si bien incorporées à l'armée prussienne qu'elles marcheront avec elle au premier signal, et une fois engagées dans la lutte, il sera bien difficile de les en détacher. Si ces Etats sont hésitants aujourd'hui, c'est qu'ils redoutent l'ambition de la Prusse, et, pour lui résister, ne comptent ni sur l'Autriche qui est épuisée, ni sur la France qui n'a pas pu ou n'a pas voulu les soutenir lors de la lutte de l'année dernière. Hier, je lisais dans un journal de Francfort une phrase qui m'a fait monter le rouge au front : « La France a peur, cela saute aux yeux de tous ceux qui suivent la marche des événements. » Et, en effet, comment l'Allemagne ne le penserait-elle pas lorsqu'elle compare l'attitude ferme et assurée du gouvernement prussien à nos hésitations et à nos contradictions, les discours du grand-duc de Bade et des Chambres badoises aux discours de M. Rouher, aux circulaires de notre diplomatie..... Et cette revue de l'armée badoise passée demain à Rastatt par le roi Guillaume, n'est-ce pas encore une provocation à notre adresse! Tout ce qui a le sentiment de la dignité de notre France le comprend ainsi.

Vous voyez que je vous parle avec toute franchise..... Pardonnez le moi..... mais mon cœur déborde..... Je vois notre pays si menacé dans sa grandeur et sa sécurité, le prestige du gouvernement de l'Empereur si fortement ébranlé, qu'en vérité il y aurait lâcheté à garder le silence !

Croyez, mon cher Général, à l'expression de mes sentiments les plus dévoués.

Général A. Ducrot.

SUPPLÉMENT III

1ᵉʳ CORPS D'ARMÉE.

**Commandant en chef : Maréchal DE MAC-MAHON,
duc de Magenta.**

Etat-major particulier du maréchal : Lieutenants-colonels d'Abzac, Broye; capitaines de Vaulgrenant, de Vogüé; lieutenant Marescalchi.

Etat-major général : Général Colson, chef d'état-major; colonel Faure; commandants Tissier, de Bastard, Corbin; capitaines de Gaudemaris, Riff, Leroy, Kessler, Rau, de Grouchy; lieutenants Uhrich, Lamy.

Artillerie : Général de division Forgeot, commandant de l'artillerie; commandant Minot, aide-de-camp.

Génie : Général de brigade le Brettevillois, commandant du génie.

Intendance : Intendant de Séganville.

1re DIVISION.

Commandant : Général **Ducrot**.

Etat-major divisionnaire : Lieutenant-colonel de Montigny ; commandant Cartier : capitaines Bossan, Schnell, Aignan.

1re *Brigade* : Général **Wolff**.

18e de ligne,	9e de ligne,
Colonel Bréger,	Colonel de Franchessin,
Lieutenant-colonel Gouzil.	Lieutenant-colonel Bluem.
1er bataillon Gaduel,	1er bataillon, Pietri,
2e — Longeaud - Chabroulard-Lagrange,	2e — Cornier,
3e — Boutet.	3e — Lamy.

13e bataillon de chasseurs, commandant le Cacher de Bonneville.

2e *Brigade* : Général **Postis du Houlbec**.

45e de ligne,	1er zouaves,
Colonel Bertrand,	Colonel Carteret-Trécourt,
Lieutenant-colonel Germain.	Lieutenant-colonel Gautrelet.
1re bataillon, Lecluze,	1er bataillon, Marion,
2e — Cailliot,	2e — Bertrand,
3e — Laferrière.	3e — Désandré.

Artillerie : Lieutenant-colonel **Lecœuvre**.

9e d'artillerie,
Commandant de Quélen.

6e batterie de 4,   Riffe,
7e   —   Vernay,
8e batterie de mitraill., de Mornac.

Génie : Commandant **Barillon**.

1er du génie, 3e compagnie de sapeurs, capitaine de la Porte.

2ᵉ DIVISION.

Commandant · Général **Douay** (Abel)

Etat-major divisionnaire : Colonel Robert; commandant Lambrigot; capitaines Titre, Barbat du Clozel.

1ʳᵉ *Brigade* : Général **Pelletier de Montmarie.**

50ᵉ de ligne,	74ᵉ de ligne,
Colonel Ardouin,	Colonel Theuvez,
Lieutenant-colonel Delatour d'Auvergne Lauraguais.	Lieutenant-colonel Baudoin,
1ᵉʳ bataillon, Boutroy,	1ᵉʳ bataillon, Cécile,
2ᵉ — Bonnet,	2ᵉ — Liaud,
3ᵉ — Joanin.	3ᵉ — Valet.

16ᵉ bataillon de chasseurs, commandant d'Hugues.

2ᵉ *Brigade* : Général **Pellé.**

78ᵉ de ligne,	1ᵉʳ tirailleurs algériens (turcos) (1),
Colonel de Carrey de Bellemare,	Colonel Maurandy,
Lieutenant-colonel Girgois	Lieutenant-colonel Barrachin.
1ᵉʳ bataillon, Moufflet,	2ᵉ bataillon, Sermensan,
2ᵉ — Gibon,	3ᵉ — de Lammerz,
3ᵉ — Favand.	4ᵉ — de Coulanges.

Artillerie : Lieutenant-colonel **Cauvet.**

9ᵉ d'artillerie,
Command. J. de Fleurey.
- 9ᵉ batterie de 4.   Didier,
- 12ᵉ   —   Foissac,
- 10ᵉ batterie de mitrail., de Saint-Georges.

Génie : Commandant **Dhombes.**

1ᵉʳ régiment, 8ᵉ compagnie de sapeurs, capitaine Schwaab

---

(1) Le 1ᵉʳ bataillon était resté au dépôt.

3e DIVISION.

Commandant : Général **Raoult**.

Etat-major divisionnaire : Colonel Morel; commandant Thierry; capitaines Rouff, Fouquet.

1re *Brigade* : Général **L'Hérillier**.

36e de ligne,	2e zouaves,
Colonel Krien,	Colonel Détrie,
Lieutenant-colonel Cloux.	Lieutenant-colonel Letoulbe.
1er bataillon, Prouvost,	1er bataillon, Figarol,
2e — Croix,	2e — Soye,
3e — Laman.	3e — Coiffé.

8e bataillon de chasseurs, commandant Poyet.

2e *Brigade* : Général **Lefebvre**.

48e de ligne,	2e turcos,
Colonel Rogier,	Colonel Suzzoni,
Lieutenant-colonel Thomassin.	Lieutenant-colonel Colonieu.
1er bataillon, Duhoussel,	1er bataillon, Mathieu,
2e — Meric,	2e — Jodosius,
3e — Chataignier.	3e — Canale.

Artillerie : Lieutenant-colonel **Chéguillaume**.

12e d'artillerie, Commandant de Noue.

- 5e batterie de 4,   Ferreux.
- 6e   —   Desruol.
- 9e batterie de mitrailleuses, Wolfrom.

Génie : Commandant **Lanty**.

1er du génie, 9e compagnie de sapeurs, capitaine Gallois.

4e DIVISION.

Commandant : Général **de Lartigue.**

Etat-major divisionnaire : Colonel d'Andigné; commandant Varuet; capitaines Besancèle, Rosselin, Mansuy.

1re *Brigade* : Général **Frabouler de Kerléadec.**

56e de ligne,	3e zouaves.
Colonel Ména,	Colonel Bocher,
Lieutenant-colonel Souville.	Lieutenant-colonel Deshorties de Beaulieu.
1er bataillon, Niel,	
2e — Billot,	1er bataillon, Charmes,
3e — Giraudet de Sainte-Agathe.	2e — Pariset,
	3e — Morland.

1er bataillon de chasseurs, commandant Bureau.

2e *Brigade* : Général **Lacretelle.**

87e de ligne (1).	3e turcos,
	Colonel Gandil,
	Lieutenant-colonel Barrué.
	1er bataillon, Clemmer,
	2e — Aubry,
	3e — Thiénot.

Artillerie : Lieutenant-colonel **Lamandé.**

12e d'artillerie, Commandant Suter.

- 7e batterie de 4, Soubrat.
- 11e — Ducasse.
- 10e batterie de mitrailleuses, Zimmer.

Génie : Commandant **Loyre.**

13e compagnie de sapeurs, capitaine Leblanc.

---

(1) Laissé en garnison à Strasbourg.

DIVISION DE CAVALERIE.

Commandant : Général **Duhesme.**

Etat-major divisionnaire : Colonel Gresley ; commandant Régnier ; capitaines Beaugeois, d'Harcourt.

1re *Brigade* : Général **de Septeuil.**

3e Hussards,	Colonel d'Espeuilles, Lieutenant-colonel de Reinach.
11e chasseurs,	Colonel d'Astugue, Lieutenant-colonel de Baillencourt.

2e *Brigade* : Général **de Nansouty.**

10e dragons (1),	Colonel Perrot, Lieutenant-colonel Delachère.
2e lanciers,	Colonel Poissonnier, Lieutenant-colonel Guyon-Vernier.
6e lanciers,	Colonel Tripart, Lieutenant-colonel Maillard de Landreville.

3e *Brigade* : Général **Michel.**

8e cuirassiers,	Colonel Guiot de la Rochère, Lieutenant-colonel Lardeur.
9e cuirassiers,	Colonel Waternau, Lieutenant-colonel de Beaune.

RÉSERVE D'ARTILLERIE.

Commandant : Colonel de **Vassart.**

Lieut.-col. de Brive,

6e d'artillerie, Commandant Venot.	11e batt. de 4,	Rivals.	
	12e —	Dupuy.	
9e d'artillerie, Command. d'Haranguier de Quincerot.	5e batt. de 4.	Morio.	
	11e —	Berthier.	

---

(1) Ce régiment ne rejoignit sa brigade qu'après Frœschwiller.

Lieut.-col. Grouvel. { 20ᵉ d'artillerie, Command. de Carméjane. { 1ʳᵉ batt. de 4, Mourin. / 2ᵉ — Perrin. / Commandant Thévenin. { 3ᵉ batt, de 4, Bonnet. / 4ᵉ ·· Debourgues.

RÉSERVE DU GÉNIE.

Commandant : Commandant **Moll.**

1ᵉʳ du génie, { 2ᵉ compagnie de mineurs, capitaine Michelet. / 2ᵉ section de la 1ʳᵉ compagnie de sapeurs (chemin de fer), capitaine Müntz.

SUPPLÉMENT IV

7ᶜ CORPS D'ARMÉE.

Commandant en chef : Général DOUAY (Félix).

Chef d'état-major : Général Renson.
Commandant de l'artillerie : Général Liégeard.
Commandant du génie : Général Doutrelaine.
Chef de service administratif : Intendant Largillier.

1ʳᵉ DIVISION.

Commandant : Général Conseil Dumesnil.

Etat-major divisionnaire : Lieutenant-colonel Sumpt ; commandant Taffin ; capitaines Mulotte, Roudaire et Mathieu.

1ʳᵉ Brigade : Général **Nicolaï.**

3ᵉ de ligne,	21ᵉ de ligne,
Colonel Champion,	Colonel Morand,
Lieutenant-colonel Gillet.	Lieutenant-colonel Doineau.
1ᵉʳ bataillon, Béjon,	1ᵉʳ bataillon, de Labaume,
2ᵉ — de Momigny,	2ᵉ — Hulleu,
3ᵉ — Ausillous.	3ᵉ — Duhamel Grandper-rey.

17ᵉ bataillon de chasseurs, commandant Merchier.

2e *Brigade* : Général **Maire.**

47e de ligne,	99e de ligne,
Colonel de Grammont,	Colonel de Saint-Hilaire,
Lieutenant-colonel Rollet.	Lieutenant-colonel de Joinville.
1er bataillon, Lesur,	1er bataillon, Warné-Janville.
2e — Galland,	2e — Petit,
3e — de Ravel.	3e — Prieur.

Artillerie : Lieutenant-colonel **Guillemin.**

5e, 6e et 11e batteries du 7e d'artillerie.

2e DIVISION.

Commandant : Général **Liébert.**

Chef d'état-major : Colonel de Linage.

1re *Brigade* : Général **Guiomar.**

5e de ligne,
37e de ligne,
6e bataillon de chasseurs.

2e *Brigade* : Général **de Labastide.**

53e de ligne,
89e de ligne.

Artillerie : Lieutenant-colonel **Clouzet.**

8e, 9e et 12e batteries du 7e d'artillerie.

3e DIVISION.

Commandant : Général **Dumont.**

Chef d'état-major : Lieutenant-colonel Duval.

1re *Brigade* : Général **Bordas.**

52e de ligne,
72e de ligne.

2ᵉ *Brigade* : Général **Bittard des Portes**.

82ᵉ de ligne,
83ᵉ de ligne.

Artillerie : Lieutenant-colonel **Bonnin**.

8ᵉ, 9ᵉ et 10ᵉ batteries du 6ᵉ d'artillerie.

DIVISION DE CAVALERIE.

Commandant : Général **Ameil**.
Chef d'état-major : Commandant Boquet.

1ʳᵉ *Brigade :* Général **Cambriel**.

4ᵉ hussards,
4ᵉ lanciers,
8ᵉ lanciers.

2ᵉ *Brigade* : Général **Jolif du Coulombier** (1).

6ᵉ hussards,
6ᵉ dragons.

RÉSERVE D'ARTILLERIE.

Commandant : Colonel **Aubac**.

7ᵉ et 10ᵉ batteries du 7ᵉ d'artillerie.
8ᵉ et 12ᵉ   —   12ᵉ   —
3ᵉ et 4ᵉ   —   19ᵉ   —

____

(1) Cette brigade ne rejoignit jamais le 7ᵉ corps d'armée.

SUPPLÉMENT V

5ᵉ CORPS D'ARMÉE.

Commandant en chef : Général de FAILLY.

Chef d'état-major : Général Besson.
Commandant de l'artillerie : Général Liédot.
Commandant du génie : Colonel Charreton.
Intendant en chef : Lévy.

1ʳᵉ DIVISION.

Commandant : Général **Goze**.
Chef d'état-major : Colonel Clappier.

1ʳᵉ *Brigade :* Général **Saurin**.

11ᵉ de ligne.
46ᵉ de ligne,
4ᵉ bataillon de chasseurs.

2ᵉ *Brigade :* Général **Nicolas Nicolas.**

61ᵉ de ligne,
86ᵉ de ligne.

Artillerie : Lieutenant-colonel **Rolland**.

5ᵉ, 6ᵉ et 7ᵉ batteries du 6ᵉ d'artillerie.

2e DIVISION.

Commandant : Général **de l'Abadie d'Aydrein**.

Chef d'état-major : Colonel Beaudoin.

1re *Brigade* : Général **Lapasset**.

84e de ligne,
97e de ligne,
14e bataillon de chasseurs.

2e *Brigade* : Général **de Maussion**.

49e de ligne,
88e de ligne.

Artillerie : Lieutenant-colonel **Bougault**.

5e, 7e et 8e batteries du 2e d'artillerie.

3e DIVISION.

Commandant : Général **Guyot de Lespart**.

Chef d'état-major : Colonel Lambert.

1re *Brigade* : Général **Abbatucci**.

30e de ligne,
27e de ligne,
19e bataillon de chasseurs.

2e *Brigade* . Général de **Fontanges de Couzan**.

17e de ligne,
68e de ligne.

Artillerie : Lieutenant-colonel **Montel**.

9e, 11e et 12e batteries du 2e d'artillerie.

DIVISION DE CAVALERIE.

Commandant : Général **Brahaut**.
Chef d'état-major : Lieutenant-colonel Pujade.

1re *Brigade :* Général **de Bernis**.

5e hussards,
12e chasseurs.

2e *Brigade :* Général **de la Morrière**.

3e lanciers,
5e lanciers.

RÉSERVE D'ARTILLERIE.

Commandant : Colonel **de Fénélon**.

6e et 10e batteries du 12e d'artillerie.
11e   —   10e   —
11e   —   14e   —
5e et 6e   —   20e   —

SUPPLÉMENT VI

2ᵉ DIVISION DE CAVALERIE DE RÉSERVE.

Commandant : Général **de Bonnemains**.

Chef d'état-major : Commandant de Cugny.

1ʳᵉ *Brigade* : Général **Girard**.

1ᵉʳ cuirassiers, colonel de Vendœuvre
4ᵉ   —   colonel Billet.

2ᵉ *Brigade* : Général **de Bauer**.

2ᵉ cuirassiers, colonel Rossetti.
3ᵉ   —   colonel de Lacarre.

Artillerie : Commandant **Astier**.

7ᵉ batterie du 19ᵉ d'artillerie de 4,   capit. Raffron de Val.
8ᵉ   —   —   de mitrailleuses,   capitaine Chorrin.

Des corps d'armée et divisions dont nous venons de donner la composition, le maréchal n'eut à sa disposition pour repousser l'invasion de l'Alsace que :

1er corps d'armée.

	Bataillons.	Escadrons.	Pièces.
1re division............................	13	»	18
2e —	13	»	18
3e —	13	»	18
4e —	10	»	18
Division Duhesme.....................	»	25	»
Réserve d'artillerie....................	»	»	48

7e corps d'armée.

1re division (Conseil Dumesnil)........ .	13	»	»
2e division de cavalerie de réserve (de Bonnemains)..........................	»	16	12
Totaux.....	62	41	132

Nous n'avons pas pu nous procurer les effectifs de chacun des corps de troupes à la date du 6 août, comme nous l'aurions voulu. Voici ceux que nous fournissent les historiques d'un certain nombre de régiments.

		Effectifs.
18e de ligne, 25 juillet 1870.................		2.000
78e — 25 juillet..................		1.550
36e — 6 août.....................		1.940
48e — 5 août.....................		2.250
74e — 2 août.....................		1.600
1er turcos, 2 août.....................		2.160
2e — 4 août.....................		2.300
3e zouaves, 6 août.....................		2.000
Total....		15.800

Ce qui donne le chiffre moyen de 659 hommes par bataillon.

En considérant les chiffres cités pour les divers régiments, nous voyons que les nombres relatifs à la troupe de ligne sont plus faibles que ceux qui se rapportent aux zouaves et aux turcos; mais un grand nombre de réservistes rejoignirent les régiments de ligne depuis le jour où leurs effectifs ont été cités jusqu'au 6 août. Nous pensons donc que le chiffre de 650 hommes par bataillon doit être le chiffre moyen à très peu près exact pour le 6 août.

Les historiques nous donnent, pour les effectifs des batteries, 150 hommes; pour ceux des escadrons, 125.

D'après cela, l'armée du maréchal comptait 40,000 hommes d'infanterie, 5,600 de cavalerie, 3,300 d'artillerie, soit 49,000 combattants en tout et 132 bouches à feu.

Le maréchal n'eut même pas ce faible effectif à sa disposition pour combattre à Frœschwiller. Par suite des détachements suivants : un bataillon du 21e à Haguenau, un bataillon du 21e qui escortait l'artillerie de la division Conseil Dumesnil avec deux escadrons du 6e lanciers, un bataillon du 50e qui revenait de Seltz, il ne lui restait plus que 59 bataillons et 39 escadrons, qui ne comptaient pas, par suite des pertes éprouvées à Wissembourg, plus de 44,000 combattants, soutenus par 131 bouches à feu.

SUPPLÉMENT VII

ARMÉES ALLEMANDES

placées sous le commandement suprême

de S. M. le roi GUILLAUME DE PRUSSE.

Chef d'état-major général de l'armée : le général **DE MOLTKE**.

Ire ARMÉE.

Commandant en chef : Général **DE STEINMETZ**.
Chef d'état-major général : Général **de Sperling**.

Ier CORPS D'ARMÉE.

Commandant en chef : Général baron **de Manteuffel**.
Chef d'état-major : Lieutenant-colonel de Burg.

	Batail.	Escad.	Pièces
1re division d'infanterie : Général de Bentheim (1)......	13	4	24
2e — : Général de Pritzlevitz........	12	4	24
Artillerie de corps..	»	»	36
A reporter.....	25	8	84

(1) Chaque division d'infanterie prussienne comprend deux brigades d'infanterie, quatre batteries, un régiment de cavalerie.

	Batail.	Escad.	Pièces.
Report....	25	8	84

VIIᵉ CORPS D'ARMÉE.

Commandant en chef : Général de **Lastrow**.
Chef d'état-major : Colonel d'Unger.

	Batail.	Escad.	Pièces.
13ᵉ division d'infanterie : Général de Glumer..........	13	4	24
14ᵉ — : Général de Kameke.........	12	4	24
Artillerie de corps....................................	»	»	36

VIIIᵉ CORPS D'ARMÉE.

Commandant en chef : Général **de Gœben**.
Chef d'état-major : Colonel de Vitzendorf.

	Batail.	Escad.	Pièces.
15ᵉ division d'infanterie : Général de Veltzein.........	13	4	24
16ᵉ — : Général de Barnekon........	12	4	24
Artillerie de corps....................................	»	»	42
1ʳᵉ division de cavalerie indépendante : Général de Hartmann...	»	24	6
2ᵉ division de cavalerie indépendante : Général comte de Grœben...	»	16	6
Totaux pour la 1ʳᵉ armée.....	75	64	270

Le Iᵉʳ corps et la 1ʳᵉ division de cavalerie ne rejoignirent pas de suite la Iʳᵉ armée.

IIᵉ ARMÉE.

Commandant en chef : **S. A. R.** le prince **FRÉDÉRIC-CHARLES**.
Chef d'état-major général : Général **de Stiele**.

GARDE.

Commandant en chef : **S. A.** le prince **Auguste de Wurtemberg**.
Chef d'état-major : Général de Donnenberg.

	Batail.	Escad.	Pièces.
1ʳᵉ division d'infanterie : Général de Pape.............	16	4	24
2ᵉ — : Général de Budritzki.........	13	4	24
Division de cavalerie de la garde : Général de Goltz....	»	24	»
Artillerie de corps....................................	»	»	42
A reporter.....	29	32	90

	Batail.	Escad.	Pièces.
Report.....	29	32	90

IIe CORPS D'ARMÉE.

Commandant en chef : Général **de Fransecki.**

Chef d'état-major : Colonel de Wichmann.

	Batail.	Escad.	Pièces.
3e division d'infanterie : Général de Hartmann........	13	4	24
2e — : Général Hann de Weihern....	12	4	24
Artillerie de corps...................................	»	»	36

IIIe CORPS D'ARMÉE.

Commandant en chef : Général **d'Alvensleben II.**

Chef d'état-major : Colonel de Woigts-Rhetz.

	Batail.	Escad.	Pièces.
5e division d'infanterie : Général de Stulpnagel........	13	4	24
6e — : Général de Buddenbrock......	12	4	24
Artillerie de corps...................................	»	»	36

IXe CORPS D'ARMÉE.

Commandant en chef : Général **de Manstein.**

Chef d'état-major : Major Ronsart de Schellendorf.

	Batail.	Escad.	Pièces.
18e division d'infanterie : Général baron de Wrangel...	13	4	24
Division grand-ducale hessoise (25e) : S. A. le prince Louis de Hesse...........................	10	8	36
Artillerie de corps...................................	»	»	30

Xe CORPS D'ARMÉE.

Commandant en chef : Général **de Woigts-Rhetz.**

Chef d'état-major : Colonel de Caprivi.

	Batail.	Escad.	Pièces.
19e division d'infanterie : Général de Schwarz-Koppen.	12	4	24
20e — : Général de Kraatz-Koschlau..	13	4	24
Artillerie de corps...................................	»	»	36
A reporter.....	127	68	432

	Batail.	Escad.	Pièces.
Report.....	127	68	432

XIIᵉ CORPS D'ARMÉE (saxon).

Commandant en chef : **S. A. le prince royal de Saxe.**

Chef d'état-major : Lieutenant-colonel de Lerschwitz.

	Batail.	Escad.	Pièces.
1ʳᵉ division d'infanterie nº 23 : S. A. R. le prince Georges de Saxe.	15	4	24
2ᵉ division d'infanterie nº 24 : Général Nehrhoff de Kolderberg	14	4	24
12ᵉ division de cavalerie : Général comte de Lippe	»	16	6
Artillerie de corps	»	»	42
5ᵉ division de cavalerie indépendante : Général de Reimbaden	»	36	12
6ᵉ division de cavalerie indépendante : S. A. le duc Guillaume de Mecklembourg-Schwerin	»	20	6
Totaux pour la IIᵉ armée.....	156	148	546

Le IIᵉ corps ne rejoignit pas de suite la IIᵉ armée.

IIIᵉ ARMÉE.

Commandant en chef : **S. A. R. le Prince royal de Prusse FRÉDÉRIC-GUILLAUME.**

Chef d'état-major général : Général de **Blumenthal.**

Vᵉ CORPS D'ARMÉE.

Commandant en chef : Général de **Kirchbach.**

Chef d'état-major : Colonel d'Esch.

	Batail.	Escad.	Pièces.
9ᵉ division d'infanterie : Général de Saudrart	13	4	24
10ᵉ — : Général de Schmidt	12	4	24
Artillerie de corps	»	»	36
A reporter.....	25	8	84

Datail. Escad. Pièces.

Report.....   25   8   84

VIe CORPS D'ARMÉE.

Commandant en chef : Général **de Tumpling**.

Chef d'état-major : Colonel de Salviati.

	Datail.	Escad.	Pièces.
11e division d'infanterie : Général de Gordon...........	13	4	24
12e — : Général de Hoffmann,........	12	4	24
Artillerie de corps...................................	»	»	36

XIe CORPS D'ARMÉE.

Commandant en chef : Général **de Bose**.

Chef d'état-major : Général Stéris de Kamiescki.

	Datail.	Escad.	Pièces.
21e division d'infanterie : Général de Schachtmeyer,...	13	4	24
22e — : Général de Gersdorff...........	12	4	24
Artillerie de corps...................................	»	»	36

Ier CORPS BAVAROIS.

Commandant en chef : Général baron **de Tann Rath-samhausen**.

Chef d'état-major : Colonel de Keinleth.

	Datail.	Escad.	Pièces.
1re division d'infanterie : Général de Stephan.........	13	4	24
2e — : Général comte de Pappenheim.	12	4	24
Brigade de cuirassiers : Général de Tausch............	»	12	6
Artillerie de corps	»	»	42

IIe CORPS BAVAROIS.

Commandant en chef : Général chevalier **de Hartmann**.

Chef d'état-major : Colonel baron de Horn.

	Datail.	Escad.	Pièces.
3e division d'infanterie : Général de Walker...........	12	4	24
4e — : Général comte de Bothmer....	13	4	24
Brigade de uhlans : Général baron de Multzer........	»	12	6
Artillerie de corps...................................	»	»	42

A reporter.....   125   64   444

Batail. Escad. Pièces.

Report..... 125 64 444

DIVISION WURTEMBERGEOISE.

Commandant : Général **d'Obernitz**.

Chef d'état-major : Colonel de Bock.

	Batail.	Escad.	Pièces.
3 brigades d'infanterie à 5 bataillons chacune..........	15	»	»
1 brigade de cavalerie...............................	»	10	»
Artillerie...	»	»	54

DIVISION BADOISE.

Commandant : Général **de Beyer**,

Chef d'état-major : Major de Leczinski.

	Batail.	Escad.	Pièces.
3 brigades d'infanterie...............................	13	4	24
1 brigade de cavalerie................................	»	8	6
Artillerie de corps...................................	»	»	24
2ᵉ division de cavalerie indépendante : Général comte de Stolberg-Wernigerode...........................	»	24	12
4ᵉ division de cavalerie indépendante : S. A. R. le prince Albrecht de Prusse (père)...........................	»	24	12
Totaux pour la IIIᵉ armée......	153	134	576

Le VIᵉ corps d'armée et la 2ᵉ division de cavalerie ne rejoignirent pas de suite la IIIᵉ armée. En déduisant ces deux grandes unités tactiques, il reste pour l'armée avec laquelle le Prince royal franchit la frontière, 153 bataillons, 134 escadrons et 576 bouches à feu.

D'après les chiffres cités pages 41, *Opérations de la IIIᵉ armée*, par le major Hanke, qui faisait partie de l'état-major du Prince royal, nous concluons qu'à la IIIᵉ armée il faut prendre pour effectif moyen, par bataillon, 925 hommes, et 150 par escadron. Nous adopterons 150 hommes par batterie, de même que pour les Français.

Avec ces chiffres, nous arrivons pour l'armée avec laquelle le Prince royal envahit l'Alsace aux nombres de combattants suivants :

141,000 hommes d'infanterie,
20,000   —   de cavalerie,
14,000   —   d'artillerie.

Soit 175,000 combattants (chiffre rond), traînant avec eux 576 bouches à feu.

Toutes ces troupes ne furent pas engagées à la bataille de Frœschwiller. Il y eut seulement :

	Bataillons.	Escadrons.	Pièces.
Le Ve corps d'armée	25	8	84
Le XIe —	25	8	84
La 1re division bavaroise	13	4	24
La 4e —	13	4	24
La division wurtembergeoise	15	10	54
Totaux	91	34	270

Ou 84,000 hommes d'infanterie, 5,000 de cavalerie, 7,000 d'artillerie ; soit 100,000 combattants, soutenus par 270 canons.

SUPPLÉMENT VIII

Rapport du général Pellé sur le combat de Wissembourg.

Au bivouac sur la route de Lembach, le 5 août 1870

MON GÉNÉRAL,

J'ai l'honneur de vous rendre compte que je suis arrivé avec la 2ᵉ division sur l'emplacement que vous m'avez fait désigner dans l'après-midi par un chef d'escadron de votre état-major, qui a donné des ordres à l'officier d'ordonnance du général Montmarie. La division, qui était arrivée au village de Climbach, a été placée dans les dispositions indiquées à dix heures un quart du soir.

J'ai l'honneur de vous rendre compte, mais d'une manière sommaire, de la journée qui vient de s'écouler.

Une forte reconnaissance (un bataillon et deux escadrons) envoyée par le général Douay à cinq heures et demie du matin, était rentrée sans rapporter de renseignements qui pussent faire croire à la présence de l'ennemi, quand vers sept heures commença une vive canonnade dirigée sur Wissembourg, du haut du coteau qui domine cette ville au nord. Aussitôt le camp prit les armes, et d'après les ordres de M. le général

Douay, je me portai, avec une batterie d'artillerie et les trois bataillons de tirailleurs, un peu à l'est de Wissembourg, à 150 mètres environ en avant de la gare du chemin de fer, dans une position qui permettait d'apercevoir les batteries de l'ennemi et de les combattre de bas en haut. (Le 78ᵉ m'avait été enlevé le matin même pour relever le 96ᵉ dans les positions qu'il occupait.)

Aussitôt l'artillerie qui avait canonné Wissembourg tourna son feu contre nous, et il s'engagea une vive fusillade entre deux compagnies de tirailleurs algériens, que j'avais placées à droite et à gauche de la batterie pour la protéger, et une nombreuse infanterie embusquée dans des vignes qui garnissent les coteaux de la rive gauche de la Lauter, à l'est de Wissembourg. Je dus faire bientôt entrer en ligne le bataillon tout entier, m'étant aperçu que l'ennemi cherchait à me tourner par ma droite, en se portant vers la voie ferrée.

Je donnai l'ordre au capitaine d'artillerie de battre en retraite et d'aller prendre position sur les hauteurs à droite de la route de Soultz à Wissembourg. J'envoyai mon aide de camp me chercher le deuxième bataillon de tirailleurs indigènes, qui, par ordre du général de division, avait été placé, défilé du feu, près de la porte de Haguenau ; puis, plaçant une compagnie du bataillon sur la route départementale qui longe le chemin de fer, je vis déboucher, à 1,500 mètres environ de moi, en colonne serrée sur la route, un régiment prussien.

J'enlevai le bataillon et nous pûmes le faire reculer de quelques pas ; mais m'étant aperçu que d'autres régiments avaient dépassé la ligne du chemin du fer et cherchaient à me tourner, j'arrêtai le mouvement offensif, et, en profitant de tous les accidents du terrain, de la gare et de la ligne du chemin de fer, j'organisai une défense sérieuse, qui retarda le mouvement tournant de l'ennemi.

En ce moment mon aide de camp, le capitaine de Rainvillers, m'apporta l'ordre, de la part du général Douay, de battre en retraite assez lentement pour donner au bataillon du 74ᵉ, qui occupait Wissembourg, le temps d'évacuer cette place, ce qui fut ponctuellement exécuté.

Il était alors environ dix heures du matin lorsque mon aide de camp, que j'avais envoyé demander des renforts et des cartouches, vint m'apporter la fâcheuse nouvelle de la mort du général Douay et me prévenir de la part du colonel Robert, chef d'état-major de la division, que je devais prendre le commandement. Je continuai ma retraite jusqu'à l'emplacement de notre camp, et je donnai l'ordre au général de Montmarie, qui était fortement engagé sur ma droite, de prendre ses dispositions pour se mettre en retraite dans la direction qui avait été indiquée d'après vos instructions, et je priai M. le général de Septeuil de se maintenir en position pour protéger au besoin la retraite de l'infanterie.

J'envoyai immédiatement toute l'artillerie en arrière pour qu'elle prît les positions que j'indiquai, afin d'assurer notre retraite et aussi pour la mettre à l'abri des forces supérieures devant lesquelles je me retirais. L'absence complète d'ambulance et de moyens de transport pour les blessés me força d'en laisser un bon nombre dans la ferme de Schafbusch, où avait été aussi transporté le corps de M. le général Douay.

La retraite s'est effectuée avec le plus grand ordre, et bien qu'avec beaucoup de fatigues, nous avons pu regagner la position de Climbach où j'ai eu l'honneur de vous rencontrer.

Les tirailleurs ont fait neuf prisonniers bavarois, que j'ai fait questionner et dont voici les réponses.

Le corps qui nous a attaqués était commandé par le prince Léopold de Prusse.

Il se composait de 30,000 Bavarois sous les ordres du général Hartmann, de 20,000 Prussiens et de 30,000 Allemands de toutes autres nationalités.

La 2e division ne comptait qu'environ 4,500 hommes, vu les détachements qu'elle avait formés dans diverses positions, et bien que nous ayons été obligés de battre en retraite, mouvement que vous aviez d'ailleurs prévu, l'armée prussienne ne peut guère se vanter d'une victoire obtenue grâce à la supériorité de ses forces (*sic*).

J'aurai l'honneur de vous rendre compte ultérieurement des pertes de la division, en vous faisant connaître plus en détail l'ensemble des faits de cette journée.

Veuillez agréer, mon Général, l'assurance de mon profond respect.

Le général commandant provisoirement
la 2e division du 1er corps,

Général PELLÉ.

SUPPLÉMENT IX

**Lettre du maréchal de Mac-Mahon, commandant le 1er corps,
au général de Failly, commandant le 5e corps.**

ARMÉE DU RHIN.

—

1er Corps d'armée.

Camp de Frœschwiller, le 6 août.

—

LE MARÉCHAL COMMANDANT.

MON CHER GÉNÉRAL,

Vous avez été mis sous mes ordres par l'Empereur. Il est de la plus grande importance que nous concertions ensemble nos opérations.

Attaqué avant hier près de Wissembourg par l'armée du Prince royal, qui m'était très supérieure, j'ai été obligé de me retirer jusque près de Reichshoffen. Il est urgent que nous combinions nos opérations.

D'après des renseignements dans lesquels on doit avoir confiance, l'ennemi ferait un mouvement pour se porter sur les crêtes des Vosges et nous séparer. Si ce mouvement se confirme, nous devons attaquer les Allemands dans les défilés. Si au contraire ils occupent seulement les positions de Wissembourg à Lembach, ayant le gros de leurs forces dans la plaine, nous combattrons ensemble pour leur enlever leurs positions.

Mettez donc en route immédiatement une de vos divisions. Il serait à désirer qu'elle pût coucher ce soir à Philippsbourg, occupant sur sa gauche les positions qui commandent la route de Neunhoffen. Si la première hypothèse se réalise, cette division se porterait d'abord sur Neunhoffen, et de là sur Ober-Steinbach, qui serait attaqué le même jour par quatre brigades arrivant par des routes différentes du camp de Reichshoffen.

Prévenu de l'exécution de ce mouvement, vous enverriez une autre division, par la grande route de Bitche à Wissembourg, sur Sturzelbronn, poussant en avant, si elle rencontrait l'ennemi, qui se trouverait ainsi pris en flagrant délit et enveloppé de toutes parts.

Une brigade de la dernière division se porterait à Lemberg, qui est la clef des Vosges, de ce côté ; elle aurait avec elle une batterie d'artillerie. L'autre brigade resterait à Bitche, prête à se porter, soit sur Sturzelbronn, soit sur Philippsbourg, suivant les événements. Il serait prudent que la brigade de Lemberg se retranchât. Il y a des outils à Lichtemberg et à la Petite-Pierre, 1,500 dans chaque place, qui permettraient de faire ce travail.

Si au contraire l'armée du Prince royal est concentrée dans les environs de Lembach et dans la plaine du Rhin, la division qui viendra la première ne sera pas arrêtée à Philippsbourg. Vous feriez marcher par la même route la 2ᵉ division et une brigade de la 3ᵉ ; la dernière brigade serait dirigée sur Lemberg, d'où elle pourrait gagner la Petite-Pierre, si elle était obligée de battre en retraite.

Répondez-moi par plusieurs voies différentes ; je vous adresse la présente par trois voies différentes.

Le maréchal commandant le 1ᵉʳ corps,
Maréchal DE MAC-MAHON.

P. S. En résumé, envoyez le plus tôt possible votre 1ʳᵉ division à Philippsbourg et tenez les deux autres prêtes à marcher.

P. S. Maintenez, s'il est possible, vos communications avec Philippsbourg.

SUPPLÉMENT X

Rapport du général Ducrot au maréchal de Mac-Mahon sur la bataille de Frœschwiller.

La 1re division prit position à huit heures du matin de la manière suivante :

1re ligne : le 96e, le 1er zouaves, le 45e. Le 96e, sa droite appuyée à Frœschwiller et se développant vers la gauche parallèlement au chemin qui conduit de Frœschwiller et Neehwiller ; le 3e bataillon à hauteur du grand ravin qui descend de la Sauer.

Les zouaves continuaient la ligne de bataille face au bois de Langensoultzbach.

Le 45e tenant l'extrémité à gauche, face au plateau de Neehwiller. Des tirailleurs postés dans les vignes, les bois et jusqu'aux bords du ravin couvraient la ligne de bataille.

Le 13e bataillon et le 18e de ligne constituaient une forte réserve placée au centre du plateau entre la route de Frœschwiller et Reichshoffen et celle de Frœschwiller à Neehwiller. La 6e et la 7e batteries étaient en batterie entre les bataillons dans les positions qui permettent de battre le mieux le fond de la vallée et les pentes de Soultzbach.

A huit heures et demie, le combat s'engage par un feu de tirailleurs insignifiant du côté du 96e, mais très vif aux zouaves.

L'ennemi était en force dans le bois et cherchait à en déboucher. Maintenu par les zouaves, il fit cependant un effort vigoureux et parvint à s'avancer un peu dans la plaine.

A ce moment, reçu par un feu bien nourri et fait à bonne portée, il eut un instant d'hésitation, et les zouaves en profitèrent pour le charger à la baïonnette et le rejeter sur ses réserves. Le commandant Marion est tué.

Dans le fond de la vallée, vers la route de Langensoultzbach, quelques groupes ennemis parurent vouloir s'avancer vers le bois où le combat était engagé ; quelques coups tirés par les batteries de 4 et les mitrailleuses le firent reculer.

A dix heures et demie, le feu avait complétement cessé de ce côté. Nos tirailleurs étaient en position, attendant avec calme et ne ripostant même pas aux quelques coups de fusil qui partaient du bois. A midi le feu reprit avec intensité, il fut de nouveau éteint par le feu des tirailleurs des zouaves et du 45e, qui n'avaient pas quitté leur position. Vers une heure et demie, sur la demande de renforts du général Raoult, je donnai l'ordre au 13e bataillon de chasseurs et à deux bataillons du 18e de se porter sur la gauche à la 3e division en rasant le village.

En même temps j'ordonnais au général du Houlbec de porter deux bataillons de zouaves dans le bois que l'ennemi occupait depuis le matin, et de l'en chasser en le refoulant vers le fond de la vallée, et de prendre position à la lisière, de manière à commander complétement la route de Langensoultzbach et à menacer le flanc droit de l'ennemi.

Enfin je portais la 6e batterie dans la partie basse du village au fond de la première rue à gauche, pour prendre position sur un rectangle où se trouvait déjà une demi-batterie du 12e. Le feu commença immédiatement et remplit jusqu'à un certain point le but que je m'étais proposé, car l'ennemi, tout en tirant encore sur le village par intervalles, concentra le feu de plusieurs batteries sur la nôtre, et couvrit tout le terrain de projectiles.

Néanmoins le feu se continua jusqu'au moment où les tirailleurs ennemis, débouchant du bois qui bordait la crête à gauche, purent tirer sur la batterie à petite portée. Elle dût alors se retirer et vint prendre position sur le plateau du campement. Malgré la supériorité de l'ennemi, les zouaves avaient exécuté leurs mouvements sans hésitation, mais non sans éprouver des pertes sérieuses.

Ils parvinrent ainsi à arrêter la marche des troupes prussiennes supérieures.

Vers deux heures, l'action devenue de plus en plus vive vers la droite, le feu des batteries ennemies redoubla, des obus arrivaient en grand nombre sur le plateau occupé par une partie de la 2ᵉ division.

Sur la demande du général Colson, je donnais l'ordre au 96ᵉ de se porter à droite de Raoult pour le soutenir. En dépassant la crête, le 96ᵉ fut accueilli par un feu formidable. Son colonel de Franchessin et le général Colson tombèrent frappés. La situation devenue de plus en plus critique sur ce point, je fis porter en avant le 18ᵉ, en même temps que le lieutenant-colonel du 96ᵉ ralliait un peu en arrière le 96ᵉ obligé de plier devant des forces très supérieures.

Wolf se précipita à la tête de ses forces réunies au devant des bataillons ennemis qui gagnaient du terrain, et ce mouvement détermina un retour offensif très vigoureux du 1ᵉʳ turcos. L'ennemi fut repoussé avec de nombreux tués et blessés. Cet effort nous coûta cher, il ne put néanmoins aboutir, les forces que nous avions devant nous étant trop considérables. Le général Wolf reprit une deuxième fois l'offensive pour appuyer la charge faite par les cuirassiers, mais cet effort fut encore infructueux, et le 18ᵉ dut suivre le mouvement de retraite qui se produisait sur toute la ligne. Le village de Frœschwiller n'était plus tenable. Criblées par les projectiles ennemis, les maisons s'écroulaient de toutes parts. Le feu se déclarait sur plusieurs points. La 3ᵉ division était donc obligée d'évacuer ses positions et de battre en retraite. Nous étions menacés d'être enveloppés par l'ennemi qui descendait d'Elsasshausen et qui, ne rencontrant plus rien devant lui, s'avançait rapidement pour tourner notre droite. Il ne me restait plus sous la main que cinq bataillons, deux de zouaves que j'avais rappelés promptement en voyant la mauvaise tournure que prenait le combat ; un troisième bataillon de zouaves maintenu en réserve sur le plateau et deux bataillons du 45e. Quatre de ces bataillons furent échelonnés (deux de zouaves et deux du 45e), partie dans la plaine, partie à la lisière du bois que traverse la route de Reichshoffen, de manière à protéger les voitures et les troupes en désordre qui encombraient la route, ainsi que les cuirassiers entassés à l'entrée du bois.

En même temps j'établissais les 7e et 8e batteries en position et un peu en avant des positions occupés par l'infanterie, avec ordre d'ouvrir le feu sur les premières troupes ennemies, au moment où elles dépasseraient la crête du village. Dès que nos dernières troupes eurent dépassé le champ de tir, les deux batteries ouvrirent le feu contre les masses prussiennes qui descendaient le coteau à la distance de 1,100 mètres. Elles produisirent un grand effet, et arrêtèrent complétement pendant un instant le mouvement en avant de l'ennemi, ce qui permit à nos troupes d'effectuer tranquillement leur retraite.

En dernier lieu, je fis porter le bataillon de zouaves resté disponible vers l'extrémité droite en passant sous bois ; je voulus lui faire occuper le chemin de crête qui descend par les hauteurs sur Reichshoffen. Mais en débouchant, nous fûmes accueillis par quelques coups de fusil qui nous prouvaient que déjà l'ennemi était maître de cette position importante, et nous dûmes filer sous bois pour déboucher, et former un dernier échelon à l'extrémité de la croupe qui domine Reichshoffen.

Le bataillon une fois en position, je descendis dans la plaine, pour venir prendre les ordres de votre Excellence relativement à la direction à suivre.

Quelques instants après, en traversant le chemin de fer vers la gare, je me trouvais dans le tumulte produit par l'apparition de quelques uhlans; et étant coupé par la masse de notre cavalerie qui se retirait précipitamment, je dus me jeter sous bois dans la direction de Zinzwiller, qui me semblait devoir être notre ligne de retraite, et où je croyais avoir chance de rencontrer la majeure partie de nos forces. C'est en suivant cette direction que j'arrivais vers six heures au fort Lichtemberg, avec un bataillon et le drapeau du 18ᵉ et environ 12 à 1,500 hommes de différents corps, en tout 2,000 hommes; je les ralliai tous, leur fis distribuer des cartouches, et, le lendemain avant le jour, nous prîmes en bon ordre la direction de la Petite-Pierre, où nous trouvâmes une partie du corps de Failly en position. Nous continuâmes notre route sur Phalsbourg, de là sur Sarrebourg, où je ralliais votre Excellence.

En résumé, dans cette journée chacun a fait son devoir dans la limite du possible, et si au dernier moment la retraite a été un peu précipitée, c'est que, complétement débordés par la droite, nous ne pouvions tenir plus longtemps sans nous exposer à perdre toute la ligne de retraite. Notre artillerie est parvenue à retirer tout son matériel du champ de bataille et à le ramener jusqu'au village de Reichshoffen. Là elle s'est trouvée pendant un instant à la queue de la colonne, sans soutien, et arrêtée par les voitures du train qui encombraient la route et a été rejointe par la cavalerie ennemie, qui s'est emparée de 5 pièces et de 5 caissons de la 6ᵉ batterie, et d'une mitrailleuse de la 8ᵉ, en faisant prisonniers leurs braves et malheureux défenseurs. Il y avait alors un tel tumulte, un tel encombrement occasionnés par les voitures des bagages, de cantines et de toutes sortes, que le passage était impossible pour le matériel des batteries.

SUPPLÉMENT XI

Rapport du maréchal de Mac-Mahon à l'Empereur
sur la bataille de Frœschwiller.

Saverne, le 7 août 1870.

Sire,

J'ai l'honneur de rendre compte à Votre Majesté que le
6 août, après avoir été obligé d'évacuer la ville de Wissembourg, le 1er corps, dans le but de couvrir le chemin de Strasbourg à Bitche et les voies de communication principales
qui relient le revers oriental au revers occidental des Vosges,
occupait les positions suivantes :

La 1re division était placée, la droite en avant de Frœschwiller, la gauche dans la direction de Reichshoffen, appuyée
à un bois qui couvre ce village. Elle détachait deux compagnies à Neehwiller et une à Jagœrthal.

La 3e division occupait, avec sa 1re brigade, un contrefort
qui se détache de Frœschwiller et se termine en pointe vers
Gersdorff; la 2e brigade appuyait sa gauche à Frœschwiller,
et sa droite au village d'Elsasshausen.

La 4e division formait une ligne brisée à la droite de la

3ᵉ division, sa 1ʳᵉ brigade faisant face à Gunstett, et sa 2ᵉ vis-à-vis du village de Morsbronn, qu'elle n'avait pu occuper faute de forces suffisantes. La division Dumesnil, du 7ᵉ corps, qui m'avait rallié le 6 de grand matin, était placée en arrière de la 4ᵉ division.

En réserve se trouvait la 2ᵉ division placée derrière la 2ᵉ brigade de la 3ᵉ division et la 1ʳᵉ brigade de la 4ᵉ. Enfin, plus en arrière, se trouvait la brigade de cavalerie légère, sous les ordres du général de Septeuil et la division de cuirassiers du général Bonnemains; la brigade de cavalerie Michel, sous les ordres du général Duhesme, était établie en arrière de l'aile droite de la 4ᵉ division.

A sept heures du matin, l'ennemi se présenta en avant des hauteurs de Gersdorff et engagea l'action par une canonnade bientôt suivie d'un feu de tirailleurs assez vif contre la 1ʳᵉ et la 3ᵉ division. Cette attaque fut assez prononcée pour obliger la 1ʳᵉ division à faire un changement de front en avant sur son aile droite, afin d'empêcher l'ennemi de tourner la position générale. Un peu plus tard, l'ennemi augmenta considérablement le nombre de ses batteries, et ouvrit le feu sur le centre des positions que nous occupions sur la rive droite de la Sauer. Bien que plus sérieuse et plus fortement accentuée que la première qui se continuait d'ailleurs, cette seconde démonstration n'était qu'une fausse attaque, qui fut vivement repoussée.

Vers midi, l'ennemi prononça son attaque vers notre droite. Des nuées de tirailleurs appuyés par des masses considérables d'infanterie et protégées par plus de 60 pièces de canon placées sur les hauteurs de Gunstett, s'élancèrent sur la 4ᵉ division et sur la brigade qui occupaient le village d'Elsasshausen.

Malgré de vigoureux retours offensifs plusieurs fois répétés, malgré le feu très bien dirigé de l'artillerie et plusieurs charges brillantes des cuirassiers, notre droite fut débordée après plusieurs heures d'une résistance opiniâtre. Il était quatre heures. J'ordonnai la retraite. Elle fut protégée par les 1ʳᵉ et 3ᵉ divisions, qui firent bonne contenance et permirent aux autres troupes de se retirer sans être trop vivement inquiétées. La retraite s'effectua sur Saverne par Niederbronn, où la division Guyot de Lespart, du 5e corps, qui venait d'y arriver, prit position et ne se retira qu'après nuit close.

J'adresse sous ce pli à Votre Majesté le nom des officiers blessés, tués ou disparus. Cette liste est incomplète et je vous l'enverrai dès qu'elle m'aura été fournie en entier.

Veuillez, Sire, agréer les sentiments de dévouement et de profond respect avec lesquels j'ai l'honneur d'être

de Votre Majesté

le très humble, très obéissant et très fidèle serviteur et sujet,

Maréchal DE MAC-MAHON,

Duc de Magenta.

SUPPLÉMENT XII

Justification du chiffre des pertes cité pour la bataille de Frœschwiller.

Bien que les documents dans lesquels nous avons trouvé les chiffres des pertes subies par les divers régiments ne le disent pas d'une manière expresse, nous sommes fondé à croire que ces chiffres sont ceux qui résultent du premier appel qui put être fait après la bataille, soit à Saverne, soit à Sarrebourg. On se tromperait en croyant que tous les hommes qui manquaient alors étaient tués, blessés ou prisonniers. Un certain nombre s'était rendu à Strasbourg, qu'ils continuèrent à défendre; d'autres simplement égarés et perdus pour un moment rejoignirent pendant la retraite sur Châlons. Il n'en est pas moins certain que pendant les deux ou trois premiers jours qui suivirent la bataille, c'est-à-dire pendant la période où l'armée était dans la situation la plus difficile et la plus périlleuse, le chiffre de 20,000 était à très peu de chose près celui des hommes tués, blessés et disparus, et le chiffre par conséquent qu'il convient de prendre pour celui des pertes de l'armée à la bataille de Frœschwiller.

	Hommes tués, blessés ou disparus.	Total par division.

1er CORPS D'ARMÉE.

1re *Division* : Général **Ducrot**.

Les chiffres pour cette division nous ont été remis par le général Ducrot lui-même et sont confirmés par les historiques des régiments, ce sont les suivants :

	Hommes tués, blessés ou disparus.	Total par division.
18e de ligne	393	
96e de ligne	665	
1er bataillon de chasseurs	788	
1er zouaves	396	
45e de ligne	410	
Total	2.652	2.652

2e *Division* : Général **Pellé**.

	Hommes tués, blessés ou disparus.	Total par division.
50e de ligne, provenant de l'historique du 50^e	50	
74e de ligne, inconnues mais faibles, soit	50	
16e bataillon de chasseurs, inconnues mais faibles, soit	50	
78e de ligne, provenant de l'historique du 78^e	1.200	
1er tirailleurs, provenant du Livre d'or des tirailleurs de la province d'Alger	800	
Total	2.150	2.150
A reporter		4.802

	Hommes tués, blessés ou disparus.	Total par division.
Report.....		4.802
3e *Division* : Général Raoult.		
36e de ligne, provenant de l'historique du 36e...........................	1.000	
48e de ligne, provenant de l'historique du 48e........................	1.200	
8e bataillon de chasseurs ; ce bataillon comptait 435 hommes en arrivant à Châlons. Son effectif, comme celui des autres bataillons de chasseurs, devait être environ de 950 hommes. Le 7 ou le 8 août, il devait lui manquer approximativement 600 hommes...............	600	
2e turcos, provenant de l'historique du 2e turcos........	1.900	
2e zouaves, provenant de l'historique du 2e zouaves.....................	1.100	
Total.....	5.800	5.800
4e *Division* : Général de Lartigue.		
56e de ligne, d'après l'historique....	566	
3e zouaves, d'après l'historique	1 580	
1er bataillon de chasseurs , d'après l'historique....................	593	
3e turcos, d'après le lieutenant-colonel Barrué et le lieutenant-colonel Brault..	850	
Total......	3.589	3.589
A reporter.....		14.191

	Hommes tués, blessés ou disparus.	Total par division.
Report.....		14.191

Le général d'Audigné, alors lieutenant-colonel chef d'état-major de la division de Lartigue, cite le chiffre de 3,839 hommes manquants à l'appel fait à Sarrebourg, dans un rapport rédigé par lui sur le rôle de cette division.

Division de cavalerie : Général **Duhesme.**

11ᵉ chasseurs, pertes inconnues, mais faibles, soit.....................	50	
3ᵉ hussards, pertes inconnues, mais faibles, soit.....................	50	
10ᵉ dragons, n'était pas à la bataille..		
2ᵉ lanciers, d'après l'historique.....	240	
6ᵉ lanciers, d'après l'historique.....	200	
8ᵉ cuirassiers, d'après le général Lardeur	200	
9ᵉ cuirassiers, d'après l'historique...	320	
Total.....	1.060	1.060

Pour les 11ᵉ chasseurs, 3ᵉ hussards et 2ᵉ lanciers, les chiffres ne comprennent presque que les disparus.

Artillerie

Les pertes de beaucoup de batteries d'artillerie nous manquent ; d'après celles qui nous sont connues, on peut admettre une perte de 25 hommes par

A reporter. ..		15.251

	Hommes tués, blessés ou disparus.	Total par division.
Report.....		15.251
batterie, ce qui donne pour les 20 batteries du 1er corps.................. .		506

Génie.

D'après les pertes que nous connaissons pour quelques-unes des compagnies du génie du 1er corps, nous admettrons pour les pertes de cette arme.

		60

Services administratifs.

Par suite de la prise du convoi de la division de Lartigue, nous croyons qu'il est impossible d'évaluer les pertes faites par les troupes d'administration au-dessous de........................

		300

7e CORPS D'ARMÉE.

1re *Division* : Général **Conseil Dumesnil.**

	Hommes tués, blessés ou disparus.	Total par division.
21e de ligne, d'après l'historique....	100	
3e de ligne, d'après les renseignements fournis par l'historique........	1.000	
47e de ligne, d'après l'historique....	1.250	
99e de ligne, d'après l'historique....	600	
17e bataillon de chasseurs, pertes inconnues ; fortement engagé ; soit......	500	
Total.....	3.450	3.450
A reporter... .		19.567

	Hommes tués, blessés ou disparus.	Total par division.
Report.....		19.567
RÉSERVE DE CAVALERIE.		
2e *Division* : Général de Bonnemains.		
1er cuirassiers, d'après l'historique..	60	
4e — — ..	170	
2e — —. ..	150	
3e — — ..	140	
Artillerie..........................	50	
Total.....	570	570
Total général des pertes à Frœschviller.....		20.137

Nous possédons pour 10 régiments d'infanterie du 1er corps non-seulement les pertes totales, mais les pertes en officiers très exactement, même nominativement pour plusieurs. Nous allons citer en regard les pertes pour les officiers et les soldats.

	Officiers.	Troupe.
18e de ligne............	16	357
96e de ligne.............................	23	630
1er zouaves..............................	16	376
45e de ligne............................	17	377
78e de ligne............................	40	1.200
48e de ligne............................	43	1.157
2e turcos...............................	72	1.830
2e zouaves.............................	47	1.141
56e de ligne............................	27	539
3e zouaves	42	1.538
Totaux.....	343	9.145

On peut admettre que chaque régiment comprenait 65 officiers et 1.950 hommes de troupe, ce qui faisait, pour 10 régiments, 650 officiers et 19.500 sous-officiers ou soldats.

D'après cela, les pertes en officiers, pour les régiments ci-dessus, s'élevaient à 52 %, et, pour la troupe, à 49 %.

En présence de ces chiffres, celui de 20.000 cité pour les pertes totales ne doit pas étonner.

FIN.

TABLE DES MATIÈRES

Carte 1 Carte d'ensemble.
— 2 Environs de Wissembourg et de Frœschwiller.
— 3 Carte d'ensemble.

Croquis 1, page 40 : Position des troupes à Wissembourg.
— 2, page 89 : Position des troupes à Frœschwiller.
— 3, page 104 : Position des troupes à Frœschwiller.

Besançon. — Imp. Dodivers, Grande-Rue, 87.

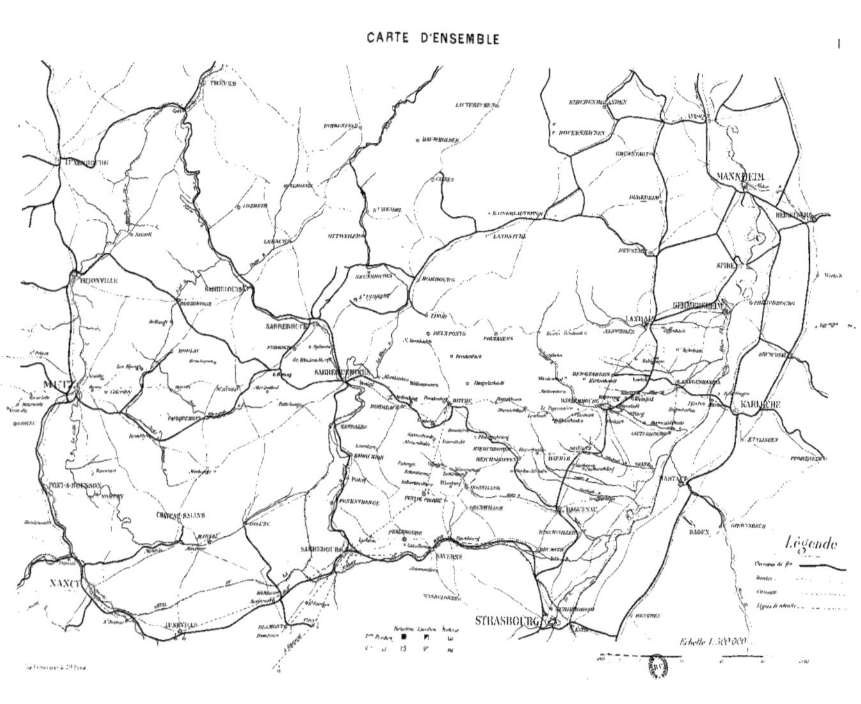

THÈVES
LUXEMBOURG
THIONVILLE
METZ
PONT-A-MOUSSON
CHATEAU-SALINS
NANCY
SARREGUEMINES
SARREBOURG
SARRELOUIS
SARREBRUCK
STRASBOURG
BITCHE
HAGUENAU
WOERTH
REICHSHOFFEN
SAVERNE
PHALSBOURG
LANDAU
GERMERSHEIM
SPIRE
MANNHEIM
KARLSRUHE
BADEN
RASTADT
Légende
Chemins de fer
Routes
Canaux
Lignes de retraite
Echelle 1:500 000

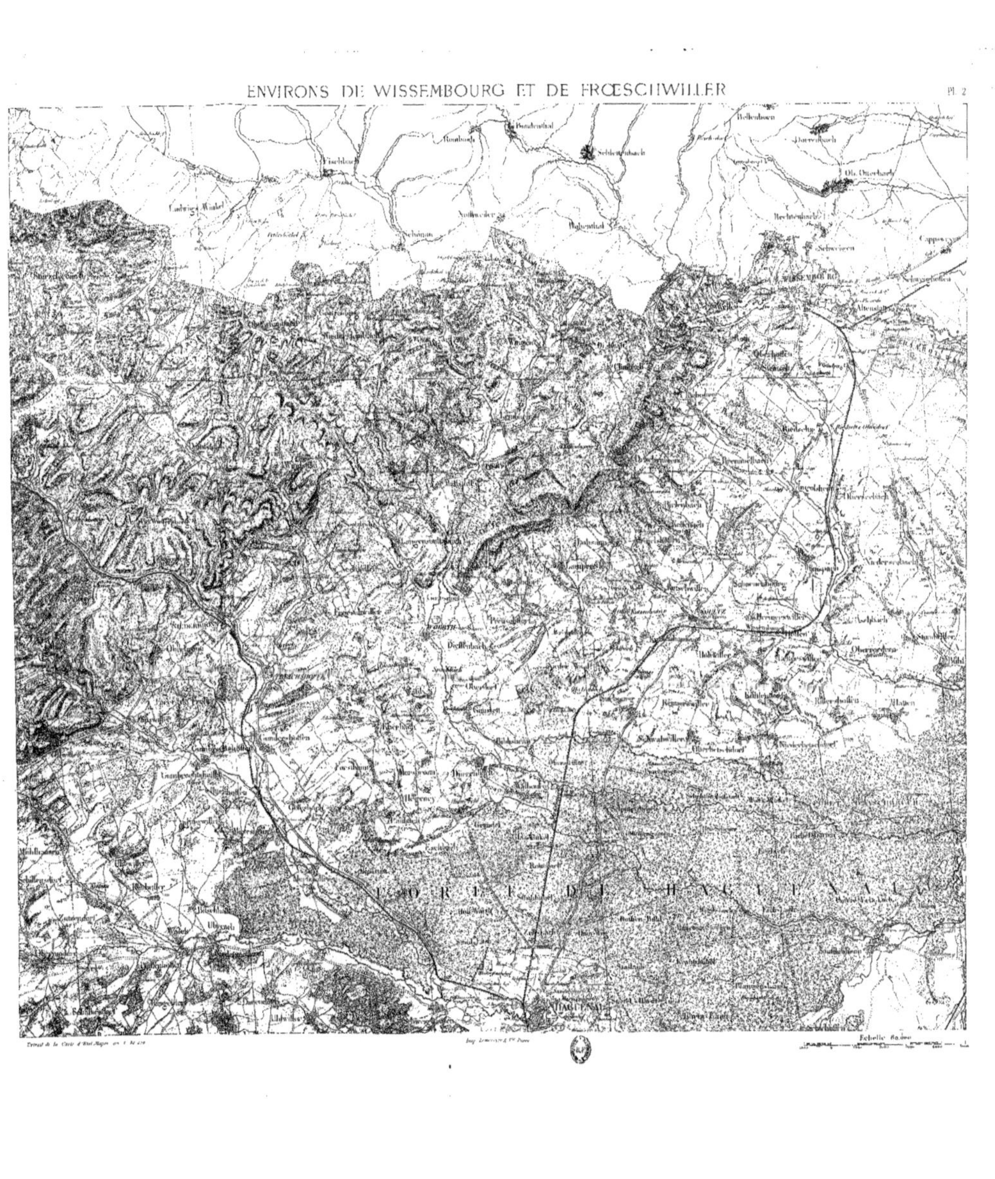
WISSEMBOURG
FORÊT DE HAGUENAU
HAGUENAU
Échelle

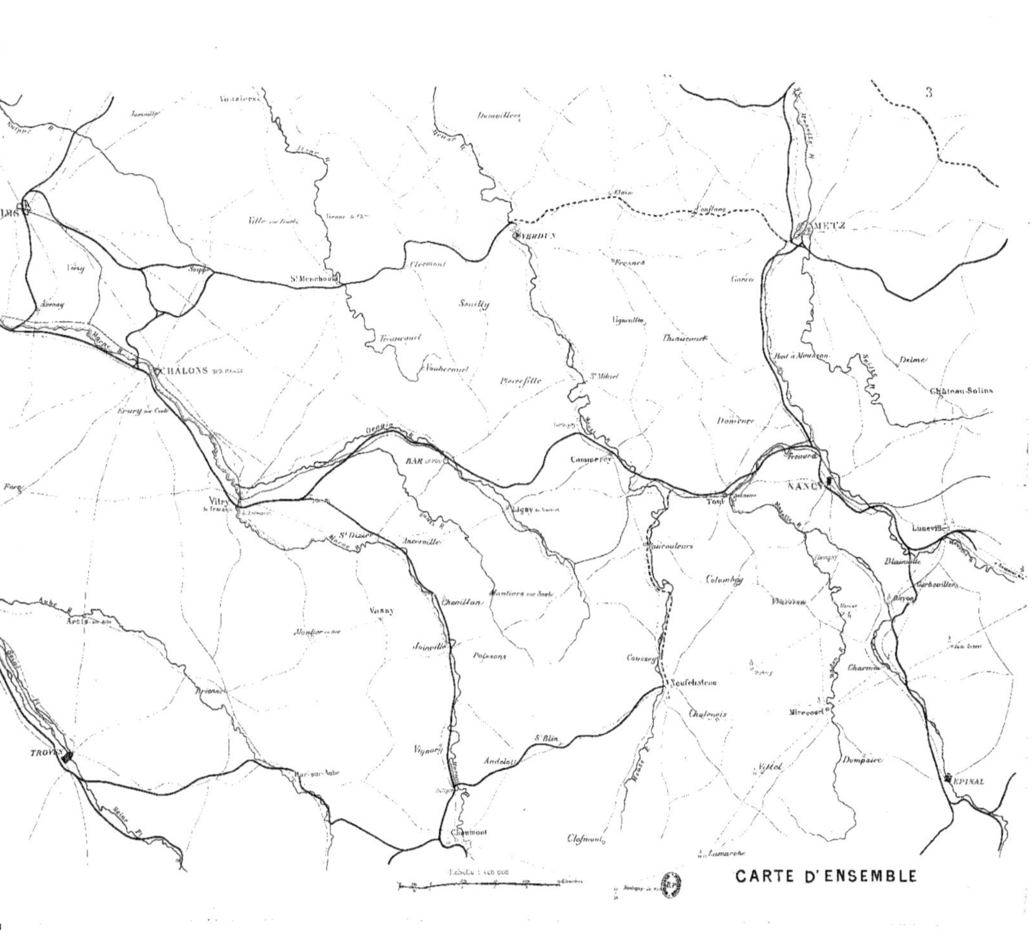

METZ
VERDUN
St Menehould
CHÂLONS sur Marne
Vitry le François
St Dizier
TROYES
BAR le Duc
Commercy
Toul
NANCY
Lunéville
Neufchâteau
Chaumont
EPINAL
Château-Salins
3
CARTE D'ENSEMBLE
Echelle 1:400 000

www.ingramcontent.com/pod-product-compliance
Lightning Source LLC
LaVergne TN
LVHW051106060726
842525LV00003B/802